U0926256

Master Certified Coach

好教练，受用一生

吴咏怡◎著

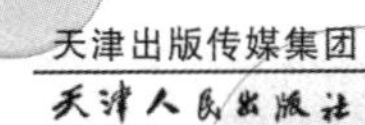

图书在版编目(CIP)数据

好教练，受用一生 / 吴咏怡著. -- 天津 : 天津人民出版社, 2023.9
ISBN 978-7-201-19593-3

Ⅰ. ①好… Ⅱ. ①吴… Ⅲ. ①企业管理—职工培训 Ⅳ. ①F272.92

中国国家版本馆CIP数据核字(2023)第135887号

好教练，受用一生
HAO JIAOLIAN, SHOUYONG YISHENG

出　　版　天津人民出版社
出 版 人　刘　庆
地　　址　天津市和平区西康路35号康岳大厦
邮政编码　300051
邮购电话　(022)23332469
电子信箱　reader@tjrmcbs.com

产品监制　美读文化
责任编辑　刘骏飞
特约编辑　金　铭
装帧设计　汤　磊

印　　刷　天津新华印务有限公司
经　　销　新华书店
开　　本　710毫米×1000毫米　1/16
印　　张　19
插　　页　2
字　　数　270千字
版次印次　2023年9月第1版　　2023年9月第1次印刷
定　　价　65.00元

序一

跟吴咏怡博士相识已有十余载，期间香港大学中国商业学院（HKU ICB）成长的每个阶段，都有她的身影和支持。她曾经参与港大ICB 20个研究生专业中6个课程的授课，包括“组织与人力资源管理”“信息战略与企业转型”“传媒与创意产业管理”“整合实效管理”“企业教练与领导力培育”，以及近年参与授课的“管理心理学”。她不仅教授的科目多，更重要的是她深受学员的广泛认可和爱戴。教好一个课程容易，教好所有的课程则是难能可贵，不单单是知识和技巧，还有对教学和学员的爱、投入和热忱。特别是在新冠肺炎疫情期间，吴博士按时教授所有承诺的课程，而且加场举办讲座，每到一个地方，不辞劳苦地把自己所有的时间奉献给教学和学员，点燃学员们的求知火焰，激发学员们的学习热情，让同事们和学员们备受感动，赢得了大家的赞誉。吴博士荣获2016—2017年度杰出教学奖，现在她已经桃李满天下，衷心地感谢她对教育事业的付出和贡献。

吴博士是香港大学的校友，跟港大ICB一样，她坚持终身学习的理念，除了拥有港大本科学历，还拥有两个硕士学位，更在近年取得了博士学位。除此之外，她还在哈佛大学、麻省理工学院、哥伦比亚大学等名校进修。她热衷企业教练技术的传播，是亚太区企业教练的先驱，是ICF[①]认证的大师级教练，她读博期间研究的是教练技术在中国的传播。她创办的拓思顾问与教练机构，已成为华东乃至全国知名的教练技术咨询公司。除此之外，她积极参与公益事业，“爱·相信”公益组织的发起人，通过“爱心教练”的角色致力推动以正面、积极开放的态度面对人生，使大众对生命有更全面和深入的反思。

① ICF，国际教练联合会，是一个全球性的领先的教练组织，此组织致力于促进教练技术的职业化发展。

很高兴有机会第二次为吴咏怡博士的著作写序。这本书以个人传记的形式导入教练技术的课题,将她自己的成长经历淋漓尽致地展示和剖析,现身说法,引人入胜,极富感染力。从中感受到她成长过程中的坚韧不拔、勇敢追求、直面人生的挑战,以及对教练技术的热忱和付出。她是一位纯粹的毅行者,致力于传播教练技术的精髓,用自己的光芒照亮他人。希望所有的读者都能从中得到启发和感召。

刘宁荣

香港大学协理副校长(大湾区发展)

香港大学中国商业学院(HKU ICB)创始院长

序二

心之所至，人向往之

教练技术的迷人之处在于“术”的熟练运用，教练技术的奇妙之境在于“道”的圆融贯通。很多人认识吴咏怡，正是源于她游刃有余的教练水平，直接到位，直指核心，让人无处可逃却最终勇于面对，在觉知、反省和选择中创造出不一样的人生；而我对吴咏怡的感受，是她二十多年来的自我超越，是她对初心的坚守，对专注的保持，对专业的精进，以及对“道”的领悟与实践。

从教练之“术”到教练之“道”，是任何一位优秀教练的必经路径。在吴咏怡的现场教练中，无论是一句让人意想不到的提问，还是一个让人瞬间顿悟的区分，给人的感觉是力透人心却又恰到好处，这背后绝不仅是对“术”的反复练习，更重要的是对“道”的深刻领会。唯有对自己的生命有所领悟，对别人的生命有所洞察，同时对“生命影响生命”存在一份内在的纯粹，才能帮助到更多人进行自我重塑。

我和吴咏怡相识于2001年，二十多年来，她专注于企业教练这一件事情，深耕细作，心无旁骛。从最开始给企业提供教练服务，到后来培养更多的专业教练，她所原创的CDCA®[①]教练模型已经成为行业的一个标杆，而她本人也成为很多高管、企业家追随的榜样。

---

① CDCA：C – 联系（Connection）
–建立直接关系
–清晰此次教练的意图和目标
–建立信任的关系
D – 发现（Discovery）
–发现问题
–发现被教练者的真实状况
–发现被教练者的盲点
–发现新的可能性
C – 选择（Choice）
–选择信念
–选择心态
–选择情绪
–选择可能性
A – 行动（Action）
–制订行动计划
–承诺于这个计划
–执行

两千多年前，孔子曾经感慨“逝者如斯夫”，但这不是重点，重点是他紧接着说的“不舍昼夜”——尽管逝者如斯，依然生生不息、源源不绝。还记得那是2008年的秋季，在上海的黄浦江边，我和吴咏怡坐在一家咖啡厅里，吹着微微的凉风，望着流动的江水，探讨她人生中的重大决定——开创自己的教练事业。尽管有对过往的唏嘘，也有对未来的不确定，但是，她选择教练技术的那份初心始终未变，成长自己的动力从未减弱。

也是因为那次聊天，我们共创的图书《加减：让每一个人成为资源》在第二年出版，成为中国经济出版社当年原创管理类图书的精品之作。2013年，商务印书馆以《加法与减法：让每一个人成为资源》为书名再次出版。

在我们的生活中，存在一些无形的力量，影响着每一个人的走向，也存有一些奇特的缘分，影响着人们的关系，连接着彼此的情感。吴咏怡后来出版了两本书，我都负责整体策划，成为她不断精进的见证人。今年再次有幸受邀策划本书的出版，当我整理完书稿，抑制不住内心的喜悦和敬意，为书中的精彩观点和智慧火花而喜悦，为老朋友这几年来的专业造诣而敬佩。

我没有走认证教练的道路，而是将教练技术运用于顾问及教育，在中国传统文化中体悟教练的“道”，在生命成长教育中实践教练的“术”，对作者所说的“以道御术”“道术合一”深有感触。事实上，正是用心、专注、专业这几个特质，让作者在教练之路上越走越精深，专业水平也达到了业内敬仰的水准。

心中无剑，手中无剑，却能引导他人化解生命中的困境，看似信手拈来，实则力道无穷。这种“无”打破了道术的分界，融合了内外的力量，在每一次教练的对话中呈现神奇的效果，在每一个恰当的当下唤醒蓬勃的生机。读这本书，要读书中每一个文字所呈现的“有”，更要读每一个观点所蕴含的“无”，正是这种有无相生的境界，让作者走在了教练技术的前沿，点亮了一个又一个向上的生命。正是这种无中生有的创造，让更多的人看到了作者的心之所至，也让更多的人目睹了她的人生高度，心向往之。

愿你爱上教练，愿你成为教练。

金伯扬

本书总策划

性情领导力创建者

自序

2011年1月，我在美国洛杉矶学习了四天，在课堂中遇到了来自美国的一位MCC（Master Certified Coach，大师级教练），午餐的时候，我们进行了短暂的沟通，我分享了自己创业的一些困惑，说在犹豫是否坚持下去。她很安静地听，然后就说了一句话："全球只有六百多个MCC，我们要做一些事情。"这句话并没有给我答案，但是却给了我很强烈的使命感。

这句话一直萦绕在我的脑海中，回国后，我不断地思考及拷问自己"作为亚太区的首批MCC，我可以做什么？"最后，我决定要开办中西文化结合的ICF认可的教练培训课程。根据自己十多年的教练经验及对东方文化的认知，我建立了原创的教练模型及理论，并在弘扬中国悠久文化的基础上，结合西方的领导力及教练理论，融合全球视野，培养正知正觉、有特色的中国好教练，帮助支持企业家、企业高管提升自我意识，使其更高效地带领团队及组织。

梦想很美好，现实很骨感。面对团队的怀疑及否定，我仍然不断地坚定梦想，吸引愿意出力的志同道合的伙伴。2013年，我终于在上海举办了"专业教练计划"（Professional Coach Program，PCP）第一班。从2013年至今，不知不觉走过了10年，从第一班的二十多位学员，到目前已经培养了近三百位ACC（Associate Certified Coach，助理级教练）、近四十位PCC（Professional Certified Coach，专业级教练），并且开始培养MCC。虽然走得很慢，但是稳步推进，期待学员们把基础打好，可以更好地去帮助更多人。我这一路走来，服务了很多以人为本、关注领导者意识重塑的民企和外企，帮助很多优秀的人才变得更加优秀，从而成为企业的内部教练，我觉得非常开心及感恩。

最近，我收到一位正在学习PCP的企业家的反馈。她说进入课堂学习后，好像整个人打开了一扇门，整个思维都不一样了，看到了很多事情的本质，也逐渐能够自我觉察，能够抽离自己的个人观点，认真聆听他人的观点和信念，更容易聆听到最底层的需求和关注点。这个变化不仅为她打开了新的世界，还减少了情绪波动，同时感知到了更宽阔的情绪世界，有一种“天灵盖打开了一点”的开心。听到她的分享，心中涌动着满满的幸福感，这就是教练技术的魅力，也是我热爱教练技术的一个原因。

1995年，我获得了工商管理硕士学位，有幸遇上教练技术，人生的大门被重新打开，曾经的怀才不遇和不开心被新的旅程所取代。我可以通过自身的改变去管理好自己的事业及人生，可以对每一个选择负责任。这是一个非常奇妙的过程，它让我发现自己以前走了很多弯路，所以决定加入教练技术行业，深耕细作，帮助更多人，支持更多人的人生少走弯路。

在过去的10年中，我一边构建、更新自己原创的教练模型及理论，一边在实践中和企业客户、PCP学员互相交流，在碰撞中不断打磨，不断反思，不断修正，同时通过写作去整理、呈现及精进。十分感谢大家的应用、提问、反馈及建议，令这个教练模型及理论越来越丰富，也越来越完整。基于这10年的努力，我决定出版自己的第六本书，让更多人了解专业的教练技术。这本书的内容有理论拆解及个案分析，汇聚了很多人的教练故事，也汇总了我过去27年的教练应用心得，我本人是教练技术的受益者，希望通过这本书有更多的受益者出现。

在此，十分感谢我的好友金伯扬先生作为这本书的总策划，他让我看到、相信及挖掘自己的写作潜力，十分感谢周育楠、福特教练帮助我整理文章，感谢福特教练不断督促我的进度及王凌雪女士在出书过程中的行政支持，感谢我的家人、拓思团队、教练们、客户们的信任及支持。

在多变的世界，保持初心，守正善择。

推荐语

吴咏怡是我认识40年的大学同学，没想过她会在教练行业坚持27年。在这27年里，她从学习、创业、订立行业标准和理论到传承，她在书里分享她如何深耕教练这一职业，给大家增加信心。讲述亲身教练经历的同时，她将原创的5A理论、CDCA®教练步骤和洋葱倾听法等毫无保留地与大家分享。无论是已经在教练道路上发展的人，还是刚刚开始想了解教练角色和技巧的人，都可以在这本书中受到不同程度的启发。

施能自

德勤中国副主席

一个纯粹的人，保持着初心，坚守着使命，倔强而又有些张扬地一路走来，尽情地释放着生命的光彩，用生命影响生命。看到吴导的新书，之前点点滴滴了解到的教练知识点更加清晰完整起来。一个教练，不断修炼，才可能成为一个好教练，而一个好教练，受用一生。

王文萍

奇安信集团副总裁

无论是数字化转型，还是组织能力提升，“人”都是关键因素。吴咏怡把“人”的改变作为事业方向，以人的内在调适性变化作为基准点，从而引发人的外在变化，推动更多的领导者自我蜕变和自我成长。这是一份行之不易却极其重要的事业，在这本书中，从字里行间可以读到她的执着和坚守。

杨国安

“杨三角”理论创始人

记得第一次和吴导见面，她的一个问题就让我“后背发凉”，那一刻我就知道这个教练有两把刷子。我人生最大的一次顿悟也是来自一位教练朋友在饭桌上与我的一次简短的教练对话。每个人的一生中都需要有“教练时刻”！本书是吴导多年教练经验的总结，干货满满，结合个人自身持续的修炼，相信能给每一位有缘人带来莫大的裨益。

周全
蔚来汽车人力资源副总裁

认识吴导，源于组织中教练文化建设的需要；真正了解吴导，是在观察到被她教练后的高管们的蜕变，以及对这些转变的好奇与探究。专业、睿智、切中要害的对话；对话让高管们产生顿悟与突破之后的新突变常常让我们感到惊讶。我的这些描述只是吴导教练表现的冰山一角。这本书从实践与底层逻辑的不同维度对“教练”进行了诠释，十分值得一读。希望教练能带给你更加美好的人生。

安晓宏，PCC
米其林（中国）投资有限公司学习与发展总监

这本书既是吴导教练生涯的一个自传，也是她多年来教练实践精华的总结。当前科技的力量正在飞速发展，世界更需要人的内在力量与之呼应。在日趋复杂的世界中，幸好我们有教练的智慧。愿吴导的这本书能增进我们智慧，让我们能在这不确定的环境中优雅共舞。

郝永刚
港大ICB管理心理学课程学术顾问、客席副教授
中国社会心理学会整合心理学专委会学术部主任

纵然吴导自己和大多数认识她的人对她的描述是“好斗的战士”，而在我的眼里她着实是一个“小女人”——一个细腻、需要被关爱的小女人，她天生具有犀利的眼光和深邃的情感。智慧是女人情感的容器，那份无垠的容器承载了她独特的人生故事，孕育出她与众不同的教练风格。读这本书的时候，我感受的是她“润物细无声”所带出的“花重锦官城”。2015年认识吴导，她引领我迈向MCC这条“不归路”，好教练真的让我“受用一生”！

王丹华，MCC
前ICF上海分会大使、副主席

目　录

第一章

从企业高管到大师级教练

——每个人都需要一个教练，一面中立、真实的镜子。

我的前半生:每一步都算数

作为一名职业教练,从100元一小时教练费到现在30000元一小时教练费,我的前半生经历了什么?

我经历了三次至爱的死亡,我经历了因为创业而身体出现问题,我经历了被成都分公司董事会炒鱿鱼,逃回香港。

我经历了投资的公司倒闭,我经历了其倒闭后的清算过程,我经历了被要求向一群学员认错。

我经历了被ICF询问投资过以及经营过而倒闭的公司的问题,以为MCC认证资格会被废除;我经历了被香港大学中国商业学院的学术委员会质疑,为港大设计的教练课程差点不能通过。

我经历了因充满诱惑力的邀请而动摇,走回舒适地带;我经历了一切归零、重新选择的人生。

我经历了放下过去、重新出发的人生;我经历了因伤害他人而众叛亲离。

我经历了我的选择和决定被团队怀疑、质疑,我经历了太多被出卖、被指责、被取笑。

……

我的前半生充满着"经历",它令我拥有先知先觉、正知正觉的感悟和能力,从而能够如此坚定去用生命影响生命,通过教练对话,让更多人少走弯路!

前半生“没有”设计

我从没有想过我可以把教练技术的学习及工作坚持27年，我从没有想过创业，我从没有想过成为MCC，我从没有想过当教练型导师，我从没有想过成为作者，我从没有想过自己会读博士，我从没有想过可以为香港大学中国商业学院设计“企业教练与领导力培育”研究生课程。

我从没有想过回到自己的母校做老师，还取得了“最佳老师”的称号，我从没有想过去哈佛大学学习，我从没有想过在APAC[①]会议做分享嘉宾，我从没有想过自己原创的教练课程会取得ICF的ACTP[②]认可……

前半生“知道”不多

我只是知道我是谁：一个激情、坚持、付出的人。我只是知道我的愿景：生命影响生命。我只是知道我的使命：成为“生命影响生命”的使者。我只是知道我喜欢做的事：表达、分享。

我只是知道喜欢听我表达的人会相信自己有改变自己的能力及选择权，我只是知道我只能服务高意愿改变及成长的客户，我只是知道教练技术能促进他人的改变。

我只是知道简单的人做简单的事，专注于小目标，让自己梦想成真。

34岁前，我的梦想是脱离贫困；34岁后，为社会做一点事；50岁后，为我国的教练行业做一点事！

一切从34岁时发生改变。这一年，我爱上了教练行业，重新点燃曾经忘记的梦想，离开舒适地带，开始颠覆自己的人生，走上一条重重波折的“不归路”！

---

① APAC，Asia Pacific Alliance of Coaches，亚太教练联盟，是亚太地区专业教练的领导机构。

② ACTP全称是Accredited Coaching Training Program，可以翻译成“被ICF认可的系统教练培训项目”。

因为这份喜爱，我义无反顾地坚持了27年，得到了持续的成长、难忘的回忆、支持他人的能力、珍贵的友谊、精彩无悔的人生！

前半生一直前行

听过一个动人的句子：你的气质里，藏着你走过的路，读过的书和爱过的人。

2017年，我在复旦大学开设教练式领导力课程，学员中有人这样形容我："吴咏怡老师就像一位充满力量的战士，而且很似巴金崇尚的战士。战士是永远追求光明的，并不躺在晴空下享受阳光，却在暗夜里燃起火炬，给人们照亮道路，使他们走向黎明。驱散黑暗，这是战士的任务。不躲避黑暗，却要面对黑暗，跟躲藏在阴影里的魑魅魍魉搏斗。战士要消灭它们而取得光明。战士是不知道妥协的，得不到光明便不会停止战斗！"

2021年，复旦大学的学员反馈中有这样一条内容："吴咏怡老师面对纷繁芜杂的诸多现象，能用极具穿透力的片言只语揭示出其中的本质。没有权威，没有光环，只有追问，只有平等，只有欣赏。她的发问看似随意，实则有心，她在自己的课堂上处处践行着知心者、会意者、对话者、引领者和睿智者的角色。"

从业以来，我收到了太多的反馈和评价，每一条都让我非常感动，也激励着我不断前行。从"战士"到"智者"，是一个持续修炼自己、不断重塑自我的过程。

回看自己的前半生，一直在前行，尽管曾经伤痕累累，但却忠于本分，愿意为我国的教练技术尽自己的绵薄之力。

我只想全力以赴地过好每一天，只想在专业教练领域做点有意义的事情，只想走好每一步，每一步都算数！

结束是最好的开始

1996年10月，我卸任外企高管，作为员工加入了刚成立一年的体验式教练培训公司，并作为小股东兼经营者开始了创业的征途。但在2007年，投资了金钱并付出12年青春的企业倒了下来，我的下一步该如何做选择？

人生有死亡，企业的结束也是死亡。2007年11月中旬，由我主持结束公司的会议，一天内解散全国七百多名员工，他们失业了，我也失业了。

过了几天，正在忙于处理公司清算时，有几个老同事给我发短信，鼓励我立刻开新公司，说是最好的时机，不要错过，因为我手上有最好的资源。我不认同这样的说法，给他们的回复如下："我就像刚和交往12年的男友分手，也像我12岁的孩子刚刚死去，需要时间康复、痊愈，请理解。"面对我曾全心全意投入的工作平台倒下，令我备感震惊、惊恐，我真的需要时间缓缓。

向前一步还是停在舒适圈？

我无法如那些终身创业者一样，一个企业倒下，不久再起来，创造另一个企业，他们永远在不断创业的路上。我佩服他们的斗志，因为我真的做不到这样理性地面对。在我的经历里，创业就如同生了一个孩子，投入了心血与情感，企业的倒闭、关门就是代表死亡，有一段悲伤期。虽然我只是一个小股东，但是我的加入不是为了投资回报率，是为了共同的梦想：把"教练式领导力"带到内地，没想到12年努力的成果却在一天内消失了，心中满是悲痛，我知道自己无法立刻投入到另一个新的创业团队或开启另一段新的创业旅途。我需要时间去总结反思，看清楚自己及市场全局，不想再重蹈覆辙。

公司倒闭后，自己在一片混乱中寻找方向，不停地与自己及他人沟通，了解自己想要什么，自己可以做什么，如何走下一步的事业，是做回企业高管，还是继续创业？有猎头找我，让我整理个人履历，参加面试，不久就有销售总监、美国上市公司的中国区负责人的职位等待我的选择，也有内地民营企业家不用我写商业计划书，即时有高额投资给我开办培训公司。但这些邀请只能让我返回舒适圈，重新受雇为企业高管，或者开办原有经营模式的培训公司，活在过去成功的光环里。当然我也可以选择做一个自由自在的独立导师，走遍大江南北去讲课，讲完就轻松离开，不用花心思去经营培训平台，直接可以享受人生。

当面对太多选择时，该如何选择？45岁的我在那时要面临的是一切归零，一切重来。很重的无力感迎面袭来，我在自己没有想通前不敢轻易找人合作创业，怕连累他人，自信心极度低，无法承担被他人信任后的创业风险，不想令别人失望。

在“被迫”中取回力量

我正在香港迷惘时，北京的一个老客户来电，要求我成立一家公司去继续接他们的生意，带领一个教练团为他们的高管进行为期三个月的教练实践计划。我被他们的诚意所感动，而且这个项目是我所喜爱的。为了支持他们团队在教练式领导力下成长，我创办了拓思顾问与教练机构（以下简称“拓思”），但没有真正想清楚自己是否想创业。

我一边开始这个企业的实践计划，一边不停地和自己沟通，回顾自己的初心。1997年，我们的创业团队想把体验式教练技术带到内地，圆我们的创业梦想。于是，我在当年四月初再次走进广州，以开拓者的角色在我过往的物流业群体中推广体验式教练技术课程。在多方支持下，我们终于在7月1日前在广州开了第一个课程。后来，在团队的坚持下，全国遍地开花，12年中奠定了领先的基础。

未来这个行业会如何？未来我可以扮演什么角色？我愿意为当初的梦想继续坚持吗？我真的能做出影响吗？我能在过往的模式中突破，做出改革及完善吗？过去的团队没有了，我愿意一个人开始吗？在不断翻来覆去的自我对话、自我审视中，我鼓起勇气和自己说：

“再来一次创业吧，你已经输掉一切，再输一次又如何，而且你还有一个很重要的东西没有失去，那就是你想要影响他人的梦想还在你心中时刻跳动。你已经有12年的教练培训经验，在全球六百多名MCC中，你是仅有的两位华人MCC之一。你能在过去12年没夜没日地做你的教练工作，证明你是热爱这份工作的，客户也认可你的能力，这次创业你会更清楚哪些可以做、哪些不可以做、哪些可以革新、哪些可以保留，那你还怕什么呢？”

过去的经验给我的启示是“等待”，所以我选择慢，选择持续学习，选择自我突破，选择不用过往的教练理论及经营模式，选择探索新的路径继续我的梦想。树人先正己，从自己的成长开始，因此，这个北京项目完成后，我继续在拓思前行，深信“知行合一，拓行思远”这个愿景可以丰富他人的生命。

在达成梦想的路上，我虽然不是一帆风顺，但是痛并快乐着。不断地被考验，不断地被打击，每一次都足以打败自己、粉碎一切，但是，每次夜深人静时，都能听到自己的声音：“要相信自己！你可以影响他人，在生命中留下美丽回忆，然后汲取力量，继续前行！”

静谧黑夜中，这个声音是那么坚定而强烈，照亮着我的内心。

人生是选择的总和

回顾自己的经历，在关键时刻，是有效的选择塑造了今天的我。

我在小学六年级就暗恋某个男生，初中就开始谈恋爱，但是很快就终止了，因为我看到很努力学习的姐姐、很努力工作的妈妈。看到她们的努力，我选择放弃恋爱，专注自己的学业，成功地从一所私立中学转校到公立中学，从而遇到了更积极好学的同学。

转校后，我遇到很多高手，其中一个就是我的同班同学。她和我不断竞赛，不是她考第一，就是我考第一。她给人感觉好像不用读书，也能轻轻松松考个好成绩。而我呢，每次考试都战战兢兢，很认真地准备，每次考试前，我都要翻笔记；她却可以和同学谈笑风生，轻松面对。看着她这种应对自如的状态，我怀疑过自己是否很笨，同时我内心也不停地提醒自己要专注，不要比较，哪怕天生没有她那么聪明，但是我以勤补拙，不会因为看到高手而选择自我放弃。因此，在转校后，我的成绩还是保持名列前茅。

在香港，念完五年中学后有一个公开考试。当时我的成绩很优秀，但是我选择放弃考大学的机会，去读秘书专科，希望可以早点出来工作，早点赚钱，早日独立，不要成为家庭的负担。

去专科学校上课的第一天，我看到一群只关注外貌而非专注学习的女生在唧唧喳喳地说话。这一天的体验，让我思考这条路和日后交往的人群是否是我喜欢的。心里有个声音不停地告诉我，这不是我想走的路，这里也不是我想交往的群体。一天的秘书专科课程学习后，我回到中学，告诉老师我要继续考大学。两年后，我考上了香港大学，三年后拿到了本科学士学位。真的很感谢父母，他们尽管知道我的成绩优秀，却没有阻碍我报读秘书专科，给了我充足的空间去亲身体验了一天的秘书专科课堂。当我做出另外的选择，他们也很支持，让我回到了考大学这条路上。

一次又一次的选择

大学毕业后参加工作，人自由了很多，我可以赚到钱，可以过我自己的生活。一两年后，我发现，每天上班工作、下班聊天、跳迪斯科、喝酒、运动健身的生活也挺舒服的。但是，看到姐姐每天努力工作之余还不断学习英语，这让我思考是否应该跟她学习。后来我选择继续读书，兼读英语和MBA（工商管理硕士），充实自己。

1995年，我拿到了MBA的证书。对我而言，可以选择去美国工作，也可以选择在国内做一名安稳的外资企业高管。当时我从事的是物流行业，未来的发展是在内地港口，所以我申请外派到广东工作，代表美国公司开拓华南地区的业务，在广州、深圳管理两个团队。

到了1996年，我做了另一个选择。我喜欢上了教练技术，选择加入培训行业，做体验式培训的业务发展工作，从小股东开始转型。现在回首，这个选择对我依旧是正确的，教练技术是我喜欢的工作，我喜欢在影响别人的工作里发展自己，贡献自己的一份力量。

到2007年，原有的创业公司倒闭了，我又要面对另外一次重要的选择。我可以选择回到企业里面做高管，也可以选择创业。在这个矛盾、挣扎的状态下，最终我选择回到创业的路上。

回想过去，人生就是一个不断选择的总和。

选择的四种能力

每个人都会面临选择，每个人都必须做选择，那么用什么元素去做选择呢？根据《高效能人士的七个习惯》作者史蒂芬·柯维的理论，人在选择的过程中，我们有四种能力(见图1)。

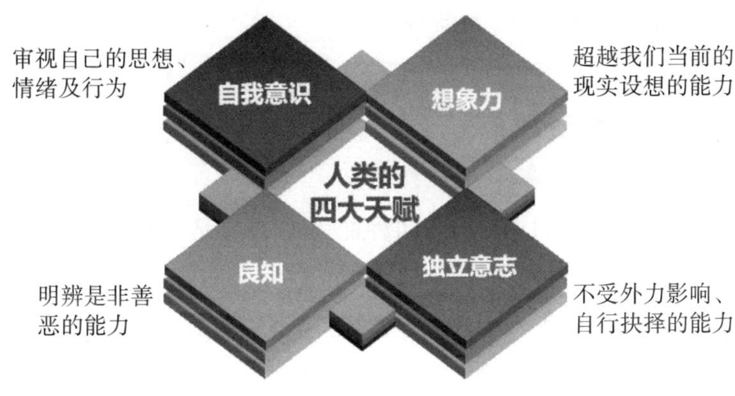

图1　四种能力

第一种能力是自我意识。在选择的过程中，有没有意识到自己想要什么？有没有意识到自己的情绪？有没有意识到自己的思维？有没有意识到自己的行为？意识到这些问题会让你更清晰怎么做选择。

第二种能力是想象力。我会想象：如果我不考大学而去读秘书专科会怎么样？会跟谁在一起？如果我继续考大学，我的未来是什么？因为这一份想象力，令我做选择时更明白自己的内心，最后我还是决定考大学。

第三种能力是良知。自己要有明辨对错好坏的能力。我很清楚，当时读完大学后就可以去赚钱，可以疯狂地玩。幸运的是我没有玩下去，我用良知做了选择，否则我会感觉对不起父母、大学和政府的培养。那个时候，我做了不一样的选择：不停地学习，努力提高自己的学历和能力。

第四种能力就是不受外界干扰，自己要用独立意志来做选择。我从物流行业转到培训行业，很多人不理解，放着稳定的高薪职位不去，而是从另一个行业的基层做起，为什么非要那么辛苦？当然，在听到那么多人的反对意见后，自己也有思想上的动摇。但是在关键时刻，自己的抗干扰能力发挥了作用，提醒自己做这个选择的原因是什么——愿意自己辛苦一点，先苦后甜。特别是在快速发展的时代，我们更应该具备这种抗干扰的能力，要明白哪些可以做，哪些不可以做，宁愿慢，也不要停。

在每次做选择的时候，自我意识、想象力、良知、独立意志，这四种能力综合运用会帮到我们很多，能让我们做有效的选择。我们要对自己的选择百分之百地负责任。

我的核心价值观

选择有四种能力，那么这四种能力的基础是什么呢？基础就是价值观。

价值观是信念的一种，来自最稳定、最持久的信念。根据过去的经历，我总结了自己的核心价值观，在这里分享给大家：

1. 生命影响生命，成就精彩人生；
2. 成长是痛并快乐，面对痛苦，走进痛苦，穿越痛苦；
3. 人生是选择的总和，可以慢，不可以停；
4. 不到最后一秒钟，绝对不认输；
5. 我要顺势而为，全力以赴过好每一天；
6. 世界上没有免费午餐，一分耕耘，一分收获。

“生命影响生命，成就精彩人生。”这是我自己的教练经历，我经历过想改变别人，但是失败了，后来发现改变自己去影响别人，这个效果很好。

“成长是痛并快乐，面对痛苦，走进痛苦，穿越痛苦。”我经历过很多失败，然后从失败中爬起来。因为敢于面对痛苦、走进痛苦，才让现在的自己有丰富的经历。

“人生是选择的总和，可以慢，不可以停。”人生做了很多选择，以前有的时候走得很快，没有停下来总结反思，让自己做了不少错误的选择。在互联网时代、数字化时代，有时候太快会让人做错决定。所以，我宁愿慢下来，但是不要停。

“不到最后一秒钟，绝对不认输。”因为我曾经是短跑运动员，体育老师经常对我说:“我们短跑的时间很短,我们要不停地对自己说‘不到最后一秒钟决不认输’。”体育教练是我很信任的人,他的信念也传授给了我。

“我要顺势而为,全力以赴过好每一天。”这是朋友传授给我的,也是我自己的经历。我有时候也会焦虑、不开心、沮丧,这个时候我不停地对自己说:“自己有没有全力以赴呢?”当我全力以赴的时候,我可以安心睡觉吗?会的,我已经全力以赴了,其他的交给上天吧。

最后一个信念是“世界上没有免费午餐,一分耕耘,一分收获”。著名经济学家张五常在香港大学教经济学,他常说:“There is no free lunch.”(世界上没有免费的午餐),这句话影响我很深。我妈妈也一样,她努力工作,培养我、姐姐和弟弟,不停地耕耘和付出,告诉我们一定要对自己的生活负责任。

价值观影响我们的选择,这就需要我们去关注自己的价值观是什么样的,留意哪些价值观是在帮助自己做有效选择,哪些价值观是在阻止自己做出更好的选择。

我很幸运,父母没有过多地干扰我的成长,他们通过身教言行向我传播正面的价值观。妈妈快九十岁的时候,有一次我问她,“为什么你可以长寿?”她说:“我做善事啊,对人好啊。”妈妈用行动告诉了我她的价值观。

和童年阴影说再见

在我小学四年级的时候,我们一家搬到香港的新开发社区。同时,我也从一个成熟社区的小学,转到一个新社区新建的小学。在以前的学校,我是很自由的,而我本身又是一个非常喜欢说话、很活跃的小孩,在学校很受欢迎,觉得自己很优秀。

到了新的学校,我依然很自我,活出自己的本性。当时有一个老师不太接受我的性格,觉得我在课堂上随意说话影响了上课纪律,让我停下来,并让我立刻离开教室,站在教室的门口。

我站在外面,并不觉得是自己错了,而觉得是老师的问题,没有能力管理及接受我的活跃。我抱着无所谓的态度,十分自负及自以为是,心想:罚就罚呗,站就站呗。恰巧此时,我遇到了来巡视教室的校长。

他看到我,但是什么话都没说。当我看到他的一刹那,我所有的羞愧、委屈、自卑全部涌出来了,眼泪嗒嗒地往下掉,哭到全身抽搐。从此,我在新学校里变得安静了,发奋图强,保持优秀成绩,有时甚至超越了以前,各科考试都可以考第一。你可以想象我是多么努力。

羞愧具有双重性

对我而言,转校的事实无法改变,我的敢言、多言性格无法改变,被罚站而产生的羞愧感也无法改变。这份“羞愧”具有双重性,它既是一个挑战,又是一个机遇;既是一种障碍,又是一种历练。我没有任由这种负面情绪持续发酵,而是进行有意识的反思,从此安静地努力和积极地行动。

当我在成长的路上刚找到生存方法——努力读书、出人头地时,碰上了一个"垃圾"事件。在中学四年级,我的英语老师是一名刚刚从香港大学英语专业毕业的高材生,出身名校的她来到这个新社区的新学校当老师。看到我们的英语水平很糟糕,她有一天实在教不下去了,很生气地对全班同学说了一句:"You are rubbish."(你们是垃圾)。她讲完后,可能意识到自己讲错话了,走到教室的窗口,望着外面,默不作声。

我们所有的人都保持着沉默,没有人跟她争辩。我们当时英语水平低,而新社区相当于当年香港的贫民区,学生的父母们大都是基层工作者,放养式培育让孩子们也没有机会去参加英语补习班。整个教室鸦雀无声,相信这份沉寂的背后,大家都有自己的想法,包括我。

记得当时我在内心跟自己说:"是垃圾又怎么样?香港大学毕业又怎么样?我考给你看,我就是要证明我不是垃圾,我可以考进你的母校。"可以想象当时我内心是比较好斗的。

事后,她和同学们都若无其事地让这个冲突过去,她继续做我们的老师,我们继续乖乖地上课。教完我们一年后,她就去国外读书了。后来在香港大学的同学会活动中,我也遇见过她,她已经不记得我了,但是我十分感谢她。因为她,我才知道香港大学的存在;因为她,我才把考上香港大学作为我的目标。

经历中的负向激励

童年的经历影响到人的一生,甚至有的人陷在童年的创伤中不能自拔。也许是性格使然,我没有让这些经历伤害自己,而是从中汲取了力量。

我家人都是广东人,觉得汤是十分有营养的,有益于身体健康。可是有一次,因为我不愿意喝汤,妈妈就把我丢进过垃圾桶里。当我被妈妈很快从垃圾桶里拉出来后,我就放弃了反抗,开始喝汤,让自己的身体素质好起来。

这样的童年创伤可以视为负面推动。就像我听完英语老师对我们的评价后，不是沮丧和受伤，而是很不服气，努力地去证明自己不是垃圾。这件事情对我的成长来说是一个重要的回忆，而不是创伤。

当然，我也曾跌入负面情绪中，想过离家出走，远离“嫌弃”我的母亲。从另一个方面看，这次经历可以说是一个正面推动，因为之后我愿意喝汤了，否则有可能我会更矮。对我这种性格来说，有时候负面推动也是一个很好的正面推动。

妈妈通过负向激励的方式迫使我去喝汤，这次事件给我带来的负面影响和正面影响是并存的，它们从不同的侧面对我的行为起到了强化作用。虽然方式激进，但妈妈让我喝汤是为了我的健康着想。她面对这个誓不低头、努力抗争的女儿已经束手无策。我也理解了她的初心，当我积极重构，试着去解读这件事时，内心的冲突逐渐平息。妈妈通过负向激励的方式，对我的错误动机和行为进行了压制，促使我幡然醒悟。

两种思维模式

耶鲁大学博士、斯坦福大学心理学教授卡罗尔·德韦克（Carol S. Dweck）经过数十年研究卓越领导者的成功因素，发现了两种思维模式：固定型与成长型。它们体现了应对成功与失败、障碍与挑战时的两种基本心态。固定思维，是相信个体的基本能力、智力和才能是固定的特质；成长思维，是明白个体的天赋和能力可以通过努力、良好的教学和坚持来发展的，坚信可以通过努力而变得更聪明。

以德韦克的理论去反思看似被“嫌弃”的经历，发现我是以成长思维出发，不是以固定思维出发的。被嫌弃、被批评的体验当然不好，会有负面情绪，但是幸好年纪轻轻的我没有被情绪所掌控，而是“知耻而后勇”。从成长信念出发，拥抱挑战，坚持面对，从别人的批判中学习，变得越战越勇，内心强大地面对一切。

成长思维与固定思维从何而来？我们出生时就如同一张白纸，这张纸被我们个人的经历、别人的经历、我们相信的人所传授的思维以及自我总结一点一滴地填满。

母亲、姐姐、体育老师、好朋友都是我信任的人，他们都是具有成长思维的人，他们的选择、行为及结果都激励我从固定思维转化成为成长思维，并巩固我的成长思维。

我常常说："人生是选择的总和。"这是我的人生经历及体验得出的结论。我可以选择一蹶不振，相信自己就是垃圾、不受欢迎的人、屡屡不得志的失败者；也可以选择继续对抗，和妈妈、老师抗衡，不喝汤，继续上课说话，投诉批评我们的老师。作为一名好斗的战士，我有今天的成就是因为当时的选择，选择相信自己可以改变得更好。选择真的很重要，你有什么样的思维，决定了你会选择什么。

四个步骤走出阴影

我很开心在1995年开始接触教练技术，掌握了后期原创的教练技巧及步骤，引发了积极的认知模式。这促使我在面对负向评价和消极事件时，将它重构为挑战，使我更加积极地应对、处理它，然后成长。在34岁的时候，我运用这些技巧去解读我的童年阴影，原谅母亲，原谅自己，总结出我的成长思维并不断巩固。20多年的修炼，造就了今天的我。

我一直相信这个世界是多变的，唯一不变的就是不断地改变，所以我一直在要求自己不断前行，知行合一。可以慢，但不可以停。衡量已知与未知，坦然接纳人生的复杂与矛盾，以开放的心态去理解一切存在，清楚好与不好的事情会在同一个人身上发生。

当我们经历"阴影"事件后，可以从以下四个步骤来调整自我，走出阴影：

1. 认知负面情绪，倾听情绪背后的信念；

2. 处理内在思维模式的冲突；

3. 以成长思维去积极解读事件；

4. 重新建构认知模式，积极行动。

采用这四个步骤后，如果还是没办法以成长思维去看待自己的经历，那就找一个专业的教练，来提高你对思维模式的认知。

我的启蒙教练

我的第一个教练不是世界一流的大师级教练，甚至他当时都不是非常出色、知名的专业教练。但时至今日，他的话却依然深深地影响着我，令我回味，伴我前行。

第一次被教练是在1995年，当时我的教练只是一个香港中文大学在读的建筑系研究生，他那时只有24岁，没有工作经验。而我已经33岁，整整比他大了近十岁，是一位具有12年职场经验的管理者。他是我在香港学习体验式领导力培训时，培训公司安排给我的个人教练，为期三个月，支持我完成三个月的个人目标。当时我不了解什么是教练，可以说我是“被安排”给他的“客户”。

因为他太年轻，我当时也想过换教练，但又觉得这个角色只不过是配合学员学习进度的“陪练者”，因此并没有把他当一回事，更没有非常想被他教练的意愿。

那时候我对教练的概念十分模糊，培训公司也没有认真介绍教练的功能，感觉只是用了一个新名词而已，加上当时我的事业如日中天，且刚MBA毕业，因此十分傲慢，根本不容易听取他人的意见，反而喜欢去点评他人。

当面对这个我眼中的“小朋友”时，我和他之间的教练对话可以说是“敷衍了事”，我的本能想法是“应付应付他”！

你为自己留了后路

我刚完成MBA的学习，学历上的增值令我更自信地分析自己事业的下一步：跳槽到别的公司或行业，或在这个已经服务了差不多七年的美资企业内申请更高的职位。刚好当时出现一个空缺：华南地区销售总经理，管理广州、深圳销售团队，并兼任两个办事处的负责人。

我为我的事业设计了两条路：一是在公司升职，二是如果申请不到这个位置就离开。我做好了两手准备。

我觉得和"小朋友"谈论这个主题，完全属于没话找话讲。当我告诉他新的职业生涯发展新方向时，我心里十分平静，觉得自己的方向十分合情合理。他在电话另一端静静地听我的分析及讲解。当我说完后，他给出了一个回应："你为自己留了后路！"

我一听到这句话，就暴跳如雷地说："哪有？真的没有啊，你不懂！"

我当时的内心是有愤怒的，同时也有一分被别人看透的恐惧。在工作了近七年的美国公司中，我已经申请过几次职位，但是全都失败了，包括一次在美国总部的工作机会。经历过数次内部提升的失败，令我为这次可能的失败铺好后路，甚至是一条"名正言顺"的后路，却没想到被这位年轻人看到了，看穿了，因此觉得很没面子，真想挖洞逃走。虽然行为上以愤怒的情绪去争辩，但其实是去掩盖内心的不自信。

"小朋友"并没有被我点着"火"，而是继续平静地听我的辩解。找不到对手，我只好在电话另一头说："让我想一下！"却没有把内心真正的感受和冲击告诉他。

那晚我睡得十分不好，说实话，那种被看穿的感觉很不好受，一边否认、抗拒，一边却要无奈地面对内心恐惧的自己。经过彻夜的思考，我决定把后路断了。在自我教练后，告诉自己全心全意地去拼，去获得这个可以回到内地工作的机会。

一言惊醒梦中人

当我发现没有后路时，决心反而更强大；当我抱着“视死如归”的心态去拿下这个职位时，创意反而特别多。我用心地去准备人力资源总监的面试，把MBA的论文论据作为申请去当华南区销售总经理的材料，认认真真地对亚太区的货运业进行了分析，并认定华南区港口势必代替香港货运码头。在面试时，我表明了担任这个职位的内在驱动力，愿意为这个趋势做一番贡献，并会全心全意地培养华南区的销售队伍。

面试后，过了数天仍没有消息，我的信心开始动摇。又过了数天，亚太区总裁来到我的座位旁，对我说：“给我一点时间，这是一个很艰难的决定！”我笑了笑，告诉他：“我会耐心等待的！”我心想，他会有多艰难？是什么令他不能下决心录用我呢？我十分困惑，因为自断了后路，唯有前行。我不断思索着，目标是如何令亚太区总裁打消顾虑，果断决策，我已经快受不了等待时的焦虑及猜疑。

第二天，我在走廊遇到一名同部门的男同事，我问他：“你对我申请华南区销售总经理这个职位怎么看？”他是一个比我年轻，但心直口快的人。他给予我中肯的反馈：“你的能力、经验及学历都优秀，和另外一个候选人比，你是占上风的，但唯一的障碍是——你是女性！”

一言惊醒梦中人。对手是男性，善于应酬。当今，货运业及物流业的销售前线人员以男性居多，作为女性，我在这方面缺乏竞争力。我心中的自信又一次被撼动了，甚至有些想打退堂鼓。我无法改变性别，也不想让亚太区的总裁为难，或令他纠结。但“小朋友”教练的那句话：“你为自己留了后路！”经常回荡在我的脑海里，提醒我要以“视死如归，绝不退缩”的精神前行，要全力以赴去获取这次升职机会，不可以再输给自己的不自信！

我在想：我可以去做什么来影响亚太区总裁？可以令他不用纠结，可以爽快地选择我去担任这个职位。我决定用实力去证明，让亚太区总裁看到我的能力，坚定他的选择！

高意愿度会带来改变

所有人都下班后，我独自留在办公室，整理好过去的出色业绩，用数据说话。我整理了我所管理的香港区域前后的业绩数据做对比，并在分析报告的结束语加了一句话："希望您的决策不会因为'性别歧视'而受到影响。"现在回想起来，这句话真的有点"恐吓成分"在内，但确实是我当时心中想说的话。恕我直言，我不希望他走入误区，如同事所说："性别因素是他决策上的最大障碍。"

我选择不用邮件形式发出这封信，而是打印出来，在信上签了自己的名字，跑进他的办公室，放在他的办公桌上，当时已是深夜12点。我想通过这样的做法，表明我对这次内部调动的决心。在之前内部职位的申请中，我并没有这样的"越界"做法，只是中规中矩地跟着人力资源流程走，就算面试失败，也并没有想办法去争取，去表达。

动力从哪里来的呢？我总结了一下，就是从"小朋友"的那句"你为自己留了后路"开始的。当我下定决心去断了自己这条后路时，我的思维只有一个焦点：如何才能得到这个职位？把自己置于死地而后生，而不是"如果不行，我会如何如何"。

过了两天，人力资源总监告诉我，我顺利获得了这个职位。我内心真的很激动，感觉之前的努力没有白费，我终于在事业上再上一层楼。过往卓越的业绩为我加分，MBA学历为我加分，我的坚持也给我加分。在决心及能力兼备下，我终于达成了自己的目标！

这就是我第一次被教练启蒙的故事。因为这个成效，引发我的强烈兴趣去系统性、逻辑性地研究教练技术。现在他已经是香港资深建筑师，我也成为一名资深专业教练。我依然很感谢他的教练，那句话"你为自己留了后路"一直提醒、鼓励我不断前进，不断为自己断掉无数的后路。每当我想起这句话，总会精神为之一振，惰性全无。

回顾这段经历，我想告诉所有希望改变的客户，你的高意愿度会带来好的教练效果，只要你准备好，年轻的、有心有力的专业教练可以走进你的生命，引领你梦想成真。

教练路上的第一次

我的第一个有偿客户是一名女性，她是香港某电台的销售部总监。回想1999年，似乎是很久很久之前的事情了。

其实我已经把第一个被我教练的客户忘记得几乎一干二净，因为我们的教练关系只是维持了一个月而已。那个月，我的工作是支持她巩固事业——完成销售指标。

大约十多年前，我在一个学员的婚礼上再次遇到她，她兴奋地走上来跟我打招呼，我才从记忆中搜索到这段经历。她说十分感谢我那一个月的教练服务，她和家人过得很开心，安居乐业，学习了教练技术，学会了自救及助人，她的喜悦唤醒了我的这段记忆！

当年，她刚从加拿大回到中国香港，以前在广告公司身居要职，做媒介总监，电台是她的供应商，她是电台的客户。回到香港后，她在电台的销售部工作，身份调换，开始有些不适应。但因为在移民过程中离了婚，带着她的小孩回到香港，急需一份稳定的工作。因为很久没有在香港工作，要适应不少改变，包括生活上、关系上、事业上、身份上。她很焦虑，很想找方法去面对。

她从朋友那里听到“企业教练”这个概念，朋友建议她请一个企业教练去支持她完成试用期的业务指标。她实在找不到办法，便主动来到我当时在香港学习教练技术课程的培训机构求聘企业教练。我的师父推荐了我，因为我有十多年的销售市场推广经验。我毫不犹豫地答应了，因为我真的想体验一下如何做有偿的企业教练，同时我相信教练技术可以帮助他人进步，相信我的销售经验可以支持这位客户。因为这份相信，我有了第一位客户，有了第一次的教练体验！

我的师父先对她进行了评估，认为她的改变意愿很高，同时她过去的工作背景及能力足以支撑她完成试用期的指标，教练可以在她开发潜能及减少干扰上给予支持。我相信师父的眼光及评估。

250万的试用期指标

第一次会谈，我被她感动了。她坦诚地告诉我她的家庭状况，她是多么想把回到香港后的第一份工作做好，想和儿子有新的开始。其实，她是一位很有感染力、很漂亮的高个子女士，十多年前在广告业打拼得很出色。因为家庭而移民加拿大，这次也因为家庭而回中国香港，我很欣赏她以家为重的负责任的心态！

我接受了她作为我的第一个客户，在介绍了自己的背景及对教练技术的心得后，她也很快接受了我。可能她当时已经走投无路，把我当作"救命稻草"，这对我来说也是一次磨炼教练技术的宝贵机会！无论如何，一切以目标为导向，我猜想我们一个月同行的经历一定会是愉快的。

她刚回到香港三四个月，一个月就要完成250万的业务指标，这如何能做到？我以销售教练的身份，问她这些问题：

"试用期是多少个月？你以前几个月的业绩是多少？"

"你手上有多少潜在客户？"

"每个客户可以有多少生意？"

"有什么资源可以支持你完成目标？"

"你如何才能完成？"

"以前你每天见多少客户？现在你要每天见多少客户，打多少个电话？"

"公司有什么优惠或推广计划去支持销售？"

我们制订了教练计划：每星期有两次教练电话，每次半小时，共8次电话；一次启动面谈，一次总结面谈，共6个小时。通过6个小时的沟通支持，完成250万的业务指标。她说这个指标是公司的三个月试用期的基本要求，已用了很多年，不少人能达成指标而成功地成为销售总监，然后就可以自己招聘团队。她在过去的两个月是“零”业绩，所以有巨大的压力。

面子和目标哪个重要？

别人可以做到，为何她觉得那么困难？

在第一、二次的沟通中，我们慢慢地进入了内在的对话。原来，她的内心有一些干扰，令她不愿意去突破。她在广告行业曾是一个交友广阔的风云人物，这次回来，觉得自己颇为失败。离婚令她失去自信，而且由甲方转为乙方，去求人拿生意，觉得没面子，因为以前是别人来求她。她不敢去找认识的同行，不敢告诉大家有关公司的优惠及服务，只是和广告公司担任高管、有话语权的朋友做朋友式的介绍，交代自己新的发展方向，不敢直言问他们是否会购买电台广告服务。

对于公司的团队，她也有负面对话。因为销售队伍成员很年轻，在工作上缺乏专注，有时候大家讲的笑话内容不是她所能喜欢或接受的。这个沟通问题令她不能专注在目标上，外面又有太多的干扰，说了不少她对一些同事的负面看法。她对比她年轻的上司也有看法，觉得太年轻，经验不足。

我一边专注地听她的诉说，一边把她拉回目标，拉回她的“生存”问题，强化她的目标感。因为知道她的经济状况，我不想她浪费教练费，想她能尽快成功回归，能和儿子好好安定下来。所以，教练她完成业绩的背后还有更重要的使命：令她建立信心，拿回自己的力量。

每次短暂的对话都是为她打气，和她一起找可能性。在第三次通话中，她说在以前同事的名单中找到了一个可能性客户，说她有购买电台服务的需要，但不容易被攻破。其实，最重要的还是需要她攻破自己的障碍：敢于开口，告知朋友她十分需要这份生意，但她十分不愿意让别人知道她的现状。我只能和她区分:面子重要,还是目标重要?

我知道她是一个很有主见的职业经理人,于是给她时间思考,给她自我对话的空间,让她在下一次教练通话时,告诉我她的选择。

相信相信再相信

在第四次通电话时,我问她:“你的决定是什么?”她说已经找了她的朋友,朋友会全力支持,但前提是要看建议书。我为她的快速行动而开心。我问她如何才能赢得这个机会,她说要电台高层出手。因为一个人的力量有限,新入行,她有很多专业知识要沟通。

我问她:“在公司里谁能支持到你?”她说是台长,台长跟她关系很好。我反问:“为何不是上司?”我知道她看不起她的直接上司,如果她直接找台长,那是越权行为,不能做。当然台长出手,成功概率会很高,但我不支持她的自负心态,不支持她的越权行为。

我通过提问去引导她如何谦卑及共赢,最终她愿意找直属上司,并通过上司去找台长。结果是“三人行”一起把250万的生意签了下来。她顺利地度过了试用期,积极组织自己的销售团队,顺利地在香港生活。

这一个月的同行真的不易。关键是教练自己相信、相信、再相信,相信自己及相信客户,相信她的选择和行动高于一切。我不是她这个行业的专家,我做物流销售,她做媒体销售,有共同点也有不同之处。我用心倾听、区分、提问及反馈。我排除自己的干扰去支持她排除干扰,一个月好像一年般漫长,又是那么难忘。谢谢我的师父,带领我第一次成功开启企业教练事业之路;谢谢我的第一个客户,强化了我成为专业教练的信心。

走进真实的自己

很多人看我的朋友圈，觉得我很忙，到处飞，四处奔波，会议、教练对话、培训、课程……他们都会说："你真的很忙！"是的，每年我的行程都是被提前排满的，不仅因为自己对很多固定开设的课程提前一年就已经做好了规划，还有许多的项目以及工作都会被提前填写入我的备忘录日程中。

我自大学毕业就做营销工作，在香港不同区奔走见客；后转做货运业，同为销售类工作，经常去我国其他地方和美国的不同港口，带客户了解公司业务，去亲身体会港口建设，同时经常去各地走访客户，了解需求、介绍服务、开发公司新业务、做公司市场培育及开发工作。

进入教练培训行业后，我无论是当培训师，还是做培训市场开发工作，经常出现在四个主要场所：酒店、机场、培训室、客户办公室。回顾自己这么多年的职场工作，真的很少有时间安静地坐在一个固定的办公室内。

就算放假，我也喜欢到处飞，每年两大假期(春节、国庆假期)都会安排旅游。我在2015年国庆假期去了爱尔兰、葡萄牙，11月去了美国硅谷、波特兰，2016年春节前去了孟加拉国……我喜欢去没去过的国家、没去过的城市，每一次旅行中的"意外"和"未知"都是我人生最大的财富和收获。这种独特的学习、体验人生的方式让我拥有更多的创意和灵感，而这些创意和灵感让我的生活和工作更加精彩。

没有脚的鸟

好朋友说我是“没有脚的鸟”，享受飞翔。

这种飞翔确实是我的享受。在飞翔的过程中，会遇到不同的人、不同的事，那些意料之中的收获以及意料之外的体验，让我的人生更充实、丰富，让人生变得更宽广，为自己留下美丽回忆，为自己老去做准备。

我不想到七八十岁的时候，身体衰弱而不能远行，只能通过看别人的经历去幻想。我更愿意坐在自己的摇椅里，品味着自己走过的那些路、飞过的那些蓝天，看着属于自己的照片、文字，回味自己谱写的人生路。这样地老去，或许才能真正地无愧于自己，没有白来过这精彩的世间。

别人眼中的我的忙碌，是我自己选择的一种生活方式，因为我忙碌地书写着我的人生故事。

保养身体主动自救

有人问我：“你累吗？”

当然累！作为一个普通人，过于饱和的行程带来的明显反应就是“身体的劳累”。

幸好父母给了我最好的基因，让我随时随地可以达到深度睡眠，能量迅速得到恢复。曾经在长途火车上，我都会熟睡。我喜欢小睡片刻，然后精力充沛地去面对下一个任务。晚上很少失眠，就算面对第二天的重要演讲、考试、见重要人物、做重要决策，我都能迅速入睡。

读书时代，我是一名运动员，出来工作后，仍然持续运动。壁球、网球、风帆、游泳、登山、骑自行车，没有停止过。从2020年6月开始，我请了瑜伽教练、划艇教练，每周坚持运动至少三次，让自己的身体动起来。喜欢PCP学员高晓虎对每天坚持锻炼的分享：“锻炼身体如汽车做保养，不能保证机器不出故障，但可大大减少故障发生的概率。”“现在我不折腾身体，身体早晚会找机会来折腾我。”

除了良好的睡眠和积极的运动可以让我迅速恢复体能，还有乐观的性格和对信仰的坚持：“我全力以赴了，其他顺其自然！”无论遇到多大的困难，先睡一会儿，让自己的身体、大脑休息。这种抽离方式可以让自己在醒来时拥有更多出现新思维、新信息和新角度的机会。积极乐观地面对所有的现状、问题和困难，创造无限可能和未来，让自己一路向前。

自然规律不可抗拒。最近几年，我的腰椎问题令我很困扰。自己创业后，工作压力大，过于专注地投入工作，缺乏运动，同时上课时的长期站立以及伏案工作时的错误坐姿，使得腰椎第四、第五的椎骨突出，影响到左腿侧边的神经系统，从而近年会出现麻痹的状况。之前会用游泳去舒缓，现在再加上体能锻炼，采用主动自救的方式解决问题。每一次的运动都会让我放下一切，专注身体，专注呼吸，这又是另外一种很好的抽离法。运动完后，头脑清醒，激发出很多新方法去处理每日事务，让我享受及乐在其中。

其实，身体的累只是“累”的一个部分。看到很多人累到倒下来，原因并不仅是“身累”，更多其实是“心累”。我把累字拆写为“田”与“系”，“田”代表四块需要你日日耕耘的田：修身、齐家、治国、平天下，用管理学的说法是“自我管理”“团队管理”“组织管理”“行业管理”，个人层面的说法是“自我认知”“家庭关系”“事业发展”“与环境共处”。一个人每天都要面对、经营四大元素，这四大元素都是一种关系的经营和维护，既可以错综复杂，也可以简单归纳，无论如何，都是要用心经营每一段关系，小心维护。

很喜欢这个“累”字的写法，精准到位。我相信爱，相信爱可以滋润所有的关系，持续注入生机在各种关系之中，让其健康生长，并生生不息。生命时间有限，爱自己、爱他人、少计算、多接纳，可以恨人一秒，不要恨人一世，这样才能天天身处在关系之中，保持自己真正不累的心态。

已经退休二十多年

35岁的时候，我选择转换自己的职业轨迹，离开工作10年的货运行业，专注于教练技术行业，由体验式培训到理论与体验结合，进行“道”与“术”的融合。

根据一万小时法则，成为每个领域的专家需要10000个小时的锤炼。对我而言，每年5000小时的积累，27年的反复不断实践，教练不同的人，已经达到135000小时，这算得上很专注了。为何那么专注？因为热爱它可以帮助到很多人，包括帮助到自己，我喜欢成为它的传播者。因此，过去27年，我每天都在做自己热爱的事情。

每次听到别人说：“退休后可以做自己喜欢的事。”我都在想：岂不是我已经退休很多年了，因为在27年前我已经开始做自己喜欢的事了！

近日，我看了罗伯特·德尼罗（Robert De Niro）主演的电影《实习生》（*The Intern*），电影中的主角在70岁时分享退休后的生活，学习了不少新玩意，如打高尔夫球、打太极、学习普通话等，但他仍然感到内心空虚，他明白自己必须走动，每天早上起来必须离开家，去一些地方，不让自己困在家里。他说：“Life for Work ,Work for Life.”（生命就是工作，工作就是生命）。他去申请电商公司的老人见习生职位，喜欢在工作环境中体会“被需要”。在公司里，他帮助年轻的CEO应对工作与家庭的平衡问题，解答年轻同事关于男女关系、居住问题等的疑惑，就像师父一样带领年轻人。

我一边看，一边和自己说：“这不正是我现在的生活吗？”幸运的我早已在退休生活的路上行走了27年。

听说有一位68岁的国外英语老师，现在仍然天天在讲台上教学。我对自己说：“我希望天天做教练和教练培养的工作，但最好下了舞台后再死亡，不要吓到学生们。”

爱与被爱的旅程

不少人问我：“你需要找一个伴侣吗？”我的答案是肯定的：需要！

为何不需要？人生是一场爱与被爱的旅程，遇到一个自己爱的人、愿意爱你的人是幸福的。有伴侣的幸福和自己一个人的幸福是不一样的，两者没有冲突，也不能互相替代。有了伴侣后，也需要给自己和对方独立空间，在独处和与他人的交往中成长。婚姻并不等于没有了自己，婚姻是两个具有独立人格的人两情相悦，两人可以彼此对话与扶持是婚姻幸福的真谛。

我在35岁前不选择婚姻，因为觉得事业比婚姻更容易掌握；40岁后，因为在等待一个人，他的离开让我知道：我要开始新的一页。

所以，我认同这句话："只有适合结婚的自己，没有该结婚的年龄。"

对我而言，现在是合适的时间，因为懂得珍惜，懂得往内看，懂得包容及接纳。

婚姻的三个重要问题

一位27岁的女生和我说，交往一年多的男友没有打算结婚，在父母的催婚下，自己决定和男友分手，不想浪费时间，分手原因是性格不合。

我说："性格不合，所以才互相吸引。性格相同，只能成为朋友，不是男女关系。"

女生说："是我等不了他的成长！"

我说："不是性格不合，是你不够耐心，不够爱他，不愿意付出。"我让她想清楚以下三个问题：

"人为何需要婚姻？"

"真正的婚姻是什么？"

"婚姻的意义是什么？"

如今，我同样问过自己这三个问题，我的答案是：

"人为何需要婚姻？"——想有一个志同道合的同行者，一起成长，一起体验精彩人生。

"真正的婚姻是什么？"——和一个命定之人一起品味甜酸苦辣，体会不舍不弃、同甘共苦的人生，直到生命的尽头。

"婚姻的意义是什么？"——无条件付出、付出、再付出。

要想做到以上状态，必须修炼自己的IQ（智商）、EQ（情商）、AQ（逆境商数）、CQ（魅力商数）、MQ（道德商数）、SQ（精神商数）……所以说，婚姻是人生旅程中的一个重要章节，找对的人很重要。但在漫长人生路中，彼此继续保持初心，相信“一切皆有可能”更为可贵。

回想当年的自己，并没有被问过或想过这三个问题，只知道结婚是一个人必须要有的经历。但经过几十年的人生路，让自己沉淀下来以后，找到了那份属于自己的答案。每个人都有自己的答案，每个人在人生的不同阶段也会有不同的回答。

终身学习赢在终点

我不是父母重金打造的掌中宝,也不是一路名校成长起来的典型学霸。可以说,我就是一个曾经输在起跑线的人。但是我从未停止过学习,也因此成为大家眼中的榜样之一,之所以会这样,是我时常告诉自己:终身学习,不要输在终点线。

我的起跑线输了很大一截。我在香港的新社区读书,小学与中学都是新建的学校,不是历史悠久的知名学校,在小升初时也没有进入好的中学。当我发现一切并不如想象中那么美好时,我开始努力学习。在姐姐的支持下,我专心致志读书,终于转校到更优秀的学校。后来,家里经济条件不好,我也曾想过放弃考大学,早点赚钱。但经过一天的秘书专科学习后,我决心好好读书,回到中学,备战高校。

不去体验,你永远不知道自己想要什么。现在有很多家长从来不让孩子体验挫折,不给孩子机会去接触他们不认可的环境。我们都是人,身处复杂的环境中,被诱惑、被干扰很正常。只要能在挫折中认识自己,找回自己内在想要的声音,拥有自己想要的人生,这就很好了。

人生不是一条直线

虽然自己考上了香港大学,看似好像已经赢在了起跑线,但其实我在学校里是一名学渣。在三年大学生活中,我参加了不同的社群,体验过很多新的运动项目,有时也出去旅游。毕业后,我没有进入大公司当管培生或者申请一个稳定风光的铁饭碗，而是根据自己的喜好及优势，走自己的路，选择销售工作，与人打交道。

人生不是一条直线，而是一条弯弯绕绕的线。大学毕业后，我也放纵过，经历过挫折，但是通过不停地自我教练、反思、调整，慢慢又找回了自己的目标与初心。

有人说，我不想输在终点线，但我也不想输在起跑线，这样难道不行吗？当然可以，那么你需要比别人更加努力，思维更加敏捷，才能将自己的优势一直保持下去，成为那个一直被追逐的人。我自认自己还有很多盲点，潜能有待开发，需要继续修炼自己的定力，从而保持良好状态去创造稳定性、持续性的赢。

有人会质疑：终身学习太累了吧！不学习我也能过得很好。没错，学习是一件辛苦的事情，但是没有人能逃避学习。特别是现在，我们身处在一个数字经济、人工智能和自动化的时代，知识和人才需求在不断地迭代。

时代一直在变化，有些职业没有了，新的职业出现。教练行业在二十多年前是没有的，现在却蓬勃发展，可以被列入“健康专家”或“教育从业者”。

我自己也没有想过会投身于这个新兴行业27年。无论这个行业的未来会如何，我都会以积极的态度去迎接，同时也做好面对任何变化的准备。

学历只是副产品

成人的学习之苦源于不断地向内探索、自我蜕变及重塑。与其纠结抗拒、恐惧改变，不如接受并拥抱变化，以成长思维去面对改变与吸引新的知识，先道后术到道术结合，可以事半功倍。人生没有一帆风顺，都是在痛苦和挫折中不断成长。无论是平凡的人还是那些所谓成功的人，都曾在人生的路上遇到过一个又一个的“坑”。不论主动还是被动，我们一次又一次地爬出来，完成自我成长的旅程。

前段时间，我教练了一个毕业于全球知名大学的MBA海归，为他解决事业与爱情上的困惑。我问他："如果满分是10分，你对自己的了解程度会打几分？"一开始，他十分自信地说："打10分，我很了解我自己。"然而，当我和他完成两个小时的教练对话，再问他同一个问题："现在你觉得你有多了解自己呢？"他说只有2分，因为他发现自己有不少盲点及潜能是他之前不知道的。我问他："自MBA毕业至今约七八年的时间里，有没有持续学习？"他说："没有，我一直忙碌于拼搏事业。"

学历能提供给我们的不只有知识，还有内在的成长、自我的成熟，而这些需要我们在生活中和志同道合之人一起交流、互相学习。我们更多地是要去关注自我的蜕变，打开思维。有了这样的成长经历，学历只是副产品。

就像我自己，用了四年时光完成博士论文，收获的不是一篇数万字的论文，而是坚定地践行创办拓思的价值观：初心、善择、坚持、谦卑。其实，我无数次想过放弃论文，因为被老师们不断质疑、提问及要求修改。值得庆幸的是，在我的教练、合作伙伴、同事们、客户们的陪伴下，我调整了自己的心态，谦逊地倾听所有的反馈及提问，经过不断修改后，终于顺利完成了论文。

扩大自己的内心边界

一个人只有能从挫折中站起来，不断挑战自己，勇于给自己挖"坑"，锻炼自己坚韧的心性，强化自己的定力，以开放心态去吸收新的知识，以及让创新落地，才能成为真正的人生赢家，才会不只赢在起跑线，最终赢在终点线。我虽然输在了起跑线，但每天都在努力，希望有机会赢在终点线。

对于"不要输在起跑线"这个观点，我是不赞同的。起跑线只是一个起点，起跑以后还有很长的路要跑。如果我们不想辜负自己的一生，如果父母想把孩子培养成优秀的人才，就不能将学历作为至高的评判标准，而还需要从这两个维度来进行衡量：

1. 扩张边界

敢于挖"坑"，挖不同的"坑"，挖越来越大的"坑"，扩张自己内心常态的边界。

我遇到过太多的人，自以为已经赢在了起跑线，于是停止学习，拿着以前的成绩去教训别人。多少人在背后偷偷笑他们的知识、认知早已过时，他们并不知道，他们永远在留恋过去，却也永远无法创造未来。

2. 向优秀的人学习

尽量跟优秀的人一起成长，向优秀的人学习，不论对方是同学、同事还是对手。

向优秀的人学习不仅仅是向那些年龄大的、取得了一定社会成就的人学习，还应该向年轻人学习。年轻人的学习能力很强，学习维度、知识维度都跟我很不一样。所以我一直觉得，那些不断学习、不断接受新事物的年轻人同样是我的好老师。

不太好干的教练行业

在过去的27年里，我在国内坚定地推广教练技术，同时也看到不少海外的教练机构走入中国市场。在大家齐心协力的推动中，越来越多的人认可ICF的教练技术，教练也走进了企业、家庭、大学及个人生命等不同领域，支持更多人自我重塑。

各种不同功能的教练也相继出现，如创业教练、高管教练、家长教练、演讲教练、生命教练、跨文化教练、声音教练等。越来越多的人主动为自己付费聘请一对一教练，从意愿到行为支持自我提升，并通过专业教练对话支持自己做出有效的选择。越来越多的人参加ICF认证的专业教练培训课程，让自己成为一位ICF认证的专业教练，成为企业的内部教练，去支持团队人才发展，或为自己转型成为全职专业教练做准备。

不忘初心，警惕迷失

随着越来越多的人才加入，资本运作和行业的专业操守是教练行业必须面对与重视的主题。

近几年经常有人对我说："拓思的发展太慢了，教练行业是一个有潜力的版块，加入资本运作可以支持你的公司快速成长，最终占领市场！"我坚定地回复："可以慢，但不要停。"

面对别人评价拓思谨小慎微或没有雄心壮志时，我只是一笑置之，因为我不想盲目扩张，为财务报表服务，而忘记了服务客户的初衷——相信自己，相信拓思的优秀人才，相信拓思。

我有过12年的创业经验，也非常努力地去经营公司，但因为大股东迷失于资本运作的经营模式，失去之前的高品质，希望借公司上市实现财富翻倍，而忘记了创业的初心，看到很多管理问题置之不理，最终导致公司倒闭。这个惨烈的结果令我惊醒，让我更谨慎地去面对自己的每一个商业决策。当然，为了使教练事业能够长久发展，影响到更多人，拓思也在寻找志同道合、不忘初心、愿意等待的投资人和合伙人。

作为专业教练培训机构，拓思一直秉承和践行的信念就是：生命影响生命。在爱奇艺给拓思的嘉许信中，有这样一段话："教练技术在欧美企业中应用已经很普遍，我国内地对教练的认识也逐步加深，感谢拓思这样的企业把推进教练技术本地化应用当作自己的使命，希望拓思做得越来越好。"

我看到这段文字后，一方面很开心，公司的使命感被客户读懂了，另一方面也提醒自己保持初衷，不要忘记推广教练技术的初心。

过度销售的失望体验

我和一个亚洲区的企业高管见面，向他介绍什么是教练，他说他了解的"教练"是健身教练。他曾经请的私人健身教练都是不停地提醒他去健身房，这起到了很好的督促作用，但后来他感到教练不是关心他身体改善情况，而只关心他是否购买新的健身计划，所以感到很失望。我听完后，立刻提醒自己，如果我成为他的一对一企业教练，一定不要让他有这种不良的体验。

我也有过类似的经历。开始的时候，我颇为欣赏我的健身教练，他每次都能给我量身定制锻炼项目，并认真记录我的体重及所做的项目。后来他总是提醒我余下的教练次数不多了，敦促我购买新健身计划，我开始有不舒服的感觉，不想再去健身房。不过，因为认可他的指导能力，在他的催促下，我还是购买了第二次的健身计划。没多久，他开始请假，回来后又辞职去了别的会所，还要求我也跟着他去新的会所。在我看来，他是因为受到销售目标的干扰，根本没有用心关注我的健身目标，实在是让我太失望。

聘请健身教练的经历时刻提醒我：不要因为过度推销的干扰而忘记初衷。

保持身份的边界感

现在有不少投资者研究教练行业的规模化，一位从哈佛商学院毕业的投资者说，这个行业有很多人都是使命使然，都是一些有经历的人希望通过教练服务、教练对话去帮助更多人变得更好，他们没有那么容易被资本运作的快速翻倍升值所诱惑，加上培养一个、一群优秀的教练没有那么快，复制速度慢，或是没有办法复制，每一个教练都是独特的。

另一位知名投资者当面跟我说："我不会投资教练行业，因为教练行业的人说一套做一套，言行不一致。"他看到行业内互相打击、攻击，没有教练们所推崇的共赢格局。我当时只是想听一下他如何看待教练行业在我国的发展。这些来自第三方的言论相对中立：是一面镜子，让教练们警醒；是一个鞭策，让我时刻提醒自己言行一致。

在一次会议上，我遇到了一个ICF认证的教练，他问我："你认识某某吗？"我说："不认识。"他说："这个人是ICF认证教练，他去帮另外一个ICF认证教练做一个教练项目，坐在后面听课。听完课后，他就把别人原创的东西当成是自己的，也没有告知原来的教练自己拿了对方的东西。"

我的即时反应是这样做不行，有违道德。我认为这很可悲，为什么教练那么浮躁，不尊重同行？明明是去帮忙，为什么不告诉对方你的真实想法，让别人知道你很想拿这些东西？如果有人觉得我原创的概念和工具很好，可以帮助到他们的客户，主动来问我是否可以用到自己的教练过程或者课程中，我会说"可以的"，但最重要的是，你要讲明出处，尊重知识产权，尊重别人对理论研发的用心。

最近，有一个人对我说要做教练技术相关的培训师，但背后的本意是为了圈粉。因为做了培训师之后,就会有很多粉丝认可自己,然后让他们和自己一起做直销。

我听后大跌眼镜!我们做导师,容易取得不少人的信任,有人问我:“你可不可以帮我推广我们的新房子?”“能不能帮我推广我的理财产品?”我会很直接地告诉对方:“不好意思,这个我不做。”因为做导师是有影响力的,做教练也是有影响力的。

现在有一个时尚的说法:我是一名斜杠青年。意思是“我”有很多的身份角色,有多个收入来源。但是,如果多重身份造成混淆,对于个人品牌则是减分的。人需要有边界感,知道“红线”在哪里。

我国的教练行业处于上升趋势,越来越多的人投入到教练技术的学习中,越来越多的人愿意接受教练的服务。但是我们要留意,不要因为面对的是上升趋势,就得意忘形而忘记游戏规则。不论是做教练,还是经营教练培训机构,都要对得住客户的信任。

合规年代让市场说话

有一位来自内地的教练,他去海外参加教练培训前,在微信中这样表述:这是中国教练第一次站在国际舞台上发声。其实,从1995年起,已经有不少中国教练走向了世界的舞台,并和海外教练进行交流。看到这样夺人眼球的推广语,确实让我很诧异。

2017年5月,我到泰国参加APAC会议,和来自各国的代表一起讨论教练的操守问题,希望ICF能够出来主持公道,监督认证教练的操守。在场的ICF主席说:“关于操守,里面已经非常明确了,不能够写得更详细。让市场告诉大家。”

这句话我非常认同。教练要时常记得自己是在做什么样的选择,对自己、对行业有什么样的影响?越来越精明的客户会为企业、为自己负责任,他们会精挑细选,不断观察教练的素质及言行,慎重决定是否让这些教练走进他们的企业或者他们的生命。拓思坚持培养有正知正觉、志同道合的教练，只有这样才能够走得更长远。

我经常提醒我的学员：世界是“透明”的，我们要明白现在是自媒体时代，是互联网的世界，由于信息快速发展，整个世界都是“透明”的。我们要尊重他人，因为当你尊重他人时，也是在尊重自己。自重自律是十分重要的品行。

当然，教练也是人，不是完美的。这就是我为什么会说教练的第一个客户就是自己的原因。现在教练已经变成斜杠人的一部分，大家有多重的身份，有很多种能力，有不同的收入……但要留意，学习教练、做专业教练一定要保持好个人的口碑和品牌，真正做到专业、专注，成为知行合一的教练。

合规是未来教练培训机构的核心。如果教练培训公司想获得长久稳定的发展，一定要把合规视作最高的原则。未来，能够胜出的教练培训企业需要具有技术整合能力和运营能力，要把品质做得更好，为客户提供更好的服务和更多元化的产品。过度扩张、过度销售、过度吹捧只会让企业走上末路，而扎实、真材实料的企业才能长远扎根。

学会放手,永不躺平

2021年6月底,我在浙江余姚的1968民宿休息了5天。我和生活摄影师毛毛一起聊聊天,读读书;拍拍照,做做瑜伽;拉拉大提琴,学学弹钢琴;看看电影,走遍余姚大大小小的景点。在和民宿创办人及其家人交流的同时,我也用宁静致远的心态和自己沟通,总结回顾上半年,计划下半年和未来的发展。国庆假期时,我跑到西北无人区,体验大自然的壮观,感受个人的渺小,带着敬畏的心继续前行。

2021年的精彩在于我拥有一个优秀并且上进的团队,包括自己在内的研发团队的创造力与创造欲十分旺盛。我们取得了许多优异的成果:研发PCP第二阶段的团体教练课程,多次原创作为分享嘉宾的演讲内容,原创米其林集团中国总部的新领导力模型与教练沙龙内容、影子教练与商战的融合,等等。

2022年,我在家中思考如何突破自己的线上讲课能力。思考过后,我开始调整与创新PCP课程的内容及结构,适应ICF认证课程的变革,定位公司与自己的人生,不断自我教练和被教练,与合作伙伴交流、碰撞,挖掘新的可能性,经历了破而后立的痛并快乐。

与此同时,我看到年轻的朋友、学员身患重病,最后离开了世界。一方面我努力教练这些年轻人及其家人积极面对未来,另一方面我也必须教练自己接纳失去、死亡,珍惜自己的生命。疾病与死亡,这不是容易释怀的事情。

是教练也是经营者

作为企业家，我面对的是源源不断的变化：员工的劳资纠纷、离职、团队内卷；老员工的自我重塑，新员工的初期适应；客户、教练团、导师们的多变状况；我国教练市场的蓬勃发展与无序混乱。在企业经营者的身份之下，我不得不终日为这些“变化”而奔波劳累。幸好自己拥有教练能力自救，还有远在美国的教练及合作伙伴悉心的陪伴与支持，我才能从一个个“坑”里爬出来。

人的身体有其自然规律，会随着年龄增长而变化。大家总说，印象中的我总是活力满满、激情四射的样子，可大家看不到已经60岁的我讲两天课，就需要一周的时间恢复体力和活力。

没有人能永远充满活力。只不过那时的我和大多数人一样，尽力将自己最好的一面展现给大家。而现在的我只想坦然地面对生命，面对青春不再，面对瞬息万变，面对真诚但也不完美的自己，我想坦然地拥抱这些变化，再坦然地做出抉择与改变。

活力可以再次焕发

首先，我想拥抱自己的变化。青春或许不再，但是活力可以再次焕发。

从1985年踏入职场，我一直有运动的习惯。可是从2020年1月开始，我身上背负了种种压力，当时也无法回到香港。直到6月，我才刚刚完成博士论文，此时已经感觉身体的耐力下降。我发现必须提高运动频率，并将多种运动结合，才能保持自己饱满的工作与学习状态。

所以当客户问我：“你教练那么多高管，他们都要做运动？”我说：“是的！”因为以下几个原因：

1. 当今世界科技发达，工作节奏越来越快，能量消耗也随之增大。运动可以帮助人减压，提高应对多变环境的能力，也能提高面对问题的勇气。

2. 现在一些企业采用弹性工作制度，工作时间不稳定，生活节奏也因此十分不稳定，给身体造成了巨大负担。

3. 一般做到C-Level（组织机构中最高层的管理人员）的人年纪都不小了，接近四十岁或以上。按照自然规律，免疫力下降，新陈代谢速度变慢。运动可以加快血液循环，提高新陈代谢，补充能量以及排毒。

4. 运动给予人独处时光，远离电子产品，静下心来，让自己巩固初心，活在当下，打开思维，提高高管的复原力。

即便如此，比起过去，我的工作效率还是明显下降了50%。所以我提醒自己要专心致志，只做不可替代的事情，专注走好每一步。

在民宿享受惬意时光的日子里，我在笔记本上写下了未来要做的工作：

1. 静心写作，用文字传递知识及智慧；

2. 保持足够的休息时间，照顾好自己的身体健康；

3. 研发新课程，支持教练们持续发展；

4. 满足个人兴趣的学习，让自己的生命没有遗憾；

5. 讲需要我讲的课程，推广教练式领导力与教练文化；

6. 当高管（副总裁或以上级别）及企业家的一对一教练，培养企业高层的团队教练；

7. 做教练督导，培养正知正觉的企业及组织教练，支持企业的人才可持续发展；

8. 继续支持“生命教育”的推广。

人生字典没有“躺平”

最近两年，我在考虑退出拓思、教练客、爱·相信这三个平台的日常运营。一个团队的前进并不是凭某人的一己之力就能推动的,而是需要一群志同道合的伙伴共同奋斗。我虽然是拓思的创始人,但我并不是拓思的创世神。拓思是每一个拓思人的心血与汗水的凝聚,需要每一个拓思人的付出与努力才会继续进步。

拓思不讲求做大做强,或要成为上市公司。我只希望每一个拓思人及合作的教练们专心致志做好每一件事,走好每一步,一起打造出一个我国教练行业的高品质品牌。

我意识到是时候该放手了,我相信有着“初心、善择、坚持、谦卑”价值观的拓思团队,不需要我推着他们向前走,他们也能自己走出舒适圈,也能带领着我走向全新的、更精彩的拓思。

也许有人会问:“你是否准备躺平了?”

答案是:不会。因为贪心,我有太多东西想学习,太多地方想去,所以想活到120岁。只是我想把节奏放慢一点,将自己的健康、兴趣放在第一位,重心放在不可被替代的事情上,做到更专注、更认真。

我不会让自己躺平。活到这个年龄,躺平就会失去生命力、失去斗志、失去学习力。所以我决定换一个活法:给自己时间、空间,让有能力的人去做平台的经营;让自己退出、退下来;让年轻人,包括拓思人、教练们、导师们拥有更多的自由空间去发挥。我相信他们的自律、自主和使命感会让三个平台未来可期,而我也会在后方给予他们最大的支持,并为他们鼓掌。

第二章

如何成为一个好教练

——当你走在成就他人的专业教练之路时，会发现身边聚集越来越多愿意被你影响而改变自己的人。

走上专业的教练之路

对于很多人来说，很难有办法一直活力四射地站在三尺讲台上面，这不仅是对体力的考验，更多的是如何适应变化无穷的课堂，以及台下那些要求越来越高的学员。而作为顾问，对专业性的要求颇高，甚至某些顾问受领域所限，职业领域反而变得更加狭隘，这时该怎么办？

这个时候出现了一个新的选择，称之为“教练”。教练可以是一对一的，可以坐着说话，而且多数情况是问别人问题，而不直接给答案。加上1个小时价格不菲的收费，总体感觉也还不错，因此教练这个职业看上去很美，满足了很多企业高管尤其是HR[①]的梦想。

很多HR毅然决然地放弃了现在的工作，转行做起了专业教练，心怀喜悦地说找到了人生的方向。但问题来了，如何能够接到教练的项目并保持稳定的收入呢？

目前，专业教练培训的市场状况多数是由咨询公司提供“认证班”，那么拿到认证之后又该如何开始呢？接下来就是累积教练时数，简单地说就是实习。但是，我认为只做教练就能养活自己的，绝对是少数。

在这个看上去很美的专业教练养成路上，有两大问题值得大家冷静剖析一下：

1.做专业教练，真的就是坐着提问吗？问别人问题，而且不给别人答

① 人力资源（Human Resources，简称HR）即人事，指从事人力资源管理工作，多位于公司的人事部门。

案，就可以赚1小时价格不菲的教练费？

2.辞职专心只做教练，就是“专业教练”吗？所有的专业教练都能养活自己吗？

看上去很美的人生路上，并不只有烂漫鲜花。鲜花丛中的荆棘之路，才是那条让你收获满满幸福的专业教练之路。

教出有门：师出“名门”

踏上专业教练之路，在我看来，“教出有门，练之有道”是一切的基础。

教出有门——报读一个国际认可的教练课程，师出“名门”。

“名门”并不是指出名，而是指被全球认可且可持续发展的专业教练课堂，支持你学习严格、系统化的教练方法。我国内地的人才发展随着国家走向全球化也同样面临着全球化的培养，作为专业教练，也要具备全球化视野去支持客户。

ICF就是一个全球认可，同时在全球享有很高声誉的、最大的、中立的第三方国际教练认证组织，成立于1995年。ICF之所以得到如此高的认可，是因为它本身对认证过程、教练能力要求非常严格，并且在此基础上不断地更新进步，保持教练技术的专业度在全球处于领先水平。

我从工作转型开始就加入ICF成为会员，在自己的专业教练生涯中，见证了ICF 27年的进步和完善。ICF对全球教练行业做出了很多突出贡献，因此才得到来自世界各地专业教练的认可。目前在全球认证的第三方教练体系中，ICF的系统是最为完善和健全的。对于一个决心想要加入教练行业的人来说，系统化学习是成功转行的第一步。严明、严谨的体系可以引导你走向正确的教练之路，而不仅仅只是一个课堂或者培训机构所提供给你的一个课程而已。

练之有道:走上正道

练之有道——找一个“靠谱”的教练平台起步。

靠谱平台是指可信赖的、在行业内得到认可的平台,那么什么样的平台才算得上是一个靠谱的平台呢?

首先,这个平台或组织要始终保持行业的先进性,紧跟行业发展的步伐。同时它是一个充满激情的,且被大众认可、与时俱进的教练组织。

其次,这个平台能为学员提供完善的服务体系,为学员提供客户资源及实践机会,如提供一对一教练服务,或者提供企业团队的教练服务等。只有这样才可以让学员从学习到实践,再到成长和积累时数的整个过程中,循序渐进地成为一名专业教练,乃至成为教练型导师。

最后,这个平台是严谨的,对教练的要求是严格而合理的,可以在学员学习和成长的过程中不断地提点和指正,让学员迅速地成长起来。

教练是练出来的,不是学出来的。师父的指引是走上专业教练的重要一步。有了家人的支持,做好了财务分析,也报读了处于良好平台的课程,虽万事俱备,但你仍然需要一盏能够指引你前行的明灯——师父。师父会传授给你秘诀,与你分享案例的成败,会将他或她曾经历过的宝贵经验与你分享,这样你就会在前行的路上少走很多弯路,直行即可到达彼岸。

因此找一位靠谱的师父就显得格外重要。一位恪守职业操守的老师,一定是一位对自己及学员严格要求,并在教练的行业里不断学习、不断前进的人。但是教练行业的老师,除了要具备这些基本的条件以外,还要有一定的人脉资源,愿意共享资源,支持学员持续实践。只有这样,才能真正帮助学员在教练的道路上越走越远,越走越稳。师父是引路人,是教练督导,也是同行者。

你的第一个教练客户

每位教练入行的第一个客户不是别人，而是自己，把自己变成一个运用教练技术的成功个案，才能真正影响到他人。

我遇到过一些学过教练课程的企业高管，他们认为自己的觉醒能力提高了，不认同公司的价值观，不接纳企业的转变，因而选择离职。我感到惊讶，学习教练技术难道不是要运用在现有的工作上，令自己表现更好，令自己的工作更上一层楼吗？为何会背道而驰？

自己是走上专业教练之路的第一个客户。当你有过自我教练及被教练后的成长，当你有过努力的经历，你会更加自信地面对客户，来分享自己运用教练技术成就自己、有效取得他人信任的感受。只有这样，当你在教练别人的自我觉醒、自我突破、自我成长时，才可以做到感同身受，才会理解和感受到被教练者在完成目标过程中的困惑和纠结。

对于每一个从事教练技术的人来说，你的第一批客户基本上都是身边的人或者朋友，只有最亲近的人看到你的改变才愿意相信你，愿意成为你的客户，愿意介绍客户给你。你自己就是一本厚厚的教科书，翻开这本写满了人生记录的书，你才能成为别人的镜子。因此把自己变成一个成功的个案，让自己去影响他人，让他人期待你去影响他人。

正知正觉的同行者

当你走在成就自己的专业教练之路时，会发现身边聚集越来越多愿意被你影响而改变自己的人。

“三人行必有我师”，结交一群正知正觉的同行者，会对你的修炼和学习带来指引。因此，我在拓思PCP学习体系中创设了指导教练、学习教练、学习搭档的学习模式，就是希望每一个教练技术的学习者可以相互学习、取长补短，并且无论是在漫漫的人生道路上，还是教练的学习道路上，都可以相互扶持，共同成长。也许你会有迷惘的时候，也许你也会有不知所措的时候，但你有懂你的同行者的陪伴，会帮助你轻松走出这样的困境，不但相互学习，相互为师，还是学习道路上彼此的指引者。

“近朱者赤，近墨者黑”，唯有知己的同行者才会陪你始终。在教练行业中，同行者显得更加重要。亦师，分享经验鞭策前行，可以带领你走上专业的教练道路；亦友，可能曾经是你的教练，可能曾经是你的学习搭档。他是你在教练他人之前的陪伴者和对练者，是你在成为教练之后的分享者。可见，教练道路上的同行者弥足珍贵。

“平天下”之前先“齐家”

中国人常说“修身、齐家、治国、平天下”。家是你的后盾，只有取得了家人的支持，才会有坚持做下去的力量和决心。如果你的家人对你所做的事情持有怀疑、反对的意见，那么在前进的道路上你就多了一道障碍。

我决定投入到教练行业之前，深知这是一个“越老越贵”的行业。但是即便如此，在刚刚投身于教练之路时，你是一个新人，甚至需要离开你原来的舒适区，放弃现有的职位与事业，从基础做起。即使是拥有丰富工作经验的你，也要重新开始学习，积累有偿、无偿教练小时数，通过专业的教练学习与训练，为自己的教练事业慢慢积累。

在这个过程中，你需要保持清醒的头脑，事先做好财务预算。试想，你和家人能够接受你的短期收入不稳定吗？你的月收入、年收入比以往在企业当高管时低50%，甚至更低，你和家人能接受吗?在刚开始起步的时候，可能一切并不如你所愿。任何一份事业都必须经历原始积累期，才会有后期的丰硕收获，其他行业如此，教练之路亦是如此。那么什么时候你的收入可以超越过去的水平？根据我的观察及经验，最少三年至五年，还要看你的修炼与努力、资源积累与整合能力，以及教练市场的发展。因此，整理好财务问题，做好充分的心理准备，才是一份新事业的良好开端。

我每一年都会为下一年提前做好财务分析，为自己做一个海外学习的预算，去增长新的知识，并且出席国际教练会议，及时了解行业信息及发展趋势。我们要时常为自己充电，并要具备事先做规划的习惯。

为你的决定负责任

我曾经遇到一位三十多岁的HR，她在企业内负责安排外聘的外籍教练来服务高管。她认为教练行业看起来既高大上，又有意义，就毅然决然地放弃自己在外企HR的工作，跟着一位教练开始了教练之路。因为她只是刚开始接触，初期只能做一些教练的辅助工作，并没有太丰厚的收入。不巧的是，一年后她师从的教练因为生宝宝不得不暂停工作，这位HR的积蓄也用得所剩无几，一时之间竟陷入了财务危机。

对教练行业充满激情，是你的感性心理在驱动，但另外一方面，也要理性地规划和安排，这样才能确保自己平稳地走上教练的道路。

我之所以能够一直坚持下来，就是因为家人给我的爱和支持。当我决定从已经从事了12年的货运行业转型去做教练时，弟媳就对我说："遵从你的内心，做你喜欢做的吧。"她的鼓励帮助我走上了教练之路。也正是因为家人对我的鼓励和支持，才能让我27年如一日地矢志不移。

如果你一意孤行，漠视、忽略家人的支持和信任，失去家人的关爱，你如何全心全意地发挥自己的潜能去支持他人呢?

这个行业虽是"越老越贵"，但历练和成长的过程必不可少。从ICF的国际认证教练ACC到PCC，再到MCC，这是一个漫长而艰辛的过程。因此，你要为自己负责，为自己所做的决定负责，为家庭负责，为这个积累和成长的过程提前做好准备。

你的提问是出于好奇还是八卦?

有一次,在我的现场教练结束之后,一个学员走过来和我说:"吴导,您刚才教练的时候,提问的感觉真的很像小孩子!"

有时我会觉得,尽管自己年纪越来越大,但童心反而越来越多。我对人总是有着一份如孩童般的好奇心,我会想:他有着怎样的经历?他此刻的心情如何?是什么让他开怀大笑,又是什么让他愁眉不展?我相信每个人的内心都藏着一个巨大的宝藏,它丰富得超出我们的想象。我带着无限的好奇和被教练者一起去探索这个宝藏,并时常会为生命的神秘感到惊讶和敬畏。

好奇心是教练最重要的品质之一。有力的问题来自于好奇心,客户的信任也来自于好奇心。在有力的问题和客户的信任之下,客户愿意公开内心的想法及平日很少向他人透露的心声。如何处理这些隐私,可以很好地区分到底是不是真正的好奇心。

好奇心的背后,是一份谦卑和尊重。每个人的认知都是有限的,即使是大师级教练也是如此。我们只有承认和接纳自己的"有限",才能带着好奇去发现生命的"无限"。好奇意味着"无我",放下"我什么都知道"的执念,全心体会沉浸在未知世界中的喜悦。好奇体现了对另一个生命的尊重,尊重生命之美,才能发现它的美。

可惜的是,很多人在变成大人的过程中,慢慢丢失了那份儿时的好奇心,世界也从浩瀚的宇宙变成了窄小的铁盒,把人局限在其中。教练的工作让我找回做孩子的感觉。

好奇还是八卦？

关于好奇，初学者经常会掉入一个“陷阱”——把它和另外一个概念搞混。这个概念就是“八卦”。

曾经有一位做人力资源经理的学员向我求助。她从同事的口中得知，公司里一个年轻有为的经理，与长期两地分居的太太近日发生了矛盾，正在面临离婚的危机。她很欣赏这位同事的才干，为他感到可惜。此时，她学习教练技术差不多已有一年了，认为自己的专业能力可以帮助这位同事有效处理家庭危机。但是，这个消息是同事们在午饭时闲聊得知的，不是当事人亲自告知。她困扰于应如何启齿，怎样与这位同事开始这个涉及个人隐私的敏感话题。于是，她向我请教。

我说：“你的同事们谈完这个人的状况后，他们讨论如何出手帮助他了吗？”她说没有人谈及下一步，但她心中有牵挂，很想找机会去开解和教练他，想通过自己的教练能力去支持他，看能否让他看到自己的盲点，以他自己的改变去影响妻子，挽救这段婚姻。我说：“你的同事是在八卦，而你是好奇！”

不论是企业内部教练还是外部专业教练，都需要拥有深入探索的能力，需要去获得他人的信任，让他人愿意公开重要和关键的信息。但更重要的是在对话之后，如何运用和保护这些信息。处理恰当的话，就是好奇心；处理不恰当的话，就是八卦！

八卦摧毁信任平台

八卦是在取得他人的信任后，把别人推心置腹分享的隐私仅仅当作了解所谓的“小道消息”，或者只是想知道内幕的一种行为。应该特别强调的是，“八卦”只止步于“知道”这个层面，为知道这秘密而感到兴奋不已。有些人不仅满足了自己猎奇后的兴奋心理，甚至还会作为传播者，在没有得到对方知情及准许下，把对方的秘密或隐私公开，或主动传播给其他人，甚至主动去问别人“你知不知道他如何……如何……”。

把别人不想公开或视为个人隐私的事情传播出去：只为取得别人艳羡的目光；认为自己能人所不能；炫耀自己知道的很多，人脉很广；满足自己的虚荣心，传播时只为传播，以此作为所谓的人际沟通技巧。这就是八卦。说的人如此，听的人也如此。双方完全忘记自己在传播的是他人的隐私，伤害他人的同时也是在伤害自己的品牌。

我的八卦经历

以前的我也属于八卦一族。一个和我相识十多年、每天一起谈心、一起购物的大学闺蜜，曾经给我当头一棒，让我深深地体会到，我没有好奇心，只有八卦心。

1995年初，我开始学习教练技术，当时已经具备一些自我觉察的能力。我慢慢地发现了一个问题，以前她很爱说话，但渐渐地，她和我在一起的时候话越来越少，每次都是我不停地在说，她闭口不言。我的事情和想法她全都知道，而我对她竟不太了解了，完全不知道她的想法。

那天晚上，我和闺蜜在香港湾仔区的一个高级中餐厅吃饭，维多利亚港的夜景尽收眼底。我说了这个问题，想知道原因。

她平静地说：“你那么八卦，经常说别人的秘密，我哪会那么傻，把自己的秘密告诉你，让你去传播？”

听到这句话，我就像是被电击了一样。天啊！原来她是那么不信任我！

我当时非常愤怒，因为我们可是认识了十多年的闺蜜，她怎么可以这样说我？！在愤怒之后，我竟又感到一丝羞愧，回头想想我每天和她的谈话内容，谈的都是什么？是别人的秘密、隐私！我陷在八卦的漩涡里，很少关心她，对她的近况一无所知。她说得那么真诚，让我深切地体会到了她在我面前的“自我防卫”以及安全感的缺失。在那一刻，我突然意识到八卦对人际关系造成的巨大伤害。

那个在维多利亚港夜色中的晚餐让我终身难忘，它对我来说是莫大的打击，也是莫大的警醒。从此，我决定洗心革面，对每一个愿意和我分享他们人生故事的人，小心翼翼地去保护他们的隐私，尊重这份信任。

在成为专业教练之后，我把对人的好奇心转换为关心，把别人分享给我的信息转化成支持他人自省、成长、进步的基石，并敏感于自己的保密度，这是非常重要的职业操守，不能轻易破坏客户对自己的信任！

差一点跌入八卦的“坑”

因为这个刻骨铭心的八卦经历，让我在做企业家和高管的教练时，对信息的保护十分小心谨慎。

有一次，我要为一个500强外企的中国区总裁开展高管教练服务，为了对这位总裁有更全面的了解，我先和他的下属们联系，请他们填一份关于总裁的360度领导力问卷，以匿名方式填写真实的分数。他们因为之前上过我的教练式领导力培训课，对我很信任，所以十分配合。不到1个小时，我就集齐了7位下属的问卷。

当总裁知道了这个问卷调查后，他问我是否可以公开填写者的信息。我的第一反应是，必须问一下这些填写者，不能随便公开，否则会失信于人。我没有坚定地回绝总裁，而是先去问下属们的意见。有人说没问题，有人说这样做违背了初衷，有人说问其他人是否同意。在沟通的过程中，我发现自己为了讨好总裁而忘记了对他的下属们的承诺，虽然未跌入八卦这个“坑”，但还是有一些迷失自我。

最后，我回复总裁：“不公开问卷填写人的信息，因为重要的不是谁给了这个分数，而是分数给你的启发。”随后，我告诉他的下属我不会公开填写人的信息。处理完后，我深深地吸了一口气，对自己说“好危险”。我还存在着旧思维和旧习惯，当我还在为很快拿到问卷而沾沾自喜时，幸好有过去相似的痛苦经历的警醒，让我悬崖勒马，维系别人对我的信任。

“守口如瓶”是一种职业操守

教练收集信息的动机不是满足自己的”知道”，也不是担任“传播员”。教练的焦点集中在被教练者本人的成长上，用心了解对方的思维模式，倾听对方的隐私是为了更好地去支持其看到盲点及潜能。

以约哈里窗理论（Johari Window，在“教练的自我反省”一节中会讲解这个理论）来解释，当人们更多地公开隐私时，潜能就能更有效地被开发，在积极行动的作用下，潜能会被巩固下来。

对于这些公开的信息，教练需要妥善收藏、尊重，把它们当成是自己的秘密，尊重别人对自己的信任。做教练要做到守口如瓶，这是基本的职业操守。

教练可以用以下问题评估自己的保密水平：

“你是否认为为对方做好保密工作非常重要？”

“你是否能够做到对他人在教练过程中分享的信息进行保密？”

“你是否在跟别人分享信息之前都得到了当事人的允许？”

“你是否会在没有得到当事人的允许下，泄露当事人的姓名或者重要信息给别人？”

好奇和八卦是有很大区别的。前者是在放下自我之后，我们对未知世界深入探索以及对信息进行保护，所收集的信息只用于思考如何支持被教练者；后者是为了满足自我对他人隐私的打探和不负责任的传播。一旦以好奇心进行的探索变成了随意传播的八卦，就违反了教练的职业操守，这会引发严重的信任危机。如何拿捏，如何把握，教练要在内在进行区分，了解自己挖掘信息的动机和出发点，不要忘记做教练的初衷。

教练的使命是支持他人“生命影响生命”，焦点在外，而不是满足自己。作为专业教练，了解并把控好奇心的“度”是非常重要的职业操守，用心维护个人品牌才能不断地取得客户的信任，才会帮助更多人，走进他们的内心世界，真正做到“生命影响生命”。

封闭式提问不是教练禁忌

有一次，我完成现场教练个案之后，一位刚接触教练技术的嘉宾问我："你为什么用封闭式提问？教练不是不可以问封闭式问题吗？"

当时我有点懵地说："我用了吗？我自己都不知道。"

于是我好奇地问她："为什么不可以用封闭式提问呢？"

她说："教练不是只可以用开放式提问吗？"

我立刻惊呆了，问她："做教练不可以用封闭式提问吗？是谁说的？"

在学习教练技术时，我们会被告知要多用开放式提问，但不等同于不可以用封闭式提问。非常感谢这位嘉宾的提问，同时，这也引发了我关于这一话题的思考。

封闭式提问的背后

在开始学习教练技术的初期，不少领导者，特别是那些强势的、喜欢掌控的领导者，会把自己在工作中使用的模式带到教练过程中，以封闭式的问题来引导被教练者从而得出教练想要的答案。

封闭式问题，反映出来的恰恰是我们思维方式的"封闭"。正是这些封闭式的思维方式，导致形成封闭式提问，阻碍了我们的沟通。

当他们发现自己这样的习惯"害人不浅"，便痛定思痛，刻意苦练开放式问题，从"你和领导相处好吗？"到"你和领导相处如何？"，以开放式问题建立平等的沟通关系。开放式问题不具备限制性，让对方有更多的想象空间，给予对方畅所欲言、充分自由发挥的空间，把决定权交给对方，由对方决定公开多少信息、思维及情绪，有助于增进与对方的信任及亲密关系。这和教练工作的理念一致，善于发挥他人的潜能，因此我们会鼓励多用开放式提问。

在这个阶段，我们常常会进行基础的刻意练习，注意什么是要多做的，什么是不可以做的。其中的一个要点，就是去注意经常用封闭式提问、减少用开放式提问的习惯，要明白练习的根本目的，是要刻意改变过去封闭的思维习惯。

“封闭”了什么

为什么我们在教练的过程中，需要注意封闭式问题的使用？

封闭式提问就是你把选项准备好，抛出来给对方选择。习惯高姿态、命令式管理风格及沟通方式的人，不知不觉地会用一些封闭式的提问，比如说：行不行？可不可以？能不能？是不是？有没有？例如：这件事情是你决定的？你和另一个部门相处好吗？或者是：你选择今天还是明天执行？你觉得A方案还是B方案可行？

这样其实就把范围限制住了，让对方在被限制的范围内做决定。对方只能回答“Yes”or“No”，“A”or“B”。

封闭式问题“封闭”了以下方面：

1. 他人沟通的意愿；
2. 他人独立思考的机会；
3. 他人潜能的开发；
4. 他人内心想法公开的机会。

所以，在教练过程中，从封闭式问题到开放式问题的改变是积极的，是往开阔的方向发展的。

需要特别强调的是，多提开放式问题不等于封杀封闭式问题。

不过很多时候，我们容易矫枉过正。在教练路上的初学者，一听到封闭式问题就觉得是犯错，如惊弓之鸟般敏感，挑封闭式问题的错成为他们的强项，走到“非黑即白”的地步。

上面讲到的个案发生后，我回到家，很好奇地打开同事帮我整理的现场教练对话内容，确实发现问了一个封闭式问题。

被教练者是一位父亲，他说他上过正面管教课程，我问他：“你老婆有没有跟你一块儿学？”这句就是封闭式提问。被教练者说：“她有跟我一起学。”我说：“这很好啊，夫妻都非常关注孩子的成长，还一起去学习，这很难得。”

我在这里用封闭式问题的出发点是收集资料。我反思了一下为什么当时这样问，我的出发点是开放、探索，不是为了控制对话方向。

我做了27年的教练工作，教练技术已经融入到我的血液中，达到了以道御术的状态，剥离了固定的条条框框，把理论、认知和工具进行整合，把我的心、脑、腹融为一体，同时用“SOS”理论〔Self（自己）-Others（他人）-Situation（情境）〕去支持我的被教练者。

回想当时的场景，我处在当下的教练状态里，跟着被教练者的状态、主题、情绪一起流动，没有刻意告诉自己可以做什么、不可以做什么。在我的心里，从来没有排斥过封闭式问题。我认为在教练对话中，封闭式问题是有价值的，最主要的是看情景、看对方、看自己的状态。

封闭式提问的力量

让我分享一个封闭式提问的成功例子。

史蒂夫·乔布斯（Steve Jobs）是一位提问高手。我曾到苹果总部和一个在此工作10年的台湾工程师交流，他说乔布斯在电梯里会问：“你的目标完成了多少？”大家都怕遇到乔布斯，但是乔布斯就是用一个有力的提问挖走了百事可乐的总裁，令这个总裁成功跨界转型。

大约在1983年，乔布斯特别钟情百事可乐的总裁约翰·斯卡利（John Sculley），希望挖走他来与自己共事。面对乔布斯伸出的橄榄枝，斯卡利思考了很久，考虑到种种原因，暂时还是不想放弃自己现在的事业，于是拒绝了乔布斯。

这时，乔布斯用了一个封闭式提问，说出了至今仍然被视为“最好的销售广告词”的话：“你是想一辈子卖糖水，还是希望获得改变世界的机会？”

乔布斯的封闭式提问触动了斯卡利内心深处的东西，他瞬间被乔布斯这句话打动，于是选择离开百事可乐，成了苹果的首席执行官。

后来，他和乔布斯一起推出了第一部Mac电脑。

关于封闭式问题，我也有一个十分自豪的个案。

记得是2000年，我在广州当区域总经理，聘请了一个勤奋的年轻人。一年后，随着业务的发展，我决定为他招聘一个下属，减轻他的工作量及储备好人才，但是我发现他没有花时间去培养新人。

有一天，在大家下班之后，我决定和这位男生谈谈。他说了很久，说他不是不培养，只是没有时间。我深知他的性格，是十分典型的九型人格中的6号（纠结的忠诚者），于是我问了一个封闭式问题：“你想多一个手下还是想多一个上司？”

虽然我当时已经学习教练技术5年了，但我没有用“你想在职场如何发展？”这样的开放式问题。问完后，他表现出十分惊讶的反应，感觉内心被触动了。我说：“你回去思考一下，明天回复我，让我做好人员安排。”第二天，他回来和我说：“昨晚上整夜睡不着，我决定要一个手下。”自此，他愿意花时间培养下属，后来从区域运营负责人到全国运营负责人，为公司培养了不少人才，并且由大专生自修成为本科生。

所以封闭式提问在一些情景下是很有用的。如上面的例子，在情形紧迫时，乔布斯深知公司缺少资深销售人才，便用了AB二选一的“激将法”。我知道这个年轻人如果不成长，会影响团队的发展，同时对方总是不正面回答，和你兜圈子，我便用了封闭式提问启发他如何行动。在管理沟通及教练对话中，小心“非黑即白”，不要封杀了封闭式问题！

封闭式问题何时出马？

在教练对话中，客户在犹豫、纠结的时候，或者要做一些很困难但是很重要的决定的时候，我会提供给对方A或B的选择，让对方收窄思维，不要被太多元素干扰，有勇气去跨越自己的舒适地带。这时候的封闭式问题会带给他一种力量，就像他系着保险绳站在悬崖边，教练在后面推他一把，他才能把握到更具挑战的机会。

很多人说，封闭式提问可以用在教练对话的最后环节，也就是“行动计划”中，我是认同的，因为这是对话的结束，也是对话的关键时刻，是要付诸行动的时候。这对一些人来说是恐惧、害怕的，所以封闭式问题限制了他们的逃避，把他们过于发散的思维聚焦起来，让他们拿出勇气去直面挑战。所以封闭式提问是有优势的和有价值的存在的。

从以上两个例子可以看出，问“对”的封闭式问题，是建立在对情境和被教练者精确深刻的洞悉之上，就像一束光，直接照进被教练者的内心，或者按下被教练者内心某处一个落满灰尘的启动按钮，开动了一部他自己都未曾发现的发动机。

封闭式问题也可以在教练对话的开始及过程中使用。有时候我问了一个很刁钻的问题，对方迟疑回答还是不回答，我也会用一个封闭式提问：“你现在回答，还是待会儿再回答？”让客户自行选择，给对方一个台阶下。

从刻意练习到全面融合

做教练要懂得整合，不要非黑即白。教练在某些情景及客户的某种状态下，可以用封闭式提问，就如教练也可以做顾问、做辅导员一样，只是教练自己需要知道为什么这样做，知道其利弊，增加教练的弹性，提高教练融合能力。

当教练问了太多的开放式问题，也可以问一两个封闭式问题。反之亦然，从而让教练对话更多姿多彩，而不是墨守成规，可以培养客户面对多变环境时的敏捷思维及行动。教练用不同的提问方式，也可以让客户体验到教练的敏捷性。

教练艺术:问出“美”的问题

教练是一门艺术,这一点我深信不疑。

流动,美妙,未知,直摄灵魂,艺术所具有的这些特征,在教练中展现无遗。在一次次与人共舞的过程中,我时常被教练的艺术之美所震撼,这也是我对教练如此着迷的原因。

如果把整个教练过程比作一件精美的艺术品,那么教练中的每一个元素也是“一花一世界”,都是艺术的一部分。我想讲讲教练中很重要的一个元素——“提问”,这朵艺术之花。

很多人问我:“你的现场教练让人很难忘,你是怎样问出那些问题的?”对于别人来说,我所问的问题也许看起来很难、很“辣”、有力量、出人意料。而对于我而言,问出这样的问题,是教练的当下自然而然发生的事情。

我根据自己原创的CDCA®四个教练步骤(在“‘联系’是一切的开始”一节中会讲解这个理论)设计了40个问题,每个步骤都有10个问题,这些都方便初学者模仿及练习,可以有框架地开展教练式对话。这个框架已经融入到我的血液中,十分自然、无痕迹地运作,在他人眼中,好像没有一个可以参照的固定的理论体系让我按部就班地去发问,而我所追求的提问的最高境界是问出“美”的问题。

什么是“美”的问题?是让人感到很舒服、很享受、很动听的问题吗?在我看来,并不是。我把“Beautiful”(美)分解成了三个词:Difficult(困难的)、Challenging(挑战的)、Powerful(有力量的)。这三个词加在一起,就是我所认为的“美”。

我想用三个案例来进一步阐述我所理解的“美”的问题。

困难之问——要有善意温暖

案例一：困难性问题，让她从“女强人”变成“女人”。

有一次，我与一位企业高管进行一对一教练中段检视（在教练的中段进行复盘总结），他的上司是一位美国女性，在一家生产型企业工作了三十多年，在国内工作了十多年，干练且果断。我和她合作过一次，为她的一个外籍下属做一对一教练一年，她十分满意。这次是第二次合作，教练她手下的高潜人才。我们一直保持着十分“专业”的关系，只谈工作。在场有高管的上司、被教练者（也就是那位企业高管）、中国总部人才发展总监共三位企业人员。中段检视会议本来计划不是在这个时间开展，因为上司的丈夫身患癌症，她要尽快回美国，所以将会议提前进行。

在会议的前半段，我们按照计划对前半段的教练成果进行检视，上司展现出来的是一直以来的风格，简洁、干练、强悍。但从她的话语和表情中，我还是感受到了一丝微微的不舍。我的直觉告诉我，丈夫患病对于她来说是一个很大的冲击，不管是家庭还是事业，也许都面临着巨大的改变。而这个冲击是她深藏在内心，不愿意公开的。于是，在会议的后半段，我以关怀的语气问了她一个很简单的问题：“我知道这次你回美国是因为丈夫的健康问题，你还会回来吗？”

我从其他人的表情上看到了他们的震惊，因为这个问题大家都有意回避，不敢去问。而在听到这个问题的瞬间，这位上司好像顿时卸下了身上女强人的铠甲，变成了一个柔软的女人。她眼圈微微发红，有些哽咽地说：“我不知道我会不会回来，我不知道他离开之后我需要多少时间自愈。”她不停地分享她的内心感受，长达五分钟之久，把压抑了很久的情绪释放出来，让人深深地感受到她对丈夫的爱和对未来的不确定。

会议室里很安静，我们三个人专注地听她分享。她的真情流露让大家看到，除了强势，她还有感性的一面。冰冷的公司会议室好像也变成了一个充满着暖意的房间，人性的善意、包容和关怀，让每个人都感到温暖。

对我来说，“你还会回来吗？”这个简单的封闭式问题就是“美”的问题。这个问题很难，因为没有人愿意去触碰“死亡”这个话题。同时，这个问题很有挑战性，因为它直抵内心深处，让这位上司思考她的人生将会面临的一个非常重要的选择。而这个问题也是有力量的，它触及人性最真实的一面，让人愿意卸下铠甲，展现不为人知的另一面。她是高管教练服务的受益者，在公司的法国总部被教练过，所以她在我国担任高管时，会为关键人才聘请高管教练，她有一颗助人的心，同时她也需要被教练。

挑战之问——常有内心之痛

案例二：挑战性问题，直击高层管理者内心之痛。

我在成都的一次现场教练中，教练了一位高管。他在一家民营企业工作了12年，现在遇到了瓶颈，感觉自己的价值不被认可，希望我帮助他找到突破口。

他说：“我在这家公司工作了12年，他们不让我进董事会参与公司重要的战略决策，我在考虑是否要离开公司。”

我听到他这样讲，有一个感到好奇的点：为什么在一家创业公司工作了12年，还没有进入董事会？从我自己的经历来看，二十多年前，我常常义无反顾地以义工身份去支持一家创业公司的生存及成长，做了很多努力，一年之后的一天，我接到了董事长的电话，他想邀请我成为股东。如果一个人真的够拼搏，别人一定会看到他的价值。

于是，我问：“你在这家公司工作了12年，没有进董事会，是什么原因？”

他答道：“他们没有邀请我。”

“为什么没有邀请你？”

“他们看不到我的价值。”

“你在这家公司全力以赴的程度，1到10分，是多少分？”

“5分。”

“你知道董事会怎样看你吗?”

“不知道。”

“你会去问他们吗?”

他开始沉默。最后,他说他会回去问董事长,听取可以改进的反馈意见。

在我的提问之下,我感受到了这位被教练者内心的痛。在他的心里,有一些连自己都不愿意面对的东西。他把自己遇到的职业瓶颈归结为外部原因,认为别人不认可他的价值,而在面对我所提出的问题时,他开始审视自己。

问出让被教练者感到“痛”的问题是很难的,是对教练和被教练者的挑战。但是,“美”和“痛”就像是双生儿一样,在人生的道路上,结伴而行。真正的美,一定是伴随着痛的。但往往,人们只喜欢蝴蝶美丽地拍动翅膀的样子,而不喜欢它蜕下蛹壳慢慢蜕变的过程。为什么?因为我们喜欢舒适,不喜欢痛苦;喜欢美,不喜欢丑。很多人天天“打鸡血”,只谈成功,不看失败,其实在这背后,他并不接纳负面的自己,这是虚假的正能量。真正的正能量是痛并快乐,接受负面的自己,接纳真正的自己。穿越痛苦,才能获得真正的快乐。

力量之问——唤起初心动力

案例三:力量性问题,让中年男人回归爱的初心。

这是一次现场教练,被教练者是一位五十岁出头、临近退休的男性,他是一家公司的高管。他近日常常为一件事情感到焦虑,他的太太一直经营贸易公司,最近要转型去建立工厂,资金与运营压力巨大。太太和他的年龄差不多,他认为已经到了接近中老年的阶段,没必要再“折腾”,想不通太太为什么要给自己那么大的压力。

在他的描述中,我感受到他的很多情绪——担忧、不满、焦虑、抗拒。

他不理解妻子的想法，不同意也不支持她的做法。同时，我也感受到他很担心太太焦虑不安的状态，因为太太近日的睡眠质量下降了很多。

在听他讲完之后，我看着他，问了一个很简单的问题："你爱你老婆什么？"

他当场愣住，回避了我的问题。对于一位五十多岁的男性来说，在大庭广众之下回答这个问题，真的不容易。我耐心听他说完，再重复这个关键问题，他知道无法再逃，于是说："她对我很好。"他慢慢地说，"我过生日的时候，她会很有创意，找朋友来帮我庆祝，平时也很关心我，很贴心，她很爱我。"

"以前她遇到困难的时候，你怎么和她相处？"我接着问。

"我会淡定地坐在她旁边看会儿书，喝杯茶，她情绪稳定了，就慢慢地从波动的情绪中走出来了。"

"你这次淡定吗？"我问。

他停顿了一下，说："这次我不淡定了。"

"如果一个创业者的另一半不淡定，她又怎么能淡定呢？"我说。

他若有所思地点点头。

"你爱你老婆什么？"这是个非常简单的问题，但是它让被教练者思考婚姻的初衷，唤起他内心柔软的一面，让他去思考自己怎样做才能支持这样一个爱自己的人。对于一名思想相对保守的中年男性来说，在公开场合去回答这样的问题非常难，而且很有挑战性，但这个看似柔软的问题有力地让他重新审视婚姻的初心，用一种不同的视角重新看待现在所面临的问题。

我一直觉得，美的东西一定是简单的。我见过一些初学者在问题中混合各种心理学或管理学中看起来炫丽的元素，但在我看来，这并不是"美"，只是"酷"而已。真正的美是需要留白的，是在简单之中体会的那种深邃和隽永。简单的问题，如果问到位，会比复杂的问题更加能够引发被教练者内心的感触。

“美”的问题由心创造

以上三个案例,阐述了我如何理解和实践提问的艺术。我问了一些很简单的问题,各位朋友或教练们都可以问出来的。我在课堂上说过,要问到好问题,必须先有良好的倾听及区分能力,然而,我见过不少教练拥有这两个能力,但还是问不出“美”的问题。作为一名教练,要怎样才能问出“美”的问题呢?

第一,要忘记自己。

曾经有一位印度籍教练对我说:“Catherine, you don’t care about yourself when you are coaching.”(Catherine,你在教练的时候不要在意自己)。只有把自己真正地放下,才有可能全心全意关注对方。只有放下自己的恐惧和好胜,不在意问题是“好”还是“不好”,不在意对方是否喜欢我,才能够跟随着对话的流动去问出有力量和有挑战性的问题。很多新手教练在教练别人的时候,会有很多“内心戏”:这个问题是不是合适?对方听了之后会有什么反应?我这样提问对不对?其实这些都是太在意自己的表现,怀疑自己,害怕犯错,不敢去问。如果把自己放得很大,是很难真正看到别人的,更不用说能够体会到教练的艺术之美了。

第二,要有勇气。

我一直说教练对话是勇气之旅,是需要教练和被教练者拿出勇气去共同面对的旅程。为什么需要勇气?因为我们需要和被教练者一起走出舒适区,触碰到痛的东西。“痛”和“美”就像是阴和阳,是相互依存和转化的。在看到痛的时候绕开、回避、逃跑,又怎能陪伴别人去感受真正的美呢?真正的美不是让人舒服,而是在穿越痛苦之后的蜕变与重生、成熟与淡定。

第三,要看人之大。

在课堂上,我听到有学员说过这样的话:“我不想问这个问题,因为我怕太刺激他(被教练者),他受不了。”面对这样的情况,我通常会说:“你太小看你的被教练者了。”

作为教练，我的信念之一就是“看人之大”。我相信每个人都有内在的成长力量，即使一时倒退，但最终会依靠自己的力量走出困境。为什么我会问出那么难的问题？因为我相信：即使难，对方也会找到自己的答案；即使有挑战，对方也有能力回答。所以，在问出这样的问题时，我的内心是有一种安定感的，因为我相信对方可以应对，相信自己可以应对，即使一时抗拒或反弹也没有关系，对方会在内在的冲突和思考中获得成长。只有秉承这样的信念，才能和被教练者共创艺术之美。

在痛苦中可以感受美丽，我看到了被教练者经历过痛苦后的美，这就是我的教练哲学。有人说我这样去问，会刺痛对方，不是很好，而我认为，正是我为对方好，才问这些“美”的问题，当然前提是我和被教练者有足够的信任和安全感，以及在适当的情境下（一对一私密空间）或对方对现场的群体有足够信任度及安全感，否则这些“美”的问题会因为被教练者的抗拒而成为“丑”和“烂”的问题。

综上所述，“Difficult”“Challenging”“Powerful”这三个词共同创造了提问的艺术之美。我认为，“美”是有着深刻而丰富的内涵的，它不只是好看和甜蜜，也包含了黯淡和苦涩。正是这些多彩的元素，才让教练的过程变成一杯美丽的彩虹鸡尾酒，当味蕾触碰到它时，你会看到星辰大海，充满动力地去成为更好的自己。

选择教练的“秘方”

遇到好的教练是运动员的一生之幸，遇到种子选手也是教练的一生渴求。

企业教练行业也是一样，教练会去选择一个有天赋、有潜力、相信自己会赢的客户，客户也会选择一位自己信任、认可、能将自己放心托付的教练。

这样才能最大程度地规避风险，高效沟通，共创佳绩。所以教练和被教练者不是单向选择，而是双向奔赴，互相肯定，互相成就。

我也有自己的教练。作为一名创业者和一名资深的MCC，我很自以为是，并有一套高标准的要求。但是当我遇到比我年长近十岁的Pat教练，那些自负的表现被她轻而易举地消解了，所有要求也都与她完全契合。

哈佛大学的有缘相遇

和Pat的初见是在2017年10月14日。在此之前，我也考虑过要为自己请一位教练，但是迟迟没有遇到合适的人选。

我参加过很多海外的教练活动，认识不少MCC，遇到过一些主动追着谈合作，把我当作进军中国市场突破口的MCC；也遇到过提出天价合作价格、非商务舱不坐的MCC。且不谈专业与否，明里暗里藏不住的功利心已经让我敬而远之了。

但Pat是特别的。我们的相遇是在哈佛大学教练式领导力论坛上。因为乔治敦大学的教练课程在美国十分知名,拓思研究院院长卫立佳教练在我们出发去哈佛大学之前,主动联系了乔治敦大学的课程负责人,希望可以在论坛交流经验。

当时还在这所大学任职的Pat十分亲切地回答:“可以见面。”在论坛上,她与卫教练相谈甚欢,我默默地在一旁帮他们拍照,没有加入话题,却一直在倾听她的表达、观察她的行为。

短短一场会议,她并没有主动要求任何商业合作,我们只是畅谈如何看待全球以及中国教练行业的现状和未来发展。我很欣赏她,因为她的观点十分中肯、务实。她也会谈及自己主持的教练项目有哪些困难和不足,我有一种和她惺惺相惜的感觉。

2018年,当我同时面对博士论文的写作压力和我国急速变化的商业环境时,我知道自己需要一个教练同行,并决定这个教练就是她。

后来经过几年的教练历程证明,我当时的判断是对的。

硬实力是教练的基础

为什么会选择Pat做我的教练呢?其实也是从“硬实力”和“软实力”两个维度出发做出的判断。首先要具备硬实力。

她有专业认证。Pat在2006年成为MCC,比我晚一年,意味着她具备不输于我的专业性、经验,有教练我的能力。

她有平台背书。Pat是乔治敦大学领导力教练课程的课程主任,也是乔治敦大学领导力转型学院的创始成员。同时,她还兼任了2016年国际ICF教练联合会全球理事会副主席。这样的平台背景,让我充分认可她的实力,并迅速建立起对她的信任感。

除了上述的硬实力,有几个重要因素也促成了我的选择:

没有语言障碍。很多人问我,你请了一位外国教练,你们能沟通吗?能沟通,并且沟通顺畅。Pat并不是一个语速快的美国人,她还会体谅我作为一个英语非母语者的不容易,放慢语速与我沟通。我在美国公司工作过八年,所以也比较适应美国人的沟通方式。因此我们之间不存在沟通障碍。

性价比合适。Pat从未漫天要价,或是提出一些不合理的要求。反而因为Pat的丈夫也是一家企业的总裁,她非常理解我的不易和需求。我用我有能力支付的费用换取了高质量的教练服务,性价比十分高。目前Pat已从乔治敦大学的工作中退下来,做全职的专业教练。

有教练问我:"你真的付费请教练?"我说:"是的,我选择付费,不选择同侪互相教练的免费方式(peer coaching)。"我尊重她的专业,尊重自己被教练的需求,为自己在创业路上的自我重塑买单。我认为,只有以专业的态度对待彼此,才能保持长期友好的关系。

使命推动。2018年1月,我给她发邮件,表达出想请她当我教练的意愿,她没有立刻答应,而是要求和我先进行化学会议[①],看看双方是否有化学反应。这意味着她做教练是十分严谨的,是使命推动,而不是利益推动。她让我们站在了平等的位置上进行双向选择。

软实力是教练的品格

在具备硬实力的同时,Pat还具有魅力以及我看重的软实力,这些软实力正是她的独特之处。

她的价值观正。"MCC"这个头衔不仅是赚钱的工具,更多的是利他的使命,要为教练行业健康发展提供服务及声音,支持更多教练的成长。教练是一份可以为之奋斗终身的事业,不是一时牟利的手段,这是我一直坚信的箴言,也是我一直在践行的信念。我见过把赚钱当作第一目标的MCC,也见过认为声誉大过天的MCC,Pat的存在就显得弥足珍贵。

她和拓思研究院院长交谈的时候,我听到了她和我有着相同的价值

① 化学会议:指长期教练服务开始前,教练与客户的第一次正式会议,形式线上线下均可。双方通过会议,互相了解,教练了解客户的需求,客户了解教练的风格及能力。按照双方共识自行决定是否开展长期合约服务,时长可以为三个月、半年、一年或者更长。

观，她是十分讲究教练品质的教练。她认为教练不是学出来的，是活出来的，不能急于求成，需要一步一步慢慢来。而成为MCC的目的一定不是赚钱。

她十分真实。在波士顿的第一次见面，我们在讨论教练主题之外，她还会非常真实地跟我分享她的日常生活，从不回避。和她聊及退休生活，她坦诚地告诉我自己因为不想打扫庭院才搬去了公寓。还和丈夫计划好了几个邮轮航线，准备开始享受退休生活，同时她也会继续教练他人，支持更多人的成长。

她懂我并且关心我。我是一个非常要强的人，很难在旁人面前落泪，但是她可以让我放下所有的防备和武装。在美国的那一次相遇中，她关心我为什么要读博士？我说是为了给逝去的母亲送上最后一份礼物。我在她面前哭了出来，我能感受到她懂我，并且在关心我。所以我可以放松，放下伪装和逞强。

她说到做到。她在波士顿的时候，我问她退休后会做什么？她说："我想专心做两件事情。第一是回馈我的专业，与ICF合作来提升教练领域的专业水平；第二是帮助教练们提升教练技巧，与教练们紧密合作，帮助他们成为更好的教练。"

她一直将发展教练事业作为自己的使命，积极参与ICF全球发展的规划，从未停下脚步。2021年她成了ICF教练联合会全球理事会主席，并出席了在ICF总部开的会议，讨论新的八个核心能力的改革。几年前她和另外两个MCC出了一本书*Professional Coaching Competencies*，内容是关于ICF的PCC教练行为标识。她从不吝啬将自己的经验传授给更多的人，将推动整个行业的前进当作自己的责任。

她持续学习。她是一个终身学习者。她有自己的教练督导支持她的教练工作，我能感受到她稳定的教练状态。除此之外，她还继续参加美国、欧洲国家的各种不同的教练培训及论坛，不断增长见识。

五年被教练时光

通过这些标准，我找到了适合我的教练。但这仅仅是一个开始，教练的过程才是整个教练环节的重点，也是检验教练双方是否匹配的关键。很多教练与被教练者在正式开始教练后才会发现彼此并不适配，有些甚至出现难以沟通而中断教练的情况。

从2018年初至今，Pat陪伴我走过了五年。五年时光转瞬即逝，但我们之间的点滴却历历在目。我和她为什么能够合作如此之久？是她的哪些特质维系了我们的这五年呢？

认真严谨。她是一个非常严谨的人，会记录我们每一次的教练对话以备日后回顾。我每半年找她翻看我的教练对话的话题记录时，她都能及时发给我，让我有方向去总结自己的过去、计划自己的未来。而且Pat从不迟到，每次教练都准时到场。每一次教练结束后，她会立刻和我约定下一次教练时间，制订每一次的教练计划，总结教练成果。

坦诚相待。曾经有一个和我存在竞争关系的教练机构负责人找到Pat谈合作。她十分坦诚地将这件事告知我，我也直白地表达了我的担忧。我和Pat的沟通中不可避免地会涉及商业机密，出于安全考虑，如果Pat选择了他们，那我必须终止合作。Pat了解了我的担忧后，立刻回绝了那家机构。这不仅证明了她很在乎我，珍惜大家的相遇，也印证了她的职业操守。

某一段时间的教练过程，大部分是我的情感宣泄，没有谈及行动计划。我感觉教练对话只是令我轻松了，但务实效果不明显。当发现这一问题时，我坦诚地告诉了她我的感受，她也接受我的建议，及时做出调整。明确每一次对话开始的时候，有清楚的教练主题；对话结束之前，有明确的行动宣言。

有立场、有温度的同行。当我因为工作繁忙而忘记教练时间，Pat不会简单地提醒我该教练了，而是关心我最近过得好吗？是否出现了什么状况？

曾经有一段时间,我因压力大,多次旷课,如因太累了而睡过头,或是忘记了教练时间。这时候,她也会非常有原则地提醒我:你太懈怠了,如果你继续这样,那我不会再当你的教练。

我学大提琴,她会给我推送相关的文章;我写博士论文,她会为我寻找相关的资料。我生活中的点滴她都记在心里,并给予了恰到好处的关怀,因为她是真切地在乎我,真实地陪伴我。

真实。有一次我发现她的教练场景发生了变化,便问她在哪里。她毫不回避地告诉我,她的爸爸生病了,需要她在医院陪护。后来她也没有刻意隐瞒父亲去世的消息,让我有机会及时给予我的关怀。

志同道合者,双向奔赴

我们常说,人对了,教练就对了。

和Pat共同走过的这五年,我常常得意于自己的眼光。因为,她就是那个对的人。有时我会跟她开玩笑耍小孩子脾气:“你怎么这么老,如果有一天你死了,我该怎么办呀?”而她很理智地回答我:“你会成长的,会有你自己该走的路。”

这时我便会猛然惊醒,思考自己是否过于依赖她。但是这又何妨呢?我有一个能够及时点醒我的教练,还有她用心的陪伴,没有任何需要担心的事情,这种毫无保留的信任及安全足以支撑我们再走过一个五年。

所以,在教练过程中,彼此匹配的双方非常重要,让自己教练那些和你匹配的人,选择那些和你匹配的教练。我总结为:志同道合者,双向奔赴。

Pat过硬的专业实力是我们相遇的基础,善良与亲和力是我们建立信任的桥梁,而精神的共振、价值观的同频是我们携手前行的关键之处。我和她的教练之旅还在继续,未来Pat将支持我培养公司的接班人,让我可以慢慢退出日常运营,循序渐进地交出手中的接力棒。

在她的支持下,下一个五年我将拥有更多空间去完成我想做的事情,继续为中国、亚洲以至全球的教练行业贡献力量。

教练的自我反省

在高管教练服务过程中，客户没有达到教练服务的目标，高管教练要负什么责任？我常常说，在行动学习中，70%是靠运动员的实践，10%靠培训，20%靠教练。传统的算法是10%＋20%＋70%=100%，我和米其林（中国）投资有限公司学习与发展总监安晓宏（Anthony）教练根据我们教练技术的经验及认知，认为算法是（10+20）×70，效果会达到2100%，远远不止100%。

近年来，面对这快速发展的世界，我发现个人力量愈发不足，我们需要被同辈或正知正觉的群体赋能。所以说，和谁在一起十分重要。基于以上，我修改这个算法为：（10+10+10）×70，将20%拆分为10%的教练个人影响力和10%的同行者影响力。

在这10%中，教练要负什么责任？这是值得每一个教练反思的问题。

教练支持客户往内看，教练面对客户的结果也需要往内看。教练与客户的教练对话是一个共创过程，教练支持客户打开思路。如果教练的思路封闭着，是不是会影响客户的成功？在我眼中，教练本身的自我反省能力十分重要。

失去勇气的高管

有一次在北京讲课，我在空余时间和一个为自己请了职业教练的企业高管见面。他40岁，管理着一百多人，是一个很有主见、很有魄力的高管。

他已经组建了自己的家庭，有两个可爱的孩子。

公司给他制订了一个非常清晰的目标：从上一年6月到当年6月，如果他能带领他的团队达标，就可以升为总监。然而半年后，也就是从1月起，他就开始预感这个目标可能完成不了。

基于这份先知先觉，1月时，他给自己请了一个职业教练，为期一年，支持他的升职目标及职业发展。

他说自己很好胜，不会把脆弱的一面告诉团队，他想自己一个人面对这个危机。他是绝不示弱的人，遇到困难，他没有跟团队求救，没有告诉团队自己的判断，更没有和团队一起讨论怎样完成目标。

结果可想而知，时间来到了6月，团队目标并未完成，他没有升为总监。因此他觉得自己很失败，没做好也没学好！好在上级又给了他半年时间。

在继续沟通的过程中，我发现关于直面挫折的道理他都懂，但他就是陷在这次失败的痛苦情绪中，失去了勇气。

此时此刻，摆脱升职困境是他最迫切的教练目标。

教练服务的检视

他很认同他的教练，觉得教练在最困难的时候陪伴他，让他找到一个可以倾诉的对象，能够公开自己脆弱的一面。他没有责怪教练，只是在责怪自己。

我一边听，一边在想：他的教练如何教练“升职”这个主题？在他们的化学会议后所设定的目标中，是否把解开升职困境这个目标放进去？教练协议方面是否妥当？

我问他谁是他的职业教练，他说了名字后，原来是我认识的教练——一位资深的人力资源总监，五十岁左右，正积极准备自己职业生涯的转型。

我告诉他：“这是一个会十分用心陪伴客户的教练，你好好和教练沟通你想要达到的目标。”

因为这位高管已经有自己的教练，我也认同这位教练，所以在这次会面中，我没有教练他，只是做一个倾听者。

抱着对教练方向的疑惑及探寻，我主动联系他聘请的职业教练，问他："我是否能以教练督导的身份，问你有关教练这位企业高管的几个问题，让你可以更好地支持到他？"

这位教练正准备考ICF认证的ACC教练，对我也很信任。他热爱教练技术，愿意和我沟通这个个案，愿意检视他的教练服务。

教练说，客户有把"6月升职"列为年度教练服务的目标，但是在这半年的教练服务主题中，却没有提到"升职"。大多数的教练主题都是关于如何减肥成功、提高能量，如何把知道而未能做到的模式进行改变等，基本上是以客户提出的教练主题去进行教练。过去的半年，客户不提升职目标，教练也没有提这个目标。

我听完介绍，内心想，怪不得客户的目标没有达到，因为升职并没有成为真正的教练目标。随后，我在脑海中立刻想到几个维度去支持这位教练：

1. 非指导性与指导性教练模式的结合；
2. 教练与客户的盲点；
3. 教练的思维。

两种教练模式的结合

在西方的教练研究中，把教练对话的方向分为非指导性教练模式与指导性教练模式。

非指导性教练模式是指由客户提出想要被教练的主题，教练完全跟着客户想去的方向走，聆听并理解，帮助客户自己解决问题；指导性教练模式是指由教练根据自己对客户的理解，引导客户走向更具价值的教练主题，给予客户教练，支持客户解决自己的问题。

不少刚入门的教练只进行非指导性教练，而忽略指导性教练。

在上面的个案中，教练采用了非指导性教练模式，跟着客户选定的主题去进行对话,客户觉得很舒服、被理解、被共情,情绪可以宣泄出来。因此,客户没有埋怨教练,十分认可教练的陪伴,因为可以在教练面前放下好胜、强悍的盔甲,让自己柔弱的一面展现出来。

但是客户虽然感受到被理解了,关键的目标却没有达到,教练与客户都迷失在舒适圈内。

在我的企业教练服务中,指导性教练是非常重要的。需要用心发现客户的盲点,找到他们不愿面对、选择性回避但又迫切需要自我重塑的主题,引导他们面对与探索。但是,如果给予太多的指导,就容易变成顾问角色,失去了教练的功能。所以指导性模式是必要的,但要适当。

面对长期的教练服务,教练的方向是大目标,它就像指南针,让人不会在长途旅程中迷路。每次的教练主题,都应该服务于教练的方向。有时候当客户忘记了或回避这个方向,就要用指导性教练模式将对方拉回,专注于他想要的大目标上。

盲点的打开方式

什么叫盲点?根据相关资料,盲点具有三种含义:

1.眼球后部视网膜上的一点。它和黄斑相邻,没有感光细胞,不能接受光的刺激,物体的影像落在这一点上不能引起视觉,所以叫"盲点"。

2.比喻认识不到的或被忽略的地方。通常说"盲点",是说人所在的位置、视力所达不到的范围。

3.心理学的"盲点"。指一个人对于事物的偏见或无知。

在教练工作中,对于盲点的理解与心理学相通,指的是一个人对于人或事物的无知无觉。这种无知无觉是人类认知必然存在的边界,不论是对事物还是对人。

那么,教练如何支持客户从"无知"到"有知"?

我喜欢用来自1995年有关人际互动的理想模型"约哈里窗"(见图2)来审视自己及他人的认知,以及人与人之间理想的互动关系。想象自己是一扇窗，拥有四个窗格，窗格与窗格之间的分隔很厚，视线无法穿透。这扇窗的四个窗格分别为：

A.公开自我(Open Self)：所有人都看得见的区域，包括自己的行为、态度、感情、动机、想法等。

B.隐藏自我(Hidden Self)：对外封闭的区域，这里的隐私只有自己知道，他人无从得知，像是个人有意隐藏的秘密或想法。

C.盲目自我(Blind Self)：自己看不到，他人却一目了然的区域，也就是所谓的盲点。

D.未知自我(Unknown Self)：这个区域谁都看不到，例如个人未曾觉察的潜能，或压抑下来的记忆、经验等。

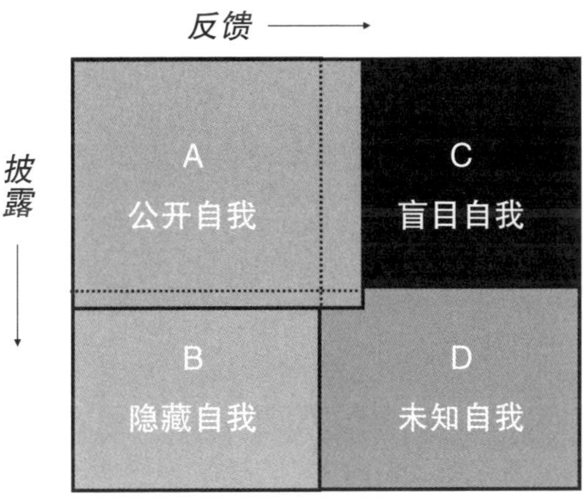

图2　约哈里窗 Johari Window

你站在窗子的一侧看自己，只能看见A跟B两个窗格，也就是公开的自我和隐藏的自我；别人从窗子的另一侧看你，只能看见A跟C窗格，也就是你公开的自我和你的盲点。

这四个区域是相互影响的，任何一区变大，其他区域就会缩小，反之亦然。而各区域大小的变化，又会受到以下两个历程影响：

1. 自我揭露(Self-Disclosure)：扩大"公开自我"，缩小"隐藏自我"。当你自我揭露，向他人展现自己时，隐藏自我的区域就会变小，公开区域就会扩大。

2. 他人反馈(Feedback Solicitation)：扩大"公开自我"，缩小"盲目自我"。

通过别人的反馈，你会知道一些自己原本不知道、关于自己的事情。盲点区域变小，公开区域扩大。

我们可以发现，无论是自己还是别人，都无法直接看见完整的你，因为存在“未知自我”的区域。但“未知自我”并不是永远无法触及的部分，当对其余三个部分的了解足够多时，“未知自我”就会被自己或者他人触碰到，其他区域越大，未知部分就越小。

教练与客户的盲点

我从教练督导的角度出发思考，为什么客户和教练都会有盲点？

教练就是那个可以看到盲点的别人，客户无知无觉、盲目自我的C区，需要通过教练的启发，才能转化为客户自我认知的A区。而客户不愿面对、逃避的隐藏区域，也就是B区，也需要教练循循善诱，引导其直面自己。

教练的工作之一是发现客户的盲点并给予反馈，以此扩大被教练者的“公开自我”区域，减小隐藏与逃避的“隐藏自我”区域。为什么客户看不到自己的盲点而教练能看到？我总结了五个原因：一是专业能力，教练接受过长期的专业培训及实践，其洞察力和客户相比不一样；二是客户没有从别人的角度去看事情，我们有时会从自己的角度去看待事物；三是客户在舒适地带，无知无觉；四是客户本来知道，但是选择了回避；五是客户位高权重，过去有太多的成功经验，自以为是，看不见、听不进不同的视角及声音。

回到上面的案例，客户知道这个升职目标，所以主动聘请教练。但是，在教练的过程中，他不相信团队会为他升职的目标努力，也不愿意向团队示弱，为了维护个人强大的形象，回避了自己的关键目标。

这是客户的盲点。教练的责任本来是公开客户的盲点，然而这位教练只是跟随客户提出的教练主题，而不去触碰客户的升职目标。是教练看不到，还是看到了却不出声？

我问这位教练：“为什么会这样？”

他回答："每次教练对话后，客户给我的满意度分数都很高，我觉得已经支持到客户，也很开心。"

我有点不客气地回应："教练也会自以为是的。"

其实，我理解他的状态，他刚刚开始展开有偿教练服务，经验和专业认知都不足，容易无知无觉，看不见是正常的。

我问："有没有自己的教练督导？"

教练说："有的。"

我问："有没有和教练督导就这个个案照镜子，看一下自己的盲点？"

教练说："没有，因为自我感觉良好，客户的满意度高。"

我直接给了一个反馈："你沉醉于客户的高满意度，忘了客户的大目标。客户满意的是你的同理心，我感觉你好像正在做心理咨询师的工作，而不是在做教练，你的同理心让客户宣泄情绪，但是欠缺了引发客户目标的落地。"

停了几秒，我继续说："你可以和客户印证一下高满意度代表什么，但是在我看来，你没有做好教练的工作，没有引发客户的认知。"

我提醒他关注ICF最新的八项核心能力（见附录一）的第七项核心能力"引发认知"（Evokes Awareness），并和他分享这个核心能力的重点：

1.通过挑战客户来引发客户的认知或洞察；

2.询问有助于客户超越当下思维的问题；

3.纯粹的分享自己的发现人洞见和感受，它可能为客户提供新知。

反馈式的提问

我说，如果我是这个客户的教练，我会给出直接的反馈或反馈式的提问，比如：

"为什么你不把'升职'作为你的教练主题？"

"你定下升职的目标进展如何？"

“你现在选择的教练主题和升职的主题有什么关联性?”

“我感觉你对升职的目标紧迫感不足，过去几次的教练对话你都不提这个主题。但是我们在开展教练服务前，你在目标设定中有写下‘升职’。原因是什么?”

我列出的这些问题，是指导性教练模式，它不一定会令客户舒服，因为这些问题及反馈将客户带离了他舒适的地带，让客户更多地公开自己，同时无法回避达成升职目标过程中可能产生的痛苦和冲突。

从“无知无觉”到“有知有觉”，“约哈里窗”A、B、C三个窗格的区域不断扩大，D窗格中未知的潜能与升职的大目标便很容易被激发。

这位教练如梦初醒般地顿悟。他说自己之前学过ICF最新的八项核心能力及约哈里窗理论，但是没有有意识地运用出来支持客户。

他发现了自身的盲点，说要认真复习一遍这些知识点，特别是“引发认知”这个能力。教练就是这样一个自我成长的职业，伴随着自我认知、自我重塑、直面自己，是一个痛并快乐的成长旅程，教练持续自我重塑，才能更好地支持客户的自我重塑，所以近几年教练督导越来越被重视。

体现教练思维

2019年11月14日，ICF公布了教练核心能力方面的改革，其中一个重要改动是增加了新版的第二项“体现教练思维”(Embodies a Coaching Mindset)，目标是培养并保持开放、好奇、灵活和以客户为中心的教练思维，但其重点是体现教练思维：

1. 确认客户要对自己的选择负责；
2. 作为教练要持续学习和发展；
3. 发展持续反思的习惯来提高教练能力；
4. 利用自我觉察和直觉让客户受益；
5. 必要情况下，向外部资源寻求帮助。

我十分认可这次改革，这和我一直推动的教练理念一致。先教练好自己，再去教练他人，并且以“SOS”理论的维度去看待每一次的教练对话。

在这个案例中，我和这位教练深度沟通，从“术”到“道”，再到他的思维，他都进行了自我反省。他发现自己除了满足于客户的正面反馈，还太关注有偿教练时间的积累情况，没有在每次教练对话前反复看向双方共识的教练目标，从而掉以轻心了。加上不想破坏和客户的和谐、友好关系，忘了自己的教练使命：助人为乐，以“知行合一”为基石。他承认利己主义太多，忘了教练工作是一份利他的事业。

我十分欣赏他的坦诚，刚刚起步的教练一般都会经历这样的“坑”。在他意识到自己的思维和技术上的盲点后，立刻就知道自己需要什么样的突破及修正。

过了几天，他在微信给我留言：“您的案例分析非常专业，如实深刻地给这段教练经历照了镜子，让我和客户都正视自己，重新看向目标。我们前两天晚上会谈了2个小时，全都聚焦在12月升职的目标上，有了新发现，最重要的是有了行动！谢谢吴导的督导。”他还说，当他改变了自己的思维，客户也开始不回避自己的痛苦，能够直面困难。

每一个人都需要被教练，每一个教练背后也需要一个教练。

被教练者的背后是教练，教练的背后是教练督导。无论是被教练者还是教练，都有自己的盲区。教练先看到自己的盲区，才能调整自己的思维、技术，有效地支持客户看到盲点、排除干扰、激发潜能，最终拿到想要的目标。

教练督导的角色十分重要。教练为了更好地服务客户，提高自己的教练能力，打开教练思维，自己也要有专业的教练督导同行。教练接受督导，意味着教练要保持谦卑，要具有危机意识，因为越顺利的教练个案存在越多“坑”的可能性就越大。

教练支持客户成功的秘诀是：愿意照镜子，调整自己，持续学习。保持持续学习，定期被教练，定期回顾客户的反馈，定期探索自己的盲点，提升自己的认知，才能更好地支持客户达成目标。

做教练还是做顾问？

课堂上经常会有“现场教练”环节。有一次，对于“教练”与“顾问”之间如何游走，以及“度”的把握，再次引发了我的反思。

当时的教练主题是“夫妻创业中的夫妻沟通”。

教练对话开始，我问被教练者：“在你们的沟通问题上，你丈夫需要负多少责任？你要负多少责任？”被教练者认为，作为大股东的丈夫应该承担更多责任，自己不应该对“沟而不通”这个结果负太多责任。

对话持续进行，我不断地支持她从外控到内省，负责任的比例从70∶30，到60∶40，再到40∶60，最终到2∶98。最终她发现，自己在整个沟通有效性中的责任占98%，而对方只应负责2%！

当被教练者发现了这个盲点，她坐在椅子上的身体立刻往前倾，用热切的眼神看着我，渴望而迫切地说：“我需要方法！”

此时，整个教练环节已经进行了45分钟，1个小时的“现场教练”只剩15分钟就要结束。但她有如此强烈的意愿想去面对，想去改变，我顿时知道我也要跟着改变方向、方式和方法。

“是继续用教练式的方法，还是转用顾问式去支持被教练者？”我的脑海里快速出现了这个问题。

不当教练当顾问

被教练者是一位年轻的创业者，32岁，创业5年。在创业的第三年她怀孕了，丈夫愿意转换职业经理人的角色，加入她的创业企业，用自己的知识和资本运作能力带领企业成功转型。丈夫是她的偶像，她让丈夫成为大股东并担任CEO，自己当小股东兼企业运营负责人，并且加入第三方做天使投资者。

在互动交流中，我感受到她是比较感性、情绪化的人，而她形容的丈夫是超理性人物。在种种因素考虑下，我决定把“教练”的角色放下，选择以“顾问”的角色去给予方法，以此来帮助她。

我明确告诉她，接下来我不当教练，当顾问。我就像中医一样开了一个“处方”，告诉她和丈夫有效沟通的步骤、注意事项。她如获至宝，把记录下来的纸条握在手中，并承诺当天晚上会用这些步骤去和丈夫沟通，说相信会有不一样的效果。

我听到后满心喜乐，觉得自己把教练与顾问结合得天衣无缝，有点洋洋得意。这位被教练者聘请的一对一教练也在现场目击了整个过程，承诺会支持她的客户知行合一。

人和事的感悟

第二天，我看到这位被教练者在学员群中的分享，在我惊讶的同时，更开心于她的自省与成长：

“昨晚回来，拿个小本子开始和我老公对话。整个过程他的嘴角是上扬的，看得出来，这样的谈话方式他很接受。但是到了第三个环节，谈谈哪些他做得不好和我做得不好的地方的时候，我没能控制住情绪，眼泪流出来了，然后他一声长叹，又到床上闭目养神去了……

“经过调整，我又找他继续沟通。但我心里知道，又回到之前的模式中去了。我是在竞争和合作，他是在竞争、回避、妥协、迁就、合作，这些全用上了。虽然昨晚沟通到了深夜3点钟，但还是困在原来的模式里。他给我的反馈是‘是不是你想多了，其实我们挺好的’。他不能接受我居然是对抗他的。

“我觉得我把事情搞砸了，所以我今天萎靡了一整天。但是，感谢我的一对一教练，她拉了我一把，晚上她问了我几个问题，我突然顿悟了。我界限不清的地方在于——每次老公作为老板要求和批评我的时候，我要区分出这只是老板对于下属和合伙人的要求罢了，哪个老板不骂人？哪个老板对员工没有要求？如果是被老板骂，我是很能接受的啊，这很正常啊，我也常常要求下属啊。谢谢吴导，谢谢我的教练，我觉得压在我心头好几年的石头终于被搬走了。好轻松啊！感谢昨天和今天给了我很多安慰和鼓励的同学们！

“所以我也在思考教练和顾问的区别。其实吴导昨天最后给我的方法，是顾问的部分。我很感激，但是我拿着这个强有力的武器，回来还是用不好啊，自己的能力达不到这个方法的要求。晚上我的教练又教练了我一把，用的是启发、引导，居然让我顿悟了。所以，顾问给的方法都是对的，但到了实际中，做的‘人’不对了，还是不行。教练，在于启发‘人’，先做对了‘人’，再去做事，这时候事就很容易被做对了。”

遇到如此悟性高的被教练者，令我欣慰。她通过亲身经历去体会教练与顾问的关联性及区别，明白“先人后事”的重要性。同时，她的一对一教练用心同行，及时支持，让她坚持不断往内看，最终让她体会到——方法的有效性来自于使用方法的人的信念、动机、选择与情绪管理。

教练不用“憋着”

我也反思自己是否当时不应当顾问，应该继续教练的角色？

反思的结论：我还是觉得当时在CDCA®教练步骤的第四步A（Action）“行动”环节时，采用“顾问式”是正确的。只是当时给了方法之后，忘记向这位情绪十分容易波动的被教练者多问一个问题：“你如果要有效执行我建议的方法，取得良好效果，你的状态会如何？”这样，就能把教练与顾问结合，以教练式的提问去提醒她做好足够的心理准备。

教练是以创造性的方式启发他人思考，提升他人认知，陪伴他人挑战并实现工作、生活中的更高目标。教练不直接给予忠告，而是激励他人自主寻找资源、解决问题、制订计划、实现目标，所以在教练对话中，被教练者经常会感受到“教练一直在问，但从来不给答案”。有时候被教练者会问教练：“可以告诉我怎么做吗？”此刻，教练的选择难道只有一种方式——“憋着”吗？

教练对话的过程是一个动态而充满艺术感的过程，教练对话不是一个“憋着”不说的过程，教练需要区分清楚当下被教练者的状态，在适当的时机给予顾问，可以帮助和启发被教练者思考更多的可能性。

对于上面的那个被教练者，在45分钟的教练对话中，教练式的提问启发了她的思考，让她有了未曾拥有的新发现。但当时她所呈现的更多的是无措和惊慌，她更需要清晰的指引来支持她的行动。然后，在她采取行动的过程中，持续用教练的方式给予陪伴和支持，启发她反思“别人给的方法”与“自己行动的方式”如何进行结合，如何有效转化，最终找到切实有效的行动方法。

对教练的重要提醒：如果你有必要当顾问，那就明确地告诉客户这个环节你会给予顾问，在顾问之后，你要继续用教练的方式来支持客户的行动，以及支持客户的反思和调整。

谁说企业教练不能当顾问?

企业教练不能当顾问?我不同意这个观点。

教练和顾问有什么区别?做一个简单的区分,企业教练长于做“人”的经验,管理咨询长于做“事”的经验。有丰富经验的管理顾问以直接告知的方式传授方法,客户知道了但不一定认同;有丰富管理及“做人”经验的企业教练,懂得运用教练式沟通的能力及技巧,以启发他人“做人”做事的策略性思维,让客户自己找到自身认同、愿意执行的方法去面对管理的人与事,在高意愿的执行中更有效地完成目标。

从成果来看,企业教练和管理咨询均以有效支持客户为导向,两者殊途同归,都是帮助他人达成目标的职业。

“纯粹”的教练

在“纯粹”的教练对话中,不会有顾问的角色。因为教练不会针对客户的困惑提出建议,教练会问一些客户忽略或是不敢直面的问题,提问的目的是拓宽客户因为干扰而被禁锢的思维,使得他们能够突破盲点,看到更全面的局面,看到不一样的自己,看到可以改变、可以创造新局面的可能性。

教练不能代替被教练者解决问题,即使对方发出了求助信号。为什么这么说呢?

首先,教练不是答案的提供者,而是通过培养客户的独立思考能力,让客户自己找到问题的解决方法，更不能让客户形成依赖心理。在组织中，要么是公司为团队成员付费聘请教练，要么是个人出资聘请专业教练，但这两类客户都是高能力人士，他们往往有主见，有经验。有时他们向教练咨询方法是因为处在极度无力、不想负责任的状态，或是在不信任教练时想测试教练的能力。所以教练要清楚自己的角色，不要迷失在顾问的角色中，失去教练角色的意义。

其次，教练提供的建议不一定是客户当前需要的，也不见得是最能解决问题的。在有限的教练沟通时间内，很多时候教练并不能迅速、全方位地了解客户本人和其所处的环境。

最后，在21世纪，人们的生活中存在着太多的建议及方法。在网络社交平台上，只要发出一个求助信号，不同的方法就会从四面八方空降而来。客户最需要解决的是如何分辨这些建议，认知自己的观念如何影响目标的达成，认知哪些思维在干扰目标的达成，再以全局观去分辨，选择并整合切实可行的方案技巧。这就是前面所说的"独立思考的能力"，或是时下流行的说法"整合能力"，即从包罗万象的方法中挑选出最适合、最有效的去完成目标，为决策百分百地负责任。

基于以上原因，教练是不会直接给予建议的。有时候，我会按捺住脱口而出的建议，不会像顾问一样直接告知对方，而是用提问的方式启发客户自己说出来。

教练与顾问融合有度

我曾经教练一个传统行业的企业家，他本人也十分传统，有二十多年传统渠道的成功经验，不容易接受新思维。凭我的经验，在谈及达成年度目标及未来三年的经营方向时，我相信客户需要关注电子商务，于是我问：

"你如何看待电子商务？"

"团队投入到这个新的营销领域，会花费多少人力、物力？"

"如果现在不考虑参与电商，你觉得如何影响企业的持续发展？"

通过这样的提问，客户的思路就会思考电商对本行业的影响，以及思考如何通过电商来达成年度目标，这无疑是为他开阔了思路。作为企业教练，我们要坚定“看人之大”“人会为自己做出最好的选择”的信念，相信客户有能力找到解决问题的方法，不充当顾问，只用教练能力及工具去引导、启发。

当然，任何事情都不是绝对的，在支持客户有效达成目标时，有时整合教练和顾问的角色会更佳。在我的专业教练生涯中，我会基于以下两种情况进行教练和顾问的配合使用：

第一种情况，客户进入一个新领域或是换至一个新岗位，同时具有高意愿去面对挑战。毕竟强者也有低能力的过渡期，也有想听建议、需要顾问的时候。

有一个新加坡籍的管理者，以前在企业负责管理几十人的工厂，因为表现出色，被调到上海管理几千人的工厂。他是一个已有十多年工厂管理经验的领导，属于高能力、高意愿人群，但他很谦卑，自认在我国的工厂管理方面是“菜鸟”，所以聘请专业教练支持他如何适应新的团队及环境，问我如何突破文化差异。

在这方面，我自认为是过来人。当年我孤身一人从香港到广东管理销售团队，让我积累了大量的跨文化管理经验。我除了做教练工作，让他在适应文化差异时，找到适合自己、团队、组织的方法，同时也做顾问，提供一些关于如何进行文化融合的方法。另一个角色就是当师父，分享自己适应不同文化的经历及当时采用的手段。

为什么我有这个角色的变化？因为环境发生了改变，他由“高意愿、高能力”转化为“高意愿、低能力”，如果用情境领导理论来分析他的职位能力，他由D4高管成为了D2高管[①]。他没有因管理人员增加、权位增大、职位提高而自大，反而更有危机感，有一颗谦卑的学习之心。

第二种情况，就是新生代管理者、刚调至主管岗位的职场人，工作角色由个人冠军转换为团队冠军。因为“单打独斗”的佳绩被推选为团队领导

① D，Development Level 发展水平；D2，发展水平中等；D4，发展水平成熟。

人，由战士转为将军，管理者的心态需要调整，能力也要相应地提升。此时，心态调整用教练技术来支持，能力提升就需要用顾问去传授。

在整合中交替运用

教练过程可以整合顾问的方式，不是非黑即白，彼此对立。

我如果给予了对方建议，会再问两个问题："你对我刚才的建议有什么看法？什么时候会采用？"当然，被教练者的性格和面临的情况不一样，反应会不同，有的客户会回应："很好，我会立即使用。"有的客户则回应："我回去考虑一下。"

运用这两个问题，将对话从顾问拉回到了教练角色，让对方告知我他是否会使用我所建议的方法。他们用自己独立思考的能力去选择用还是不用，我只能影响他们，选择权还是在他们自己身上。

总的来说，教练和顾问的结合，关键在于客户的意愿、所处的情境、对方的专业能力是否与教练的专业能力相匹配。如果教练本身不是客户所处领域的专家，可以用教练式提问去支持客户："你身边有哪些相关专业人士可以帮助你，给予你建设性的意见？"触动他寻求解决问题的途径，最后依然回归到教练式的对话中。

教练的焦点在支持客户的自我思维突破、心智的成熟和持续的成长，顾问的焦点在帮助客户拓展专业认知和提升专业能力。客户是否接纳，是否执行顾问的建议，也需要回到意愿度、信任度、开放度这些心态层面上。因此，教练与顾问有效整合、交替运用，能够更有效地支持客户达成目标。要做到这样的境界，企业教练就需要对客户的状况及需求十分敏感，需要进行评估，究竟是采纳教练与顾问融合的方式，还是采用纯粹教练技术的对话方式。

管理顾问的挑战

随着管理咨询行业的发展和进步，客户越来越成熟、挑剔、精明，传统的基于方案交付的模式越来越不能满足客户的需求。很多客户将下列问题列为衡量咨询价值的标准：

"咨询方案能不能落地执行？"

"高管和专业人员有没有发生思想观念和专业上的改变？"

"如何激发团队的内部潜能，由内而外地让企业变革？"

"员工与企业共赢的可持续发展如何进行？如何平衡、兼顾方案的调适性和动态管理？"

……

基于上述变化，有的管理顾问囿于传统的模式和惯性而不知所措。

有的顾问"顾完不问"，提供了意见和反馈，当看到企业家在犹豫、怀疑、挣扎，最后抛出一句中肯而绝对正确的评语："你自己决定，因为公司是你的！"然而，企业家对这句话的解读往往是这样的："我只是顾问，不会为企业的未来负责。"

回到教练的认知体系，这位顾问也需要被教练，因为专业人士需要有效地去支持企业家的执行，而不是说这样的话去冲击客户。

事实上，顾问有他的迷茫和困惑。追根溯源，是因为传统管理顾问模式背后隐含的诸多假设：

第一，客户没有能力解决自己的问题，要直接给予方法和工具。因此，顾问独立设计解决方案，并平铺直叙地传道、授业、解惑。

第二，顾问的责任是形成和交付解决方案，而不需要对"改变"和"结果"承担责任。

面对社会和经济的发展，传统的管理顾问需要将顾问和教练技术相互结合，用教练的方式帮助客户打开心结，用顾问的策略为客户提供方案，以最终达到支持企业家排除干扰去推行和执行改革，寻求到企业的可持续发展之路。

顾问也需要教练

不少顾问在转型，有人进入企业当高管，从旁观者转换为参与者。当顾问成为企业的成员，需要借助教练技术来释放领导力，激发团队的凝聚力和潜力。

顾问也需要自我教练或被教练，因为角色转变，要调整自己的心态及看待事情的角度。以前是抽离者，客观地在外部分析企业，不容易被企业团队间的利益及情绪干扰。当跳入企业内，自己也成为了团队的一员，成为了利益共同体的一部分，客观性减少，主观性增加，就难于中立。在推行自己建议的方法时，会容易偏离中立，也容易跌入情绪干扰之中，从而带动不了团队，甚至会让自己成为问题之一。此时，教练可以陪同转型中的顾问去适应角色变化，去排除内心的干扰，更有效地在企业中发挥影响力。

如果说顾问需要有让人“知”的能力，那么教练则需要有让人“悟”的能力。教练自己不生成答案，而是通过推动客户让其自己发现答案。教练需要的是推动客户内观的能力，这种能力包括倾听的能力、帮助客户区分的能力、提问的能力、反馈的能力、总结复述确认的能力，以及沉默的能力等等。顾问恰好可以帮助客户弥补“知”的不足，有了悟性之后的“知”，会变得更丰富完整，而具备了“知”之后的“悟”，能够与企业自身及实际发展融合得更贴切紧密。

教练与顾问各有所长，可以相互补充，而不是互相对立。以我的经验来看，“顾问+教练”模式已经成为管理咨询行业未来发展的主流趋势之一。

企业如何面试教练？

学习了专业的教练技术，就需要实践，只要进行实践，就会面对客户。前面提过，客户有两类，一类是企业，一类是个人。企业客户由企业进行支付，聘请教练为团队成员服务；个人客户则是由个人进行教练服务的支付。

很多学员对"企业怎么选教练？"很感兴趣，因为这个话题涉及业务的拓展和合作的达成。从2015年至2021年，我为法国米其林集团的中国公司提供了专业的教练服务，合作了7年，得到了米其林公司的肯定与好评，获得了7封嘉许信。在这里就以米其林的经验，做一个大致的梳理。

米其林有一百三十多年的历史，是一家制造业企业，制造管理的要求非常严谨，自动化生产接近80%，包括非常清晰的流程管理和非常清楚的知识管理。此外，米其林具有独特的企业文化，概括起来就是"五个尊重"：尊重股东、尊重客户、尊重员工、尊重事实、尊重环境。

米其林的第二任领导人弗朗索瓦·米其林（Francois Michelin）在米其林的整个发展史上功劳显赫，从当年只在欧洲经营到后来拓展到北美洲甚至亚洲，都是因为他的雄心壮志和领导力。他经常说："上帝给了我们两只耳朵、两只眼睛，但只有一张嘴，是想让我们多听、多看、少说。"这个理念和教练的理念很一致，米其林倡导"了解别人才能服务好别人"，教练强调要少说，尽量让客户去说。

米其林注重人才的培养，在人才培养上的投入非常大，是同行业的两到三倍，并且制订了内部的导师计划、师徒计划、教练计划。导师计划是经验传承，进行后备人才的培养；师徒计划是进行专业技能的传授；教练计划是服务高潜人才和高管，从外部聘请教练，希望通过外部的智慧输入，帮助高潜人才和高管更快地成长。

企业的面试要点

米其林是怎么选择教练的？安晓宏教练是米其林（中国）投资有限公司的学习与发展总监，是拓思的上海学员，也是ICF的PCC级别的教练及认证企业教练。他曾经写了几篇文章，站在企业方的角度探讨这个问题。以下几个要点是他的总结：

第一，看教练是否正规。米其林会将公证机构的证书作为参考依据，证书是一个考察方面，但不是拿到证书就可以了。在面试的时候，公司还会问："教练究竟是怎么做的？和心理学有什么不同？"

第二，语言能力。米其林是一个跨国企业，有外籍员工。因此，在语言上会有一些要求，会去考察教练的语言能力，是不是可以顺畅地沟通交流，甚至可能会去教练有方言的员工。会方言就可能是一个加分项。

第三，性价比。米其林特别注重质量，服务质量高就会起到非常重要的作用。

第四，教练的软实力。教练本人的能力、价值观、工作背景，以及适应什么样的企业文化，这些都是非常重要的考察项。

经过面试，上述几个要点都通过了，并不会立即签约，还需要四方沟通，达成共识。这四方包括接受教练服务的被教练者、被教练者的上司、教练本人，以及企业人力资源部门。如果人力资源部门负责筛选教练，那么被教练的部门或者对象就是内部服务的客户方，教练则是外部服务的提供者。四方的选择缺一不可，基于共同的意愿和共识，才能成为多赢的选择。

个人口碑是敲门砖

很多人问我，外聘高管教练如何找客户？其实，不管是在中国，还是在其他国家,教练靠的都是个人口碑。

ICF在2020年做过一份有关教练文化植入企业的研究报告,根据报告中被访谈的企业人力资源、教练项目负责人的回复,企业选择教练的一个渠道是来自可靠的个人或咨询公司介绍。简言之,信任与信誉是企业选择教练的根本依据。

我对此非常认同,这个行业非常讲究个人口碑。不仅仅是教练的专业能力,教练待人处事的价值观及个人的状态,都会成为被推荐给其他人、其他企业的关键因素。教练本身的价值观会对企业重要的高管人员产生影响,必须正知正觉。

我非常感谢一个学员,是她推荐我到米其林。当时,我跟米其林没有任何业务来往,接到Anthony电话的时候十分开心,后来就开始我们第一次的交流。第一次通话后,我们约了时间深入了解,其实就是一个面试,企业方要通过面试看看这个外部的高管教练是否适合。这样的面试我经历过不少,有成功的,也有失败的。

个人品牌的六个要素

这次面试后,开启了我和米其林的合作。面试成功的原因,总结起来有六个:

第一,是我的坦诚沟通。记得Anthony当时问我,有没有做过汽车行业或者有这个行业相关的管理经验?我很坦诚地说我没有做过汽车行业。虽然我弟弟是汽车行业里的专家,通过和他的交流,我有一定的了解,但也只是一个外行人的了解。我在物流行业有12年的经验,和不少外资企业人员在内地的工厂打过交道。我觉得管理工作都离不开人,我专注于领导力及教练技术,同时我是十分愿意学习的人。

坦诚沟通是一种吸引力。做过就做过,没做过就没做过。这一点,我觉得很重要。

第二,是我的中立立场。当我通过了Anthony的评估,他安排了第一个被教练者的上司进行电话面试，Anthony也在场。这位来自美国的高管有被教练的经验，十分认同教练技术对高潜人才发展的有效性，她看到被教练者的潜力及进步空间后，问我会如何教练她的下属。

我分享了我的看法，虽然沟通的时间很短，但她当即决定选择我成为她下属的教练，放弃了原想聘请的一位外籍教练。一方面我觉得很开心，同时十分欣赏这位美国高管的果断；另一方面提醒自己必须要尊重被教练者的选择。我说："你可以多和另一位教练沟通，多些选择。"并询问可否让我和她的下属先交流一下，看看我们有没有化学反应，是否相互信任，我是否是最适合的人选去支持被教练者的领导力提升。

第三，是我丰富的高管教练经验。1995年我在香港开始学习教练技术，一年后开始教练企业高管，包括民营企业、国有企业、外资企业、合资企业的客户，这些客户有的是自己付费，有的是企业聘请。

第四，是我在外资企业做过高管的经历。我当过总经理、副总裁、CEO，与米其林洽谈时，当时我已经有20年的创业经历，丰富的工作管理经验与教练经历帮助我进一步赢得信任。

第五，是我原创的教练理论。Anthony问我，你是不是用西方的教练步骤GROW[①]？我说我学过GROW，但是我有自己原创的、中西文化融合的、

---

① GROW,G － 目标设定（Goal）－ 你想要什么？

－包含本次教练对话的目标，以及设定教练的短期目标和长期目标

R － 现状分析（Reality）－ 你现在在哪儿？

－探索当前的状况

O － 方案选择（Options）－ 你能做什么？

－可供选择的策略或行动方案

W － 行动意愿（Way Forward）－ 你将要做什么？

－该做什么（What）、何时（When）、谁做（Who），以及这样做的意愿（Will）

用阴阳概念创造的CDCA®和LDQF®[1]教练步骤及能力模型。

他很厉害，竟然继续问我："你的教练理论属于哪一个心理学流派?"他问我是不是精神分析？我说不是。是不是NLP(Neuro-Linguistic Programming，神经语言程序)？我说不是。我很坦诚地跟他说，我的理论是整合了心理学理论来支撑原创的CDCA®教练步骤，是人本主义、认知主义、存在主义、行为主义的结合。我对教练技术有很多的理解，同时对我国文化和商业环境也有所了解，有自己原创的理论。Coaching(教练技术)来自西方，它如何落地于中国这个有五千多年深厚文化背景的地方？我认为是中西融合所推动。从1995年学习教练到现在，我觉得这是非常重要的。

第六，是我的全球教练认证的级别。教练自己说有多专业是不够的，还需要第三方的评估。ICF把教练水平分成三个等级，每个等级都有规定的教练理论的学习时数及实践时数，十分科学地评估全球教练的水平。我在2005年取得MCC证书，是最早期的华人MCC，现在除了亲自做企业家教练、CEO教练、高管教练，也十分专心地培养更多中国好教练，培养比我更优秀的高管教练。

很多企业对教练认证水平的要求也高了，一定要ICF认证教练。因为要保障他们聘用的教练遵从ICF教练专业操守守则(见附录二)，并且有足够的教炼时间。企业把公司最重要的资源交给一个外部教练，是希望这些人才越来越好，而不是看到他们被教练后越来越差，或者被教练完后离职。

这六个原因是我根据米其林这个个案的经历总结出来的，也是我当时

---

①L – 倾听(Listen)
-听假设、信念、情绪、真实的想法、出发点和心态
-要有方向性地、中立地听，避免批评性地、演绎性地和选择性地听
-要复述和求证
D – 区分(Distinguish)
-区分事实和演绎，真相和假设，目标和渴望，能力和意愿，及正面因素和负面因素
Q – 提问(Questioning)
-灵活运用发现型、区分型、引导型、行动型和挑战型问题，还有开放式及封闭式问题
F – 反馈(Feedback)
-教练让被教练者听到教练的体验、感受和区分
要避免打击、讨好、发泄或讽刺

从业20年形成的个人品牌。高口碑让我拿到这个机会,个人品牌让我走进米其林这个优秀的欧洲企业。

坚守教练的"道"

在ICF的报告中,企业评估高管教练的关键元素,最重要的是教练的经验及专业的认证。从我国文化的角度来说,"认证"代表"术"的层面,是一个行业标准。在此之上,我觉得选择一个高管教练是否适合自己的企业,正如Anthony所说,还有"道"的层面,即是否志同道合。根据经验,我总结出了影响高管教练的"道"的六个元素:

以人为本。教练工作需要与人的连接,要喜欢跟人打交道,乐于看到人的成长,因为教练工作的主旨是"生命影响生命"。

使命推动。做教练,一定是焦点在外,不去关注自己的利益。面试的时候,一定会被问到一个问题:"你为什么喜欢做教练?"传说中做教练每个小时的收费高,只负责和被教练者对话,工作没有压力,工作时间自由。其实,这些都是骗人的话,做教练和职场的工作一样,压力很大。对被教练者的关注,不单是对客户的服务,更是对一个有才华的人的自我成长负责,是需要用心和用力的。每次对话前做好准备,在对话中全神贯注,进入忘我境界,促进被教练者拥有恍然大悟的启发,不然的话,高管会觉得教练是在浪费他们珍贵的时间,是不值得的企业投资。

持续学习。做教练,一定要持续学习,有谦卑的好奇心,就像我不懂轮胎行业,那就要努力地学习。现在我对米其林的轮胎都比较了解,去过他们工厂,看过他们的自动化生产,也十分感谢米其林的被教练者不停地教我一些轮胎行业的知识。客户的行业、教练行业、全球经济、政治、社会、科技等都在不停地演变,高管教练必须具备良好的学习能力。

专心专业。"在中国,教练文化植入企业"是我博士论文的主题,过去几年对这一课题的研究,让我发现关于教练有太多东西需要学习,必须专心,才能专业。

目标导向。被教练者在达成目标的过程中，有很多的干扰，我们要时刻记得被教练者的目标、现状和差距。当被教练者想放弃或被干扰的时候，教练要拿出被教练者的目标来提醒对方。同时也提醒自己，相信被教练者的潜力，支持被教练者看到可能性，做出最好的选择。

以身作则，知行合一。以身作则就是让被教练者感受到你是可以值得信赖的，你是有专业操守的，对所有的信息保密，你是可以给被教练者心理安全感的。还有就是要有良知，特别是高管，很多时候我们教练的主题不是关于技能或者方法论，而是关于价值观取向，关于“大我”与“小我”的平衡。

教练是一个双向选择

读了上面的内容，好像教练是一个需要努力做好等待被选择的角色。但其实，高管教练也同样具有选择权，教练和企业是双向选择，即使别人选中了你，你也同样可以拒绝服务。米其林选择了我的同时，我为什么选择米其林这家企业？其中也有五个原因。

第一，面试官Anthony非常专业。我见过那么多的面试官，没有人问过我教练技术和心理学的关联性，他是唯一一个这样问的人，感觉到他不是普通的面试官，而是非常有见识，对知识架构有一定的认知。

另外，他很尊重人。如何感受到这份尊重的呢？面试之前，他进行了非常认真的准备工作，抽出30~45分钟的时间面试我，了解我做高管教练的原因等。有一些面试官好像很匆忙，草草了事，15分钟就结束了，给你一种高高在上的感觉，好像教练是来找工作的。

我十分感谢Anthony的合作诚意，他先来我们的上海公司探访，然后邀请我去上海的米其林中国总部，用一个小时的时间为我介绍米其林在我国的发展、企业文化、业务类别及组织架构等信息，让我日后教练米其林高管的时候可以更容易理解他们的工作状况。

第二，被教练者的上司很重视。第一个被教练者的上司是美国人，我觉得这个上司非常重视并尊重我的声音，听了我的介绍后，立即进行了调整，让Anthony去安排第三轮面试。

第三，被教练者十分坦诚和开放。第三轮的面试中，我问被教练者，你对你领导力的满意度是多少分？他说是6分。这让我感受到，他虽然是欧洲外派到中国的高管，但他具有自我认知，并为人谦卑。

我问他："你是一个男性高管，我这个女性教练会对你有影响吗？"他说没有问题。我再问他："你是欧洲人，我是中国人，你是可以选欧洲教练的。你觉得选一个中国教练有没有问题？"他也说没有问题。他给我的感觉是非常开放，没有种族歧视。整个会议过程让我体会被教练者的坦诚。

上面三个原因，都是米其林的人才带来的吸引力。教练的口碑来自客户的评价，而志同道合的客户也能反过来为教练带来更好的口碑。

第四，教练对企业文化的认可。我认可米其林的企业文化，重要的是，我是从与人的互动中感受到的，每个人都尊重彼此。

第五，认可企业的存在价值。即使企业具备以上四个元素，但如果企业经营的行业不是和我的价值观一致，我也会拒绝。我认为每个企业的存在都要造福人类，不能只以赚钱为唯一的目的，比如赌博行业或者一些不道德、投机的行业，我是拒绝服务的。我尊重米其林一百三十多年的发展历史，尊重米其林轮胎的高品质，也认可米其林餐厅的评估体系。

基于这五个原因，我接受了米其林的邀请，成为了企业外部的高管教练。

整个面试过程是四方关系，也是两个文化元素的互动关系，是一个十分有意思的过程。四方志同道合，然后签订合约，开始教练。中段有检视会议，和被教练者、被教练者的上司、项目发起人一起讨论进度，探讨如何可以做得更好。合约结束后，有终段总结会议，复盘过去，展望未来。

聘请外部教练的风险防范

组织为高管聘请的一对一教练，我们称为高管教练。这是相对于个人教练而言的。高管教练由组织发起，个人教练是由被教练者个人发起。

身在高位的高管或创业者，大部分都比较自信，甚至会自大或自以为是。他们是强者，在组织内发现别人盲点，比较不容易听见外面的声音，特别是说他们“有问题”的声音。换言之，他们很难做到“自以为非”，不容许自我怀疑，自我否定对他们来说十分难，会影响他们的自尊心。比较极端的情况，会自以为是到连董事长、总经理，甚至投资方的话也听不进去。

因此，拥有权力的高管需要有他们信任的外部声音的支持，让他们愿意听取一些不一定“好听”的反馈。支持他们的高管教练不一定和他们一样厉害，但是通常个性相合，能够和他们产生化学反应，可以创造信任及安全的氛围，令这些强者看到自己的潜能、可能性，看到恐惧、脆弱的真实的自己，这样才能自我重塑。他们的上司如董事长、CEO、投资方也会建议这些“高手”要有一个高管教练支持他们往内看自己的盲点和潜能。

当然，也有高管意识到需要帮助，向组织的人力资源提出自己需要一个高管教练，以支持他面对管理上的挑战。近日遇到一位毕业于中欧国际工商学院的副总裁，面对团队的管理挑战，他愿意接受人力资源给他安排的高管教练，因为他在中欧EMBA课程中有被教练的经历，对教练式的对话很是认可。

高管教练服务的时间最短为半年，没有最长期限。现在我有一个来自美国的MCC支持我，每两周一次的一对一教练对话，公司付费，已经五年了，对我帮助很大。我自己提供高管教练服务的时限是最短一年，因为我教练的高管都是“高精尖”人才，需要时间去取得信任并陪同他们自我重塑。

外部高管教练的七种风险

组织为高管请外部教练提供教练服务，对高管的成长非常有效。但是，如果组织的相关人员对高管教练服务没有足够的认知，没有做好风险管理，引入外部的高管教练服务就会带来风险，变成好心办坏事。根据我27年的教练经历，聘请外部高管教练可能会为组织带来七种风险：

1.被教练者离职风险；
2.被教练者要求换教练风险；
3.被投诉风险；
4.教练服务达不到期待风险；
5.泄密风险；
6.暴露企业不足风险；
7.依赖风险。

在我看来，第一种风险——高管离职的风险是这七种风险中最大的风险。招聘、培养高管的时间及金钱成本很高。本来想通过请一对一教练让高管蜕变，结果高管却选择离职，这会使组织损失巨大。

我自己有切身体会，我们公司的每一个员工都有一个教练，曾经有一个员工被教练后就离职了。

还有一次，我被一个十分重视人才的知名民营企业聘请，与另外几位外部教练一同教练几位高潜力高管。这批高管大部分从大学毕业后就在公司工作，已经被公司培养了十多年。我教练一名事业部高管十分成功，但是另一名外部教练在教练一位事业部高管后，那位高管却离职了。这家企业本来准备全面推进教练式领导力，结果董事长看到一个培养了十多年的高潜人才离开，心痛之际，立即叫停了这个项目。

追求质量而非数量

有人可能会问我："你做了高管教练那么久，有没有遇到被教练的高管离职？"

坦白说我经历过。曾经遇到过教练服务一开始，被教练者就告诉我有离职意向；也遇到过被教练者在服务中途，告诉我他的职位早就没有了，在考虑是否要离开。但我会说，我的教练成功率是98%，甚至是100%，客户在经过教练后，在职场中更加如鱼得水，在工作、行业中成为更优秀的领导者。很多客户在被教练后，在公司里稳步上升，越做越好，这是有目共睹的。到目前为止，我只遇到过一个被教练者在服务结束后，选择了离职，因为他要照顾生病的家人，不得不停下，从职场中抽身。

为什么成功率这么高？不会给组织创造风险吗？因为我选择被教练者及组织十分小心，不追求数量，而追求质量，在参与多方化学会议的过程中，找出志同道合的被教练者及企业方，在教练的过程中，步步为营。我归纳出三个成功回避这个最大风险的关键因素：

1. 以系统思维面对三角关系；
2. 指导性与非指导性教练的整合；
3. 个人目标与组织目标的融合。

如果能够做到这三点，高管教练服务一定会让被教练者在职场中越做越好，也不会出现教练导致高层人才离职的风险。

妥善处理三角关系

以系统思维面对三角关系：

组织给高管聘请教练，教练需要面对三角教练关系。教练、被教练者和组织三方，形成一个完整的系统，教练需要关注整个系统。一定要清醒地认识到，教练本人也在这个系统内，而不只是教练与被教练者的直线关系。

教练除了要关注被教练者以外，还需要关注付费的组织。三角关系中的组织包括了人力资源或者人才发展部门的负责人，例如被教练者的上司、同事、下属和同级。有时被教练者的外部客户也会被当作组织的一部分来关注，作为被教练者有无进步的评估者，这可以从不同的角度去审视高管教练服务的有效性。

越来越多的组织开始明白，高管教练服务是系统工程，会通过专业的教练公司去邀请全职或兼职的高管教练，保证聘请的高管教练的服务品质，同时也帮助组织管理外部教练。这些组织选择和教练公司合作，和教练公司一起评估教练服务，可以回避存在的七种风险。

有些教练公司为了保证教练的状态和服务的品质，会委派教练督导，毕竟高管教练也是人，也需要保持状态。组织在评估高管教练或教练公司时，也需要清楚自己聘请的教练背后是否有足够强大的系统支撑，以支持教练拥有良好的状态。

基于高管教练服务的复杂性，2017年，一位ICF认证的海外MCC——Ana Pliopas，对三角关系进行了深入研究。她认为，依照高管教练们对三角关系的理解，可以将教练分为三种类型。

第一种是无知的教练，也就是不了解三角关系的教练。无知的教练会受限于线性思维，而没有系统思维。无知的教练不关注企业方的利益，只关注被教练者，从而时常忽略组织方的需求，也忘记了自己在这三角关系的角色。他们在听到被教练者的梦想以后，就会推动被教练者去追求他的梦想。他们可能试图去鼓励、理解和引导被教练者，但无知无觉地与被教练者“同流合污”。他们和组织缺乏沟通，觉得被教练者就是对的，最后的教练结果通常就是被教练者选择离职。

第二种是流程的教练，也就是流程化的、思维固化的教练。他们知道三角关系的存在，却只会依赖固定的流程处理三角关系的问题，不懂得变通。他们通常只关注解决三角关系相关问题的流程，不关注关系和人员的流动，也不关注自身的教练状态。

第三种是最好的高管教练，Ana Pliopas命名为“怀疑的教练”，我翻译为“好奇的教练”，觉得更适合。他们始终对三角关系保持怀疑，或者说保持好奇。在三角的教练关系中，他们保持敏捷，始终关注多方的利益，包括被教练者、组织和自己。

在企业教练的三角关系中，组织方也需要投入时间，不能对高管教练全然地、盲目地信任，对教练服务进度缺乏关注，否则就容易成为“无知的组织”，进而出现高管离职的风险。被教练者需要理解三角的教练关系，虽然是组织方在为教练服务付费，但也不能为了应付组织和教练而忽略了自己的真正需求，最终以离职去回避自己自我重塑的机会。

在三角关系内，教练除了需要以被教练者为中心，也必须关注自己的道德准则和教练的专业准则，同时也需要理解组织的文化。

做组织的高管教练，没有做个人一对一教练那么简单。做组织的高管教练需要十分周密及敏捷的系统思维，关注三角关系内的多元变化，警惕自己不自觉地偏向被教练者或偏向组织方。如果没有系统的思维，就容易在教练过程中只关注被教练者的需求，与被教练者“同流合污”，导致无法真正帮助被教练者重塑自我，反而只沉浸于被教练者将问题全部归咎于组织、外部环境的种种因素的“受害者故事”，甚至认同被教练者选择离职是最好的选择。

生命教练与高管教练

指导性与非指导性教练的整合：

不同的教练对自己的教练服务有着不同的定位。组织也必须了解自身需要什么样的高管教练，了解所聘请教练的定位，组织选择高管教练必须选"对"的高管教练，因为教练的定位不同，关注点也会不同。

我有过为自己员工请错教练的经历。当我反思这个案例时，意识到原来我为员工请的并非高管教练，而是生命教练。当时，我对这位教练了解不多，认为她是ICF认证的ACC，听她说支持过一些高管，就觉得应该可以了。后来才知道，她服务的高管是她的朋友、前同事。她专注于提供个人的一对一教练服务，而不熟悉组织聘请的高管一对一服务。我因了解不深，做了草率的决定而导致了这次人才损失。

这位生命教练采用了非指导性的教练方式，注重倾听和理解个体的需要，肯定我的这位员工心中的生命蓝图，激励她跟随自己内心的声音做出选择。我的优秀员工和她聊完以后，觉得自己生命的意义不是现在这份工作，自己需要追求别的目标，于是就选择了离职。而在我的眼里，这位员工当时是需要沉下心，尝试突破自己的舒适圈。

我对员工的离职选择感到十分可惜。后来我和这个教练复盘，告诉她："你做的是个体一对一教练，你没有关注组织方的要求是什么。同时你只用了单一的非指导性教练模式，没有让这位员工在除了跟随自己内心的声音外，还要关注现在是否是对的时机。跟着当下的心情走和跟着心中的梦想走是不同的。"因此，我们共同上了一次深刻的课程。

高管教练需要整合指导性和非指导性的教练模式，既要关注被教练者的内心世界、了解被教练者的干扰及潜能，又要支持被教练者扩大自己的关注点，引导他们看到自己的"盲点"。指导性教练模式不是给予被教练者解决问题的方法，而是引发被教练者拓宽自己的视野，对待事情的维度更深、更广、更远，从而让自己找到更多的可能性。

教练要根据高管的教练主题、被教练者面对的情境、组织的文化及发展的状态进行系统思考，结合指导性教练与非指导性教练模式去教练高管，有效达到个人及组织的目标。

个人与组织的目标整合

个人目标与组织目标的融合：

ICF 对教练有定义，它偏向于关注个体。

我制订的教练定义是：教练通过有方向、有温度、有策略的对话，支持客户向内看，看到自己的盲点、干扰和可能性，支持客户为自己和团队做出加分、乘法的选择，从而有效达到个人及团队的目标。

教练必须关注被教练者自身的主题，但也不能离开组织方的目标。

高管是组织的决策者，站在宏观思维去看组织的人才问题，但是很容易忽略自己的需要或者压抑自己的需要，或看自己的需要太多而忽略了系统思维。高管教练对话是让高管在多维度环境下，停下来看清楚自己的状态，包括思维、情绪及选择，拓展自己的思维，进行自我重塑，为自己、团队及组织做更好的选择，有效达到多方的目标，而不是把个人目标扩大，忘了对自己进行投资的组织的目标。

高管和组织双方对高管教练服务的认可十分重要。高管教练只能支持认可个人及组织的目标、愿意向内看的高管，否则高管离职的风险将有更大的概率出现。

总体来说，高管教练需要以系统思维及多元的教练方式去支持高管。所以，高管教练的洞察力、持续学习以及有教练督导的陪同，就显得十分必要。为了减少高管被教练后的离职风险，我的建议是：

高管教练服务当然非常有效。但是机中有危，危中有机。在教练的服务前期、中期及后期，都需要警惕不同的风险，无论作为教练、被教练者还是组织方，都要保持警惕。

领导者自我觉察四阶段

无论是教练还是被教练的领导者，都需要自我觉察的反省能力。教练通过专业性的对话，启发、引导客户向内看，在觉察之后进行反省。教练本人更需要觉察能力，不仅仅要觉察客户的状态，还要觉察自己的状态，同时在自我觉察中保持教练的专业能力及状态，坚守教练的专业原则，也需在自我反省中突破自己，进一步提升能力和境界。

我把人的自我觉察能力分为四个阶段：首先是“无知无觉”；其次是“混沌知觉”，包括“有知无觉”或“有觉无知”；再次是“有知有觉”，分为三个阶段，分别是“后知后觉”“当知当觉”“先知先觉”；最后是“正知正觉”。（见图3）

图3 领导者自我觉察四阶段

要进行有效自我觉察的自我反省,有必要了解“知”和“觉”的区分。“知”是“知道”,也就是知道或不知道这件事情的存在。“觉”是“感觉”和“觉察”。感觉是对事实情感的反应,分为有感觉与没感觉;觉察是洞察事情可能会带来的短期与长期影响,能够辨别事情形成的多种因由,能够认知事情对自身及团队的价值。觉察力是根据个人的经验、年龄、环境而培养出来的认知能力和分析能力。

在当今的商业环境下,领导者的“先知先觉”是最有魅力及说服力的,能够吸引并巩固优秀人才为团队付出能量。当一个人具有“先知先觉”的能力,就面临如何运用这个能力的选择。因此,培养领导者的“正知正觉”是促进企业成功乃至促进国家经济发展的关键所在。

自我觉察能力的阶段解析

第一阶段:无知无觉

无知无觉:有多少事情你根本不知道?

什么是“无知无觉”?在日常管理中,有些事情是领导自己不知道的,没有人告诉他。下属觉得事情不重要,或者觉得领导知道了会更烦,刻意不汇报。有的下属刻意隐瞒,不把事实告知领导。还有一种情况,领导虽然听了,却没有上心,对事情漠不关心。

这些都是没有到达“知道”的层面,还在“不知道”的状态,当然不会进入感觉及觉察的层面。可是,领导在“无知无觉”的状态,不等同于事件对团队、对企业没有影响。如果领导不知道事情的存在,没有采取任何预防和补救工作,当事情发生后,为时已晚。

第二阶段:混沌知觉

“混沌知觉”是从“无知无觉”到“有知有觉”的一个过渡。有些人是感受型,感觉有点儿不妥就特别敏感,而有些人则是对感觉不敏感或不重视,所以我说是一种混沌状态。

有知无觉:有多少要事被你忽略?

“有知无觉”是指领导知道事件存在，可是欠缺敏感度、危机感，觉得不重要，而把焦点放在更重要的事情上，没有深入思考其成因及影响力，把事件当作日常事务处理。因为领导没有警觉性，事情没有得到恰当或即时的处理，从而造成负面影响。

有觉无知：有多少觉察却无法表述？

“有觉无知”是指领导有感受上的觉察，可是欠缺自我表述和整理能力，无法让感受得到梳理并有效表达出来。领导沉浸在自己的感觉之中，这会让负面情绪和影响力侵蚀他们的内心，并在团队中传播。

第三阶段：有知有觉

“有知有觉”自然是“知”和“觉”两者都具有，只是“知”和“觉”的时机或者方式不同，又被划分为“后知后觉”“当知当觉”“先知先觉”三个阶段。正是做了这个划分，我们对觉察和反省就有了更加深入而细微的认识。

后知后觉：亡羊还需补牢。

“后知后觉”是指事情出现了问题，可能到了无可救药的地步或危急状态，然后才发现、知道其严重性。领导发现后果严重，再出手参与，以学习、正面、积极的态度去解决现况，承担责任与后果。同时寻求补救，设定预防措施，以避免重蹈覆辙。这个悲痛的经验只能作为日后“当知当觉”或“先知先觉”的基础，从痛苦中成长。

当知当觉：让企业有惊无险。

拥有“当知当觉”的自省能力，是指领导觉察到事情的重要性及影响力，在过程中非常敏感，警觉性高，能实时做出适当调整，及时修正已偏差的方向，带领团队在有惊无险的情况下完成工作。

先知先觉：未雨绸缪。

“先知先觉”是指在事情未发生时，领导凭着丰富的经验及分析能力找到成功的要诀，充分预知一切可能的危机、可能的障碍，并做出充分准备预防，使团队在按部就班、不慌不乱下顺利地完成工作，令团队成员佩服。

第四阶段：正知正觉

正知正觉：以德立业，业行百年。

德商（Moral Intelligence Quotient，缩写成“MQ”）是指一个人的道德水平或人格品质。2011年，美国伦理学家、社会学家和教育家布鲁斯·温斯顿（Bruce Weinstein）出版了《德商：比情商和智商都重要》，将“德商”的概念具体阐述为五条原则：不造成伤害、让事情变得更好、尊重他人、公平、友爱。

当一位领导者具有了“先知先觉”的能力，就可以将此能力运用在企业经营的决策之中，这些决策的结果将影响到整个企业的命运和存亡。越来越多的企业设立了企业社会责任部门，强调企业公民意识和企业的可持续发展，让员工置身于一个充满爱与责任的企业环境中，增加员工的归属感和荣耀感，在提高企业内部凝聚力的同时，做到回馈社会、关爱弱势群体，构筑具备正知正觉的企业集体。

“先知先觉”的修炼秘诀

“先知先觉”的能力是需要修炼的，必备要素是“愿意”。心态上愿意相信“我是我最大的障碍，我是我最大的希望”，愿意在自己身上找问题，愿意在自己身上找答案，愿意主动行动改变局面。

主动找你信任的人寻找支持，他可以中立地指出你需要改进的地方。教练型导师或一对一的企业教练就像一面镜子，通过对话来支持客户去反省，通过专业的教练步骤，带领客户抽丝剥茧，循序渐进，从企业经营的各个方面来回顾、自我发现和深入思考。总结与思考得越多，越会提高一个人的成熟度及洞察力，从而增加智慧。

举个例子，有一个客户来找我，说近期感到不开心，但是不知道自己为什么不开心，他太太曾问他是否因为她有什么做得不够好而令他不开心，他对他太太说不是。我知道他是一个事业心很重的人，我从他的事业发展历程去探索，他说十分顺利，最开始做天津A产品线总经理，去年5月开始兼做扬州B产品线总经理。同时，他们还正积极准备生二胎。我问他扬州的工作进展，通过层层递进的倾听及提问，他从“有觉无知”到“后知后觉”。

原来,扬州的任命是为他下一步的职业发展。他通过对多种产品的运营了解发现,会有更大的发展机会。因为他表现出色,这个机会出现在2022年9月,他被通知派往新加坡担任亚太区的高管职位,接替一位即将调岗到美国的高层。他很高兴,然而准备去接任之时,内部高层调岗突发变动,新加坡原高层继续留任,因此他失去了这机会。公司说一年后这位新加坡高层一定会被调岗,安抚他耐心等待,他只好继续默默地做好自己的工作。还有3个月就到9月了,仍然未听到任何调岗消息。当谈到这里的时候,他说:“我明白自己的情绪卡在哪儿了。”和我对话后,他决定和上司沟通,主动了解调岗的安排,主动对自己的职业发展负责,而不守株待兔。

接收到外部的声音后,严格要求自己反思及沉淀,坦然面对自己,对自己诚实,勇敢接受可能令你不舒服但能够提高你领导力的声音,然后构想改善方案并付诸行动,这才是自省的最终目的。

“以人为镜”是自省的快捷方式,但最后是否接受“镜子”投射出来的信息,还需靠自己。要知道,除了你在小心选择“镜子”,好的教练也在挑选“愿意”的被教练者。

成为好教练的三点建议

成为一名好教练,有很多因素和方法,本书的所有内容都是围绕着这个主题展开的,其中的原则是普适性的通用原则,这些原则也建立在“成为好教练”的底层逻辑之上。比如,教练要帮助别人向内探索,要先学会如何更好地在自己身上向内探索,也就是自我觉察的反省能力。如果做不到这一点,恐怕难以提出让别人深省的问题,而若提不出这样的问题,又何谈是一个好教练?

在课堂上,我会根据不同的课程内容,针对不同的教练提出一些建议,这些建议有的可能相同,有的可能相似,有的可能侧重点会不一样,但其目的是一样的,都是帮助学员成为更好的教练。北京李蔚教练就在一次课程总结中,写下了对我给的“成为好教练的三点建议”的思考:

第一，淡定、中立和自信。要锻炼强大的心理素质，也要有时间和阅历的积累，敢于跨出舒适区，敢于不断挑战自己，有足够的耐力和毅力在专注的领域中不断精进、不断超越，让时间和阅历成为自己的财富。内心拥有这样的财富，才会让自己淡定和自信。格局和眼界开阔了，才能更好地找到中立的位置。

第二，开放和接纳。世界因为不同而丰富多彩，每个个体都有自己独特的一面，当我们面对每个被教练者的时候，一定要有充分的心理准备，他与我们自己，或是我们见过的人可能有很多不同之处。教练的初心是去帮助别人，如果没有足够开放和接纳的心态，我们无法与被教练者建立信任和连接。

第三，善用工具。有那么多的教练工具，找到被教练者需要的，才能真正地发挥出它的价值。这就需要教练者对每个工具有深刻的理解，以及仔细洞察被教练者的情况。一方面工具要多多益善，在自己的工具箱中随时待命；另一方面要通过有效聆听，探究和发现别人真实的需要。

其实，从事教练行业是孜孜不倦的个人修炼，也是阅人无数后的厚积薄发。教练之道是一场漫长的自我成长的旅程。

大师级教练也需要被教练

比尔·盖茨在2013年TED演讲上发表过一个关于教育的演讲，他说了这样一句话："Everyone needs a coach."（每个人都需要一个教练）。

比尔·盖茨认为，不管是什么人，即使是位高权重的领导者和企业家，都需要得到反馈，就像是每天早上需要照镜子整理外表一样，每个人都需要通过教练的反馈来帮自己看到思维盲点和模式，以不断修正自己的选择和行为。

我非常认同比尔·盖茨的观点，每个人都需要教练。即便大师级教练也不例外。

经常有学员问我："您现在已经是大师级教练了，您还会被别人教练吗？"

这个问题背后的逻辑是，如果一个人的教练经验和技术已经足够成熟，那么他就应该具备自我教练的能力，当然就不需要被别人教练。就好像是得道的禅僧，已经领悟人生真相，不嗔不怒，自然不需要由别的师父来指引。

对于在领导力上的资深教练来说，也是这样吗？当然不是。

承认人的无知和有限

作为一名大师级教练，虽然我已经有27年的教练经验和17年的大师级教练资历，但我在支持他人的时候，也需要被教练来保持自己的教练状态。

前面我提过，从2018年开始，我聘请了一位美国的MCC做我的教练，她比我晚一年成为MCC，年龄比我大将近十岁。每两周一次，每次从早上六点开始，我都会在线上被教练一个小时。

这样的长期被教练经历对于我来说非常宝贵，就像比尔·盖茨所说，我需要教练来帮我照镜子。

很多人会问，您自己已经是大师级教练，有深厚的教练功底和丰富的教练经验，为什么不能自我教练？

在这里，我想送给年轻朋友们一句话：只要是人，就都有盲点，有自己看不到的地方。即便我有丰富的经验，自我教练的技术再厉害，也还是有自己看不到的东西。

“MCC”这个头衔只是告诉我，我的坚持及努力被认可。在过去的17年里，每三年一次的续牌代表着我仍然对教练技术充满激情，始终热爱及相信，但这不等同于我就可以停止学习。

成为MCC后，我经常被邀请去做分享或出席不同国家的教练会议，有越多的机会看世界，就越感到自己的不足。我承认自己的无知和有限，从而抱有谦卑之心，去听别人给予我的反馈，这会让我对自己、他人和所处的情境有更加全面的了解，从而以更加积极平和的心态去面对生活中的挑战。

教练式陪伴的价值

在一次被教练的对话中，我和教练谈及我的企业在我国一个城市的发展状况。

这是一个很有发展潜力的城市，我的企业在那里设立了办事处，并开始了教练课程。但是由于我和团队都没有完全准备好，发展遇到困难，无奈之下我决定放弃在这个城市的发展。

但课程已经开始，这个决定会让报名参加培训的学员感到失望甚至是愤怒,因此有大量的善后事宜有待处理。处在这样的情境之中,我感到十分焦虑,于是在被教练的过程中,我和教练讲了很多关于事情如何处理以及我的情绪的问题。

教练安静地听我倾诉。在我讲完之后,她只给了我一个非常简短的反馈,这个反馈却如醍醐灌顶一般,让我茅塞顿开。

她说:“You need trust .”(你需要信任)。

当我听到“信任”这个词的时候,犹如电流流过全身。那一刻我突然意识到,我应该对团队多一些信任,放手让他们去做,这样会使他们成长,也让自己卸下很多担子。

我的教练没有关注“事情”,而是关注我这个“人”,她只说了一个词“trust”(信任),就让我瞬间有了内在的突破。

那天放下电话之后,我用了一个小时和团队沟通,以信任的态度安排好工作。后来在大家的共同努力下,顺利完成了很棘手的善后工作。

这次教练经历让我深刻地认识到,教练客观中立的反馈以及对人内在的关注是多么的重要,这样的陪同会让我们全方位地看到自己,尤其是那些被我们忽略了的东西。

你不用承担所有的责任

有客户说:“吴导您确实太辛苦了,既要做教练,又要做守门员,有时还要兼做球员。”

诚如他所言,我是创业者,身兼数职,压力十分大。

作为一名创业者,面对复杂多变的社会和商业环境,我需要教练帮我更清楚地看到我所处的情境,以及我自身的思维盲点所导致的决策偏差;同时作为一名教练,我同样需要保持良好的教练状态去教练他人。

有一次,我经历了失败的教练个案,它让我的情绪非常低落。

我支持了一年的民营企业高管,由于一个决策失误,严重影响了公司的生死存亡及他的职业发展。公司决定停止他的工作以及对他的教练服务，我和他的教练合约被迫中止。

这不仅对他来说是沉重的打击，对我也是。

我感到十分内疚，很多自我怀疑和否定的声音冒了出来：你都已经是十多年的大师级教练，为什么还会出现这样的情况？你为什么没有足够敏感，没有及时地提醒被教练者？在教练期间出现这样的事情，作为教练你难辞其咎！

关于这件事，我和我的教练进行了对话。在她面前，我倾倒出了我的沮丧和自责，积累了多日的情绪得以释放。

在教练的启发之下，我发现这次个案的失败不仅仅是我的原因，也有很多外部的原因。由于是公司付费，客户自身被教练的意愿度不够高，对问题的突然出现准备不足，而外部也有很多不可控的因素，外因内因同时起作用，导致了这样的结果。

在和教练的对话中，我慢慢地发现，我是可以的，我遵守了一名教练所应该遵守的职业准则，并以专业严谨的态度去对待整个教练过程。即使我是大师级教练，也不代表着每个长期教练合约都一定是成功的，失败也是非常珍贵的经历，可以让我反思和成长。

在这次对话之后，我走出了自我否定的泥潭，开始思考应该以怎样的方式和态度去做好收尾，支持这位被教练者。

我主动和企业方说我想给这位被教练者免费做两次教练，支持他走出困境。企业方十分欣赏并感谢我在这个困难时期出手相助，这位高管也愿意被支持。

和以往不同的是，他被教练的意愿度变高，他不再是一个遵从公司安排的高管，而是一个需要帮助的普通人。他变得更加谦卑和开放，更加坦诚地说出他在困境中的忧虑和恐惧。

而此时的我，也不再受制于那些自我否定的声音，重新找回了内心的力量，以更加平和与热忱的态度去为他人提供帮助。

让我感到意外的是，教练合约的中止反而是我们教练关系的一个转折点，最后的两次教练是一年多合作之后的升华，让双方关系中的高墙迅速瓦解。

如果没有背后的教练支持，这场美丽的蜕变就不会发生。

忘掉教练身份

在人工智能迅速发展的时代，越来越多的工作将会被机器所代替，人的劳动价值慢慢被削弱。但是作为人，有一种价值是永远不会被机器所取代的，那就是“有温度的陪伴”。

我为我选择了这样一份陪伴他人成长的事业而感到自豪，而我作为一个普通人，也同样需要别人的陪伴。在彼此的陪伴之下，我们会有更多的勇气走向人生的未知之路，这漫长的旅程因为有了这样的陪伴而增添了一份温暖和关怀，变得更加精彩。

我见过很多年轻而不够成熟的教练，拿到了ACC证书就觉得自己水平足够高，不需要被教练了。我不想把自己放在权威的位置上告诉年轻的教练们一定要怎样做，市场和客户的反馈会让停止学习的教练们尝到恶果。

曾经有一位PCC说她已经不能被别人教练了，因为她知道教练会问什么问题，会自动地“反教练”，挑战或质疑教练。比如，她会反问教练：“你为什么问这个问题，不问别的问题？你为什么不用那个教练方向？”

对于这种“反教练”的情况，我想可能有两个原因：

一是不够谦卑和开放，还是把自己放在“教练”的位置，而不是一个“需要支持的人”的位置上。

二是可能是“友情支持式”同行或同辈之间的免费互相教练，喜欢说什么就是什么，不够在乎对方的感受。认真对待自己的教练目标，并表示对教练的认可，最好是正式地付费请教练。付费是尊重教练的专业及付出，同时会让你更加重视这份教练合约，让你更加清楚地看到并关注到自身的需要。

我在被教练的时候，丝毫不会想她接下来会问什么，而是全然忘记自己教练的身份，忘记自己是MCC，把自己完全当成一个需要别人帮助的人，开放而安心地跟随教练的问题进行思考和反馈。只有这样才能让自己从有偿教练服务中最大程度地受益，真正通过教练对话看到自己的盲点、干扰、潜能，积极为自己的目标负责任，并做出改变。

坚定的背后是执着的信仰

当教练提出一个好问题时，我会立刻说："Good question！"（好问题）。然后立即沉浸在挖掘好问题背后的未知中，而不是和教练讨论为什么当时这样问，以及背后的逻辑是什么。

做教练要有教练的状态，保持初心、好奇心，有温度地陪伴客户去探索自己。当角色切换为被教练者时，就要有被教练者的状态，全然信任自己聘请的教练，专注于自己的目标上，带着改变自己的强烈意愿去探索未知的自己，为自己负责任。

教练是一种状态和角色，但不是永恒或唯一的身份。教练是一个人，在人生中有不同角色及责任，所以也需要被教练，否则教练这个人本身就被限制住了，看不到自己的盲点及潜能，没有办法更好地支持自己的客户。

我十分感谢教练给予的陪伴，她给予了我充分的信任及安全感，我可以真实地表达自己的负面情绪及思维想法，因此经历了精彩而不平凡的五年：

在写博士论文的过程中，她不断提醒我要注重目标；在困难时期，她不断关心我和我的公司；当我面对公司及行业发展前景的时候，她不断提醒我公司的优势在于品质，她让我坚守"不忘初心，方得始终"的信念，坚持追求卓越品质的价值观。

从她身上体验到的MCC的风范及使命感，支持我一直保持良好的创业者及专业教练的状态。

每个人都需要一个教练，每个教练都需要一个教练，我对此深信不疑。这份坚定的背后，是我对教练事业执着的信念。

教练意味着人与人的陪伴。在复杂多变的时代，我们需要另一个人陪同我们穿越丛林，一起面对生活不断抛来的挑战。生命对生命的影响，就在于这样的陪伴之间。

第三章

好教练的工具包

——对于一个令自己欣喜的教练对话中，尚有如此多的调整可能性，而一个令自己不满意的教练对话中，可以获得成长的内容会更多。

5A理论:做好心灵防护

有人说,苦难对于每一个人而言,有尽头的叫考验,无尽头的叫折磨。面对环境的巨变,我们能做什么呢?我们可能会抱怨现状,但又不得不在现状中挣扎“求生”,同时对未来充满着美好的期待。

2020年,我提出3A理论。3A理论的结构是由两条皮筋和三层纱布组成。两条皮筋分别是“自我沟通”“选择”,三层纱布分别是“认知”(Aware)、“接纳”(Accept)、“适应”(Adapt)。

2022年,我对3A理论进行了补充及扩展,增加了两层纱布,分别是“承认”(Admit)、“欣赏”(Appreciate),成为5A理论(见图4)。

爱因斯坦说:”你无法在最初制造问题的思维层面上解决这个问题。”要想解决问题,那就跳出最初的思维层面,用认知、承认、接纳、适应、欣赏这五种方式,创造新的解决之道。

Aware 认知
情绪 | 身体 | 思维 | 行为
Admit 承认
七宗罪 | 不完美 | 面具
Accept 接纳
拥抱挑战 | 原谅自己 | 保持善良
Adapt 适应
个人:积极行动 | 他人:影响力
Appreciate 欣赏
自我欣赏 | 欣赏他人 | 欣赏挑战

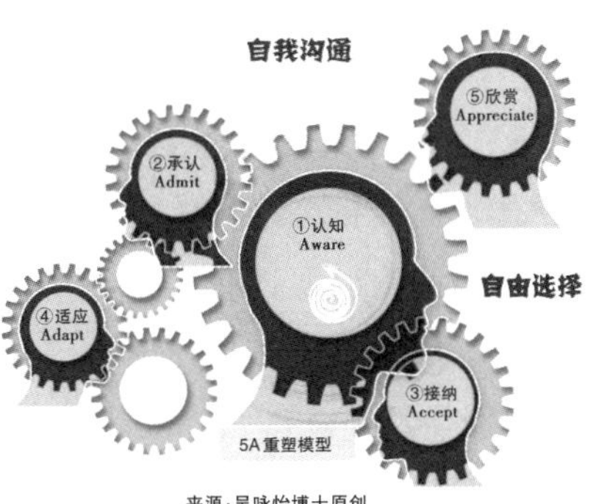

图4　5A理论图

两条皮筋：自我沟通和选择

第一条皮筋是“自我沟通”。

我们每一天和谁沟通得最多？答案是自己。

每天我们都是和自己沟通最多，每分每秒，时时刻刻。用我最喜欢的一个算式来表达：(24-6.5)×60×60=63000。其中，“24”代表一天的时间，“6.5”代表睡觉时间，“60”代表分钟数和秒数，“63000”代表每天会与自己沟通的次数。

我们有关注过和自己的沟通吗？我们常常听到外面的声音，比如别人对自己的看法、市场的需求、世界的新闻，我们有没有花时间听听自己的声音？或者花多少时间去听自己的声音？“听自己的声音”在英语里叫“Self Talk”，用中文也可以说是“自我沟通”。

你和自己沟通最多的是什么？你了解、敏感、承认、接纳这些内容吗？这些沟通在平日的工作、生活中如何推动你的行为？

5A理论是关于自我沟通的理论。学习教练式领导力，第一个客户就是自己，先教练好自己，才能教练好别人。很多领导者觉得是下属的问题，要处理他人。但是我们只有先处理自己，把自己认清楚后，才能去影响他人，才能影响他人有意愿改变自己。“知己知彼，百战不殆”，所以要自我教练(self coaching)。如果自我沟通不良，则会影响你的心灵免疫力，从内而外地影响你的行为和状态。

第二条皮筋是“选择”。

我不断强调，人生就是选择的总和。美国心理学家杰罗姆·瓦格纳(Jerome Wagner)博士说：“在我们有一个选项的情况下，我们被困住了；当我们有两个选项时，我们面临两难境地；当我们有三个选项时，我们就有一个选择。”选择带来了改变的可能性。

我做高管教练时会一直提问：“还有呢？”这样就不会局限于一个或两个选项。教练推动客户看到了更多的可能性，他们的心情就会不同，改变也就出现了。

我们如何做选择？很重要的一点是秉承人类的四大天赋：自我意识、想象力、良知、独立意志。这些天赋与生俱来，一直存在于你我的内心，就看我们是否懂得使用，是否能够善用。

认知（Aware）：认识自我

我是受口罩结构的启发构想出3A理论，然后升级到5A理论。口罩由两条挂绳和几层纱布组成，5A理论是由两条皮筋和五层纱布构成，五层纱布代表5个“A”，代表从觉知到释放。

第一层纱布是“认知”，准确地说包含自我认知的四个维度：思维、情绪、身体、行为。这四个维度是和外界联系的载体，我们受到外界的刺激，会做出反应。

我们的思维模式影响我们的情绪，先思后觉，越多固定思维，越多负面情绪，因此认知自己及他人的思路是首要任务。

感觉或情绪来得十分直接且迅速，特别是在危急时刻。这是一种复杂的个人体验，包括负面情绪和正面情绪。

负面的可能有焦虑、恐惧、悲伤、愤怒等；正面的可能有振奋、乐观、喜悦、满足等。正面与负面情绪可能逐一出现，也可能同步进行，要视个人的特征而定，如性格、经历，还会视你面对的外界刺激源是什么而定。

情绪的分类有很多种。我喜欢的一部电影叫《头脑特工队》，这部电影把人的情绪总结为五种：害怕、愤怒、快乐、厌恶和忧虑。我们每个人总是有很多情绪在交错，要学会对情绪有敏感的觉察。

情绪是波动的。根据心理学家库伯勒·罗斯（Kubler Ross）的理论（见图5），人的情绪处在变化的曲线当中。

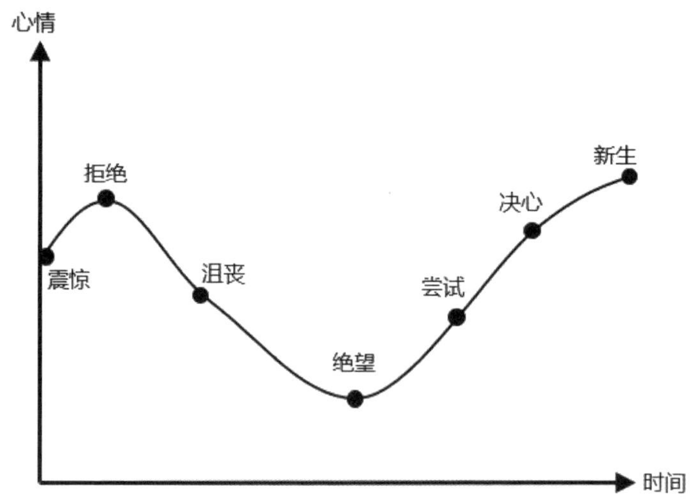

图5　库伯勒-罗斯曲线(The Kubler-Ross Change Curve)

举例来说,在家办公期间,没有办法举行线下培训、开展教练工作,公司的生存面临着困难,我当时十分焦虑。

有一周,公司破例把一个一直在线下开设的课堂搬到了线上,我们用尽全力完成了课程。但是自己及合作导师、教练团、公司同事都疲惫不堪,在十分紧张和不安的状态下完成了工作。

参加的学员以"满意"做了反馈,我们却看到了很多不足的地方。当然,我们的思维模式不仅仅有负面的,也一定有正面的。相信大家和我一样,会经常体验到这两种思维的碰撞。

根据心理学家卡伦·霍妮(Karen Horney)的理论,在基本焦虑的影响下,个体为自身防御而发展出一些非理性的神经质需求,按性质分为如下三类:

1.依从性格(Compliant Character):指个体缺乏独立,强烈需求别人的关爱,依赖别人情感支持的性格;在表面上是亲近,而在潜意识中却是借依从消除焦虑感。

2.攻击性格(Aggressive Character):指个体对人持敌对攻击态度,以此树立自己的优越感,来应对自卑和焦虑。

3.离群性格(Detached Character):指个体不与人亲近的性格;表面上是独善其身,而潜意识中却是对人际感情敏感,借离群以保安全。

这三种性格恰恰对应了我们面对自我情绪的认知,以三种不同的行为来面对焦虑:拥抱(move forward)、抗衡(move against)、远离(move away from)。

有一个周末,给上海学员上两天的线上课,课程的时间安排是9:00-17:30。这个课程一直是线下举行,因此中间安排了1小时15分钟的午饭时间,而学员要求休息2个小时。此时,我觉得学员对待课程不认真,于是选择了"抗衡"的行为,拒绝这个要求。

但是,课程班主任告诉我:小区封闭的情况下,学员无法点外卖,需要时间煮饭。这是我之前的认知中并不存在的情况。之前都是线下课,点个外卖,午饭就是十几分钟就能解决的事情。因此,面对学员的要求,我从"抗衡"转变到了"拥抱",拥抱环境、拥抱变化。于是,课程的午休时间从以前的1小时15分钟延长到了1小时45分钟。这就是认知变化带来的行为模式的转变。没有自我认知,便不能调节自身的行为,适应外面多变的世界,认知是改变的第一步。

承认(Admit):定位自我

这是5A理论中新增的一层"纱布",也是最重要的环节。

如果没有"承认",就很难走到"接纳"那一步。在教练中有这样一种情况,有的客户从"认知"到"接纳"这一步走得不够扎实,不能深入面对真实的自己,欠缺改变自己的承诺及意愿,很轻易就被打回原型,回到固定思维及负面情绪中,进而选择"抗衡"或"远离"的行为。这就是因为在"接纳"之前,缺少了"承认"这个环节,少了一些痛定思痛、痛定思变的经历。

当我们处于身心疲惫的紧张状态时,很容易就被负面情绪所掌控。有人可能是暴食、懒惰;有人容易变得易怒,把负面情绪转移到别人身上;有人会嫉妒、傲慢、贪婪,团购过多食物去减少自己的恐惧。我们要承认自己的不完美，因为不完美并不重要。重要的是当你发现自己的不完美后，你有没有勇气坦然承认。

有人说，我们常常活在面具之下。这个面具可能是他人的期望，也可能是我们希望打造的美好的自己。在社会期待下塑造出来的自我称为"社会的我"，人们为了满足社会期待，往往会戴上面具，呈现出最好的"社会的我"。在社会期待的推动下，人们只表现积极的自己，把负面而真实的自己隐藏起来，因此很多人迷失了自己，戴着面具生活、工作，分不清"社会的我"和"真实的我"。

在教练过程中，我们会发现有些人的自我防备心理很重，害怕被别人看见自己最脆弱、最真实的一面，害怕别人不接受不完美、脆弱、真实的自己。

我在读博期间，也常常出现脆弱的时刻，产生负面情绪。曾有一项调查表明，世界上40%的博士在读博期间都曾经患上抑郁症。我觉得自己也差点成了那40%中的一员，所幸并没有发生。其中的关键因素，是我懂得教练自己，同时在专业教练的支持及陪同下，学会了承认自己的脆弱与不足，直面自己的恐惧，面对自己无数次的放弃念头，回归初心，寻找到了解决困难的方法。

人类在未解的难题面前无疑是脆弱的。不少学员看了我的朋友圈，觉得我过得颇为淡定，其实我也有脆弱的时候，我也害怕自己的斗志被摧垮，担心自己一手打造的教练平台被拖垮。

与其逃避，不如直面这些伤口。承认不光彩的过去，承认自己的脆弱，承认自己的不足与差距，承认自己的负面情绪。因为承认了，我们才能更好地对症下药，才能从脆弱中站起来。放下防御机制，摘下面具，看清最真实的自己，这才是接纳的开始。

接纳（Accept）：拥抱自我

承认自己的真实想法及情绪，就会更容易且更愿意接纳现在的自己，也更容易改变自己。经过第一步和第二步,你已经听见了自己内心的声音,也承认了真实的自己。现在你可以行使你的选择权了。分享一下我在“接纳”中的三个选择:

第一个选择:拥抱挑战。

生活就是最大的挑战,没人能够逃避。能做的唯有欣然接受,拥抱它、解决它。大家都在积极拥抱这次挑战,拥抱不期而遇的不便与窘迫。

第二个选择:原谅自己。

学会原谅自己,才能原谅别人。在我接纳的时候,我也要原谅,原谅自己产生负面情绪,原谅自己的不完美,原谅自己会发脾气,原谅自己会一次又一次地抱怨他人的不配合。

第三个选择:善良。

有的人选择善良地面对,这是接纳的选择;有的人选择报复式地面对,这是不接纳的选择。亚马逊的创始人杰夫·贝佐斯(Jeff Bezos)2016年受邀在母校普林斯顿大学的毕业典礼上发表演讲,他说:“善良比聪明重要。聪明是一种天赋,而善良是一种选择。天赋得来容易,因为它们与生俱来,但选择往往很困难。”

我非常同意这个观点:选择的能力比聪明的天赋更重要。

适应(Adapt):调整自己

根据心理学家让·皮亚杰(Jean Piaget)的观点,我们可以将思维模式理解成我们所使用的过滤器,它可以帮助我们存放新接收的数据,并促使我们对这些数据做出反应。我们可以通过调整思维模式来适应数据,或将数据整合进思维模式中。

在前一种情况下,我们调整思维模式以适应新数据,这叫“适应”,改变自己去适应外界环境;在后一种情况下,我们调整数据以适应已经存在的思维模式,这叫“固执”,要外界去迎合自己。

要想适应外面的环境,我们就要静下心来,给自己更多了解自身和外界的机会。

“静生定，定生慧。”这样会想到更多的可能性，整个思维走向成长思维，情绪走向正面情绪。当思绪放正，整个身体动起来的时候，能量就会加强，给别人感受的那股正能量，也能自然地流露出来。

我有一个学员，思维很活跃，常常想得很多，也被负面情绪所困扰。于是他决心停下来去写作，每天静心写作1000字，同时思考自己职业发展的下一步。还有一个学员，和我一样每天在烹饪中寻找自身的安静。每个人有不同的方法，比如画画、做瑜伽、喝茶、静坐，关键在于让自己安静下来，进而能够有效地接收和区分信息、想法，推动自己积极行动。

我们要如何影响他人？做好自己，就可以影响别人。别人看到你很积极、很阳光、很有力量，自然就会被吸引、被带动。适应变化，调整自己，困难就可能迎刃而解。

欣赏（Appreciate）：认可自我

走到这一步，你已经完成了从自我认知到自我适应的质的飞跃。此刻，你将产生一种非凡的满足感。

我们体内存在两种影响情绪的物质：多巴胺和内啡肽。多巴胺是奖励机制，做成一件事，奖励一下，让你产生快感，希望下次还能再做；内啡肽是补偿机制，做一件事情如果感觉很难受，就补偿一下，让你产生快感，让你坚持下去，也不用害怕下次再做。

有研究说大多数的成功是源于内啡肽，而大多数的失败是源于多巴胺。

此刻的你，可能正在经历生活阵痛。在失望消极的环境中，不妨多肯定一下自己，欣赏自己哪怕是很微小的成长和进步，不断刺激内啡肽的分泌，成功就在不远方。这就是自我欣赏赋予你的能量。

我最欣赏的是，自己都60岁了，还有这么强的生命力。

对于不熟悉的环境以及从未经历过的生活方式，我在初期也会产生情绪上的波动。但是，我都努力地调整了过来。我非常欣赏自己这些看似微不足道的成就，正是它们让我永远想要尝试再进一步，并且相信所有的可能性。

2020年，我一边工作，一边写毕业论文，还得了皮肤炎，身心承受了巨大的压力。当时，我只认识一个邻居，她却把我带入了学习瑜伽之路。

后来，通过瑜伽，我认识了我的大提琴老师。我开始关注自己的身体，关注自己的爱好，关注自己的生活质量。我学习了打太极和划划艇，收获了新的技能；我学会了如何团购，走出自己的舒适圈；我在微信上添加了很多新朋友。

所以，请欣赏每一次挑战。如果没有这些挑战，我们就无法走出舒适圈，无法发掘自己的潜力和突破自己的极限。

学会自我欣赏，是强化自我认知的开始。不需要多么复杂，点赞就是一种欣赏，肯定就是一种嘉许。无论是自发的主动欣赏，还是以他人为镜的被动欣赏，都将帮助你巩固自己的成长与变化，激发更多的潜能，达到实现自我的目的。

学会欣赏他人，是进一步强化自我认知的手段。看到他人身上的闪光点，欣赏所有触动你的瞬间。你也会因为世界的可爱而变得可爱，因为世界的美好而变得光彩耀人。

学会欣赏挑战，将自我认知转化为行动力。变化与机遇往往与挑战相生相随，看见变化、抓住机遇、直面挑战，这是人生难得的财富。

5A理论就是我们面对变化的工具，虽然无形，却是无价。通过认知自己的内在状态，从而推动思维模式、情绪、身体反应和行为选择的转变。我们可以做有效、善良、智慧的选择，改变自己以适应他人及环境，积极地行动起来，始终心存希望，让自己的正能量去带动更多人。

既然变化无法停止，那就用5A理论守护我们的心灵。让心灵始终美善，让眼前一直有光，持续地完善自我，以此来适应万变的世界。当你的目光柔和了，世界也会用温柔的姿态来拥抱你。善待自己，善待他人。

“联系”是一切的开始

在拓思的整个教练体系中，有一个模型对于整个PCP教练体系架构的形成是至关重要的——CDCA®（见图6）。这个模型也获得了ICF的认可，成为“华人原创理论”，同时拓思也将其成功注册为专利。

图6 CDCA®教练步骤

CDCA®是什么？在教练的过程中起什么样的导向作用？它在实际操作的过程又该如何使用？在了解和学习CDCA®为何物之前，需先认识GROW模型。

GROW教练步骤的模型于20世纪80至90年代诞生于英国，首先在英国被广泛使用并得以发展，可以说GROW模型是西方教练最早接触的传统教练理论之一。在现代的教练操作中，西方教练最常用的教练步骤依据便是GROW模型。GROW代表的是：

G：Goal（目标）

R：Reality（现实）

O：Options（可能性）

W：Way Forward（实行）

GROW模型围绕设定目标和寻找解决方案为中心，以“目标”为导向开始教练，在教练的过程中了解现实状况，从而进行可能性的探究，以达到行动方案的制订并付诸行动的目的。

我基于自己20多年的企业教练实践和人生经历，以及对东方文化和对不同的管理学、心理学理论的认知，在GROW模型的基础上，进行了整理与提炼，从而形成了原创的CDCA®教练步骤。CDCA®模型分为四个步骤：

C：Connection（联系）

D：Discovery（发现）

C：Choice（选择）

A：Action（行动）

在目标明确的前提下，开始教练对话。CDCA®的教练步骤中，前两个步骤“联系”和“发现”主要是教练的工作，与被教练者建立信任与意愿，理清对话的目标和方向，走入对方的内心世界，支持对方了解目标与现状差距的真相，认清自己的内在干扰及潜能。后面两个步骤“选择”和“行动”由被教练者来完成，以对方为主导，对方在看清楚事情的真相后，积极面对选择并及时行动，做到开拓思维，知行合一。整个过程中实践“教练”二字的分工，如同体育项目的运动员在获得教练指导之后，运动员自己就会根据教练的指引及启发在实际训练之中付诸实践。

在整个CDCA®的过程中，需要更多地关注教练与被教练者的互动，两者是团队关系，必须信任彼此，把被教练者放在步骤中的核心位置，被教练者通过教练“联系”和“发现”的层层推动，最终在“负责任”的态度下，主动和自愿地进入“选择”和“行动”的阶段。

Connection（联系）

教练对话不是一个漫无目的沟通过程，不是日常聊天，而是一个“目标导向”的沟通对话。但沟通目标的过程也是被教练者与教练之间的“信任及意愿”打开与建立的过程，没有足够的“联系”作为前提，即使是教练与对方之间感觉目标沟通得很清晰，对方也很有可能只是在应付教练，或只在事件的表面目标上徘徊，不能真正做好探究事件背后的准备。特别是当被教练者是被企业安排接受教练服务的状况，就更容易出现此状况。因此，第一步的“联系”是比“目标”更为全面地关注被教练者。

在“联系”的过程中，建立教练与被教练者之间的良好联系，使双方清楚此次教练对话的意图和目标。更重要的是，理清对方对教练的信任度与开放度、对目标的意愿度与承诺度情况。

“教练与被教练者的关系”和“被教练者与目标的关系”这两个维度，帮助我们建立成功教练对话的基石。被教练者的意愿强弱，决定着教练四步骤的最后一步“行动”的效果。教练对话的最终检视点是行动后的结果，如果对方缺乏行动力，共输的结果其实从对话伊始就已埋下伏笔。

那么，“联系”如何在教练对话中实施？怎样进行“联系”才能确保整个教练过程顺利进行？教练可以通过以下的提问来进行“联系”的引导：

1. 此次对话的主题是什么？

2. 你为何选这个主题作为我们今天对话的内容？

3. 为什么想实现这个目标？

4. 你希望我在这对话中如何支持你？

5. 从1到10分，你实现这个目标的意愿度是多少分？（差的几分是什么？为什么？）

6. 从1到10分，你现在面对这个事情，你的状态是多少分？

7.我们沟通之后,你希望可以把状态调整到多少分?

8.你希望我如何帮你?

9.目标实现时,你会有什么感受?

10.你会如何评估我们这次对话的有效性?

在以上的问题中,第五和第六两问以度量化问题的方式帮助对方直面自己对于这次教练对话的意愿和期望。数据化的提问给予对方一个机会进行自我对话,了解自己更多,坦诚面对自己并公开给教练,更清晰和直观地了解自己在教练对话开始时的状态,直面内心声音,不要回避。

这个步骤完成与否的关键检视点在于:

1.了解谈话对象的个人状态是怎样的。

2.对话目标是否与对方的短期、中期、长期目标有关联?

3.评估对话的信任度、意愿度、开放度、目标清晰度,厘清当下是否是谈话的最好时刻。

教练需要充分倾听,将教练与对方个人的演绎和真相进行区分,帮助对方将之前制订的教练目标与本次教练对话实际可达成的教练对话目标做好梳理和区分。

“Connection”(联系)阶段也是在帮助被教练者敞开心扉,教练需要谨慎区分自己在情感上与对方的“共情”或者“同流合污”。共情是指教练与被教练者在一个频道上对话,但并非扎根于此,共情的语言沟通可以帮助对方建立信任,从教练的“照镜子”中看到自己的盲点;而“同流合污”则会让教练陷入被教练者的情绪漩涡中,从而被对方的情绪和语言吞没,最终打破对话中的“镜子”,将对话带入失败的境地。

Discovery（发现）

当教练取得被教练者的信任，对方认知到教练目标对自己的重要性，愿意深入面对并讨论时，教练对话就进入到“Discovery”（发现）阶段。

在教练对话过程中，教练是“副”，被教练者是“主”，教练支持对方打开思维，进行自我发现，去发现自己内在的干扰、潜能、事情的真相、目标与现况的差距、事情的广度及深度，通过多维度的认知，更有方向性地去面对目标。在GROW模型中，关于这个部分更多地体现在“Reality”（现实）的环节，“现实”集中在“事”的层面，围绕目标搜索相关事情，发现困难并寻找资源。而在CDCA®的“发现”阶段，提问主要聚焦于人的自我认知层面，主要目的是让对方知道关于事件本身的盲点和事件的真相，了解自身对事情的解读。

“发现”是整个教练对话中最关键，也是用时最长的部分。因为探索不充分，容易造成话题和内容核心较浅，问题真正的广度、深度、远度不足，而令整个教练过程变得平庸、苍白，不能做到让对方顿悟、警醒，继而无法支持对方做出有效选择。

可以尝试用以下的问题来进行“发现”的引导：

1.你的主要干扰在哪里？

2.你面对这些干扰的反应是什么？

3.现状如何？现状和目标的差距在哪里？（这里可以结合度量化问题和平衡轮使用）

4.哪些是达成目标过程中的关键人物？他们对现状的看法如何？

5.这些是你的演绎，还是真相？你和相关人士求证过吗？

6.你对这些事的看法是什么？哪些信念在阻碍你达成目标？

7.干扰持续下去，结果会是什么样的？

8.看到这些影响，你的感受是什么？你现阶段要提高什么？

9.这些目标是你想要的，还是别人想要的？

10.刚才你说到差距的时候，你的身体有何反应？ 这代表了什么？

这个步骤的关键检视点包括：

1.找出问题真相及干扰来源，让对方找到并认清目标及现状的差距；

2.引发对方往内看，向内找原因，发现自身的盲点；

3.发挥对方内在的四大天赋：自我意识、想象力、良知、独立意志，为下一步"有效选择"做好准备。

有效的"发现"步骤提问，需要教练从多方面有广度、有深度地了解教练的主题，这就要求教练不仅仅从被教练者个人的角度出发看问题，也需要了解其上司、团队、家人及周边其他人的看法，以及他们的反应对被教练者的影响，同时了解被教练者本身对这些看法的真实反应。

可以从"修身、齐家、治国、平天下"这个大维度去发现。如果是有关工作的教练主题，从"自我管理""团队管理""组织管理""行业管理"四个维度探究；如果是有关生活的教练主题，从"自我认知""家庭关系""事业发展""与环境共处"四个维度开展。不仅要关注事情的细节，还要关注行为背后的选择及其影响，关注支撑选择的信念和价值观，这样就能增加探索的深度，更能看清楚被教练者背后的干扰来源。

Choice（选择）

在"Choice"（选择）阶段，提问的目的在于赋予选择权给被教练者，促使对方自己做出决定并承担责任。在互动的对话中，教练要顺利地把"话语权"交回给对方。

"选择"是四个步骤中承上启下的一个关键步骤。大多数初学教练技术的新手可能无法清晰地区分"选择"与"行动"这两个步骤，而过早地走入"行动"计划的部分，这样容易变成是"教练想"多过"被教练者想"。

成功的“选择”，可以令被教练者更加主动地拟定行动方案，对教练的引导也会给予更加积极的回应。因此“选择”步骤是转折点，将对方从反思的状态提升至负责任、承诺自我改变、提升行动力的状态。在教练过程中，所有的选项设定和选择权利都应该在被教练者的手中。

以下是“选择”阶段的提问，可以帮助被教练者自发地寻找更多的可能性，以及主动地敞开心扉：

1. 你看到什么盲点？

2. 你看到什么新的可能性去完成目标？

3. 你对这些阻碍完成目标的干扰有什么新的发现？

4. 你看到这些新的维度，有什么感受？

5. 你是否愿意对这件事承担责任？你愿意在哪方面承担责任？

6. 还有吗？还有吗？……

7. 关于这个机会/调整，你主要考虑哪些方面？要付出什么代价？

8. 这个机会为什么会让你兴奋(沮丧/犹豫……)？

9. 如果你现在接受了这个挑战，一个月之后你会如何看？

10. 这样的选择，对今后的发展有什么作用？与当下的目标之间是什么关系？

这些提问是在意愿以及核心价值的层面去支持对方发现更多的选择可能，秉持“看人之大”的教练理念，相信对方有足够的自信及资源为自己负责，支持对方向达成目标的方向思考和推进。

这个步骤的关键检视点包括：

1. 让对方厘清心态、情绪对现在的行为所造成的影响，对目标达成是在加分还是在减分？

2. 在此基础上，让他做出选择：继续保持过往的心态，还是做出改变，以另一种可能性去面对问题与挑战？

3.通过主动的选择去面对所有可能性,让对方对所做的选择百分百负责任,并承诺践行。

在这个阶段,可以根据被教练者的实际状况,挑战对方对可能性的广度和深度的解读,挖掘更多的可能性,为最后的行动做好坚实的铺垫。

Action(行动)

“Action”(行动)阶段提问的目的,是令被教练者提出有效达成目标的具体行动方案。“行动”步骤是整个教练过程的最后一步,在成功的教练对话中,这个步骤不需要花费过多的时间,因为此前的三个步骤已经成功地将被教练者的心打开,能够实现有效选择及有力行动。

需要注意的是,广义的教练过程不仅仅包含教练对话过程的四个步骤,还包括被教练者后续的持续承诺及行动,教练需要参与到对方“完成行动计划”“检视目标达成”等一系列工作中。目标与成果才是检视教练效果的唯一途径。

让我们尝试用以下问题来给这次教练对话进行一个强有力的总结,同时为下一次教练对话的检视做好准备:

1.这些方案里,你最想立刻实践的是哪一个?

2.你打算怎么做?什么时候去做?

3.怎么证明你达到这个目标了?

4.你需要什么样的资源去达成目标?你希望我怎么支持你?

5.你的下一步计划是什么?有什么困难需要提前解决?

6.从1到10分,你对自己按期完成行动步骤的信心是几分?

7.如果你打了6分或7分,你怎么看?

8.如果要达到10分,这个差距代表什么?

9.我们沟通完,你面对这个主题的状态调整到了几分?

10.你对我们今天谈话的满意度打几分?

其关键检视点包括:

1.清晰需要达成的目标是什么,约定下一步行动计划和检视方法;

2.为下一次的教练设立检视点,并与被教练者达成共识;

3.在谈话结束前,了解对方的状态及对这次对话的满意度,双方都需要了解自己应该成长的地方。

每一次对话结束,都是被教练者行动的开始。有些被教练者由于各种原因一直拖延或者无法推行实践计划,此时就需要教练适当地推动和鼓励。教练可主动关注对方的实践进程,表达自己的关注,与对方建立信任关系,同时在双方互动中增加彼此的亲密度,这会使得未来多次的教练对话更系统化,效果更佳。

教练是一个永无止境的过程,任务或目标在教练过程中不断更新和提升。每次目标的达成,也意味着新任务和新目标的开始,而人的潜能就在这个过程中不断地被自我挖掘、自我突破。

(备注:附录三及四是CDCA®教练型领导力检视表,附录三是教练前准备及教练过程中参考,附录四是教练对话完成后填写,帮助教练复盘。)

倾听:好问题源于好耳朵

很多人觉得我提问很厉害,总能一针见血,一下就问到教练主题的本质上,让我教他们怎么提问。我也遇到一些客户还没开始教练对话,坐下来的第一句话就是:“吴导,您快问我几个问题,因为每次被您问完之后,我总会有很大的收获!”每次遇到这样的需求,我一般都会微笑着说:“请你先详细说说今天的教练主题吧。”就这样,在客户阐述自己遇到的困惑和教练主题后,我们的教练对话才正式开始。

一场精彩的教练对话不是从提问开始,而是从倾听开始。

前两年我开始学习大提琴。我认为拉弓最重要,十分急切地想拉出一首好的曲子。老师却说:“你要先听曲子,天天听,如果听不到这些音,听不到那些高低抑扬的节奏,是拉不好大提琴的。一个好的演奏者,首先是一位优秀的鉴赏者!”

从一个零音乐基础的小白,缓慢地进步,一年以后,我开始能够分辨节奏,能够分辨大提琴四条弦的音色。有了这些细节的听音能力,在练习中我能分辨出自己每一次拉弓和按弦的不同,当有了这样的分辨力,关于更多练琴的乐趣也随之而来。没想到,学习乐器和做教练一样,也需要刻意练习倾听的能力。

听得到≠能听到

很多人认为“听”不难,只要有听觉的能力,就可以掌握“听”。

这样的理解恰恰进入了“听”的误区。难道聋哑人就不会听了？难道健全人就真的懂得倾听？我相信，看到这里的你，一定知道如何回答这两个问题。

器官上的“听”是与生俱来的能力，但“倾听”绝对是需要不断练习和培养的能力，特别是对于教练式领导者，超越器官的听力更需要刻意练习。

有一次，美国知名主持人林克莱特访问一名小朋友，问他：“你长大后想要当什么呀？”小朋友天真地回答：“嗯，我要当飞机驾驶员！”

林克莱特接着问：“如果有一天，你的飞机飞到太平洋上空，所有引擎都熄火了，你会怎么办？”小朋友想了想：“我会先告诉坐在飞机上的人绑好安全带，然后我挂上我的降落伞先跳出去。”

当现场的观众笑得东倒西歪时，林克莱特继续注视着这孩子，想看他是不是个自作聪明的家伙。

没想到，孩子的两行热泪夺眶而出，这才使得林克莱特意识到事实远非如此。于是问他：“为什么要这么做？”小孩的回答透露出一个孩子真挚的想法：“我要去拿燃料，我还要回来！我还要回来！”

每个看过这个故事的人，都会被孩子的想法打动，更惊叹主持人林克莱特的访谈能力。如果你也是坐在现场的嘉宾，你会不会像那些笑得东倒西歪的观众一样，以为听到了完整的故事就此打断孩子的表达？还是会自以为是地进行反驳和教育？

真正的倾听者，能够慢下脚步和分享者一起探索真相。

美国著名作家罗纳德·B.阿德勒和教授拉塞尔·F.普罗斯特进行合作，他们对沟通的艺术做了深入的研究，指出：很多人误以为“听”与“倾听”是一回事，听是指声波传到我们的耳膜引起耳膜振动，进而经过听觉神经传送到我们大脑的过程，而倾听是大脑将这些信号重构为原始声音的再现，再赋予其意义的过程。

倾听是一把打开人们心门的钥匙。教练在学习提问之前，要先学习“听”，因为如果听不到，就会问不出。

洋葱倾听——从听的态度开始

在我的教练课堂里，会教大家我原创的教练能力——洋葱倾听（见图7）。为什么选洋葱作为“倾听”的隐喻？因为我母亲在香港开印度餐馆，洋葱是主要的配菜，我从小就要剥洋葱，经常弄得自己泪流满面。

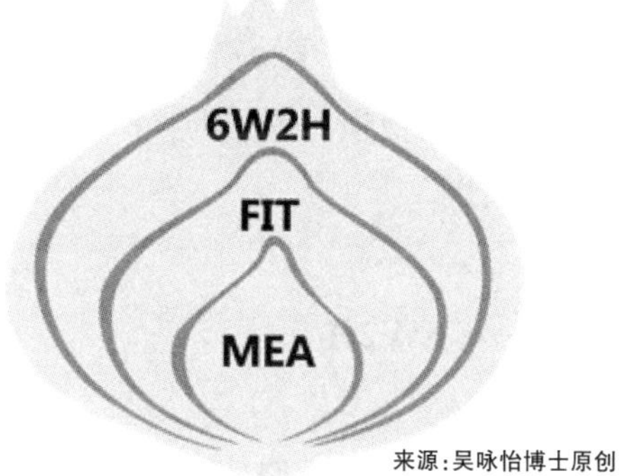

图7　洋葱倾听法

大家对洋葱一定很熟悉，它是一种能让人流泪的植物。它的组织细胞遭到破坏时，就会释放一种叫蒜氨酸酶的物质，这种酶和空气结合后一旦进入眼睛，就会让人忍不住流泪。但它同样也是让很多人欲罢不能的美食，你每剥开一层，味道就愈发浓郁起来。英国文学家罗伯特这样赞美它：“它是蔬菜中的一枝玫瑰。如果没有它，烹调艺术将黯淡无光。”

倾听的过程就像剥洋葱的过程。

快节奏的生活让我们经常处于“多频运作”的状态，比如一边开会一边看邮件，一边吃饭一边看电视，一边聚会一边发朋友圈。就连上课都是一边听老师在台上分享，一边自己在下面搜索资讯。同时可以做很多事情，看上去效率变高了，但似乎我们很难真正聚焦于某一个点，效能也未必可以得到提升。

“我一只耳朵听他说就足够了，还能有空处理其他工作，我简直太棒了！”

“多大点事情呀，哪有那么多情绪！”

“他一说故事的开头，我就猜到故事的结局了……”

上面这些想法看似很厉害，但我们内心的傲慢也在不由自主地涌现出来，我们自己内心的声音甚至会逐步盖过对方的声音，对同步进行的其他事情的关注会抢夺你的焦点和专注力，此时的“听”处于效能极低的状态。

一只手剥洋葱，很容易让洋葱掉到地上，沾染上灰尘。不专注地听，可能连事件内容都无法听全，更何谈关注正在表达的那个人。

洋葱式倾听首先从“听”的态度开始：忘我、专心、求知、开放，放下批判、选择性、装听及演绎地听的习惯，始终聚焦于对方，也就是我们专注于用双手剥洋葱，不要三心二意。

洋葱倾听第一层——6W2H

有过基础管理培训经验的伙伴们，一定经常用“6W2H”元素进行沟通。

倾听的第一层就是关注对方所描述的事件流程，把事情听清楚，知道核心人物是谁（Who），和谁一起（Whom），在什么时间（When）、地点（Where），因何而起（Why），发生了什么（What），如何发生（How），产生了哪些影响（How much）……全面地收集并倾听具体的内容。

心理学教授艾伯特·麦拉宾（Albert Mehrabian）在20世纪70年代用10年时间做了一系列研究，分析口头和非口头信息的相对重要性，总结出“梅拉比安沟通模型”，也叫“73855定律”：人们对一个人的印象，7%是来自于你说的内容，38%来自于你说话的语调，55%来自外型与肢体语言。

洋葱倾听中的最外层是“6W2H倾听”，可以理解为基本事件的信息收集，也就是完成7%内容收集的工作。这一层聚焦的是事件，绝大多数人在简单训练后就能将其掌握，也就是能听明白对方说的事情，同时也让对方有机会复盘事情的来龙去脉，整理思路。

如果我们只停留在第一层，那么我们只能听到7%的部分，还有更多的内容被我们忽视。此时我们就需要深入去听,继续往内倾听。

洋葱倾听第二层——FIT

更深一层就是“FIT”的部分,分别代表:

1.事实(Fact)

2.演绎(Interpretation)

3.真相(Truth)

这三个定义放在一起,有可能会让人觉得术语化或比较复杂。我来讲一个故事,介绍这三个定义的不同之处。

一天,在大型娱乐购物中心,一个女孩一边走一边抹眼泪,旁边的男孩递纸巾,这是“事实”。很多路过的人看到了这一幕,心想他们吵架了,这是“演绎”。而事件的真相是,他们刚看完一场催人泪下的爱情电影,电影结局太伤心了,女孩从离场到现在眼泪就没止住过,这就是“真相”。

可见,如果我们只停留在“女孩哭了”这个部分,而不再更深入地探索,不对事实和演绎进行区分,那就很难发现“哭”背后的真相。

在倾听对方的时候,我们一定要留意区分,这是他的演绎,还是事实就是如此?这个事实等同于真相吗?如果有必要,可以去探问对方事实背后的真相,或者询问他是否核实过所谓的真相。仅凭演绎和假设做出的选择很可能是不正确的。只有做好区分,才能发现最终的真相,从而做出正确决策。所以教练一边倾听一边区分,两个步骤同步进行,需要十分专注。

洋葱倾听第三层——MEA

洋葱倾听法的最里层是“MEA”,分别代表:

1.动机(Motive)

2.情绪(Emotion)

3.假设(Assumption)

像剥洋葱那样,当倾听层层深入,我们来到"MEA"这个阶段。可能这是一个"最辣眼睛"的层次——深入倾听使得对方袒露内心,直视和面对自己少有人知的情绪。当对方讲出信念,讲出价值观,我们可以听到对方相信什么、不相信什么和他背后的信念。在那个当下,对方可能会痛、会逃避、会抗拒,也可能会沉默、会欣喜,更可能会流泪。

有一位学教练技术的朋友分享了一个关于她的故事:

有一天,她忙碌了一整天回到家,向老公诉说:"我想辞职了,感觉公司越来越糟糕,快撑不下去了,与其等到被公司裁员,不如趁早离职,落个好名声,"接着又说,"特别是最近在做年度预算,集团一如往年,预算年年降,业绩指标年年涨,受到大环境的影响,今年缩减幅度更大。之前我把方方面面的信息都和各部门整理得清清楚楚,还开了两次会核对细节,但现在集团预算批下来,有那么几个部门领导提出一堆问题质疑,好像缩水的预算是我做错了,完全没有人记得我的付出!"

老公接过话说:"这事好办呀!再给他们解释一遍,不行就让他们自己找上级,如果还不行就不理他们了。你放心,再不行就辞职回家,我养你!"

记得朋友吐槽说,她老公说完后,她突然什么也不想说了。虽然她感受到了家庭对她的全然支持,还有老公对她坚定不移的爱,但那一刻,她好想有人理解她的委屈和疲惫,有人愿意听她絮絮叨叨,而不是想听什么解决办法!可惜她的丈夫没有听到她内心的真实想法。

后来,她和教练就"想要离职"这个话题进行了一场教练对话。在教练"洋葱倾听"的过程中,她逐步发现:当其他部门领导提出质疑的时候,她感觉自己不被信任了,她引以为傲的专业者形象受到了冲击和挑战。在她的信念里,认为"质疑就是否定我的专业"。当感觉到自己的信念被挑战的时候,所有的委屈、伤心、失望全部涌现出来,曾经对公司的那份坚守开始逐步瓦解,就出现了想辞职的念头。

这个信念完全是她的内在假设,是她的不合理信念。后来经过沟通,她发现其他部门领导提出的疑问,只是因为他们并不完全了解预算制订的背景信息,而非对她个人的攻击。当她看到这一层的时候,内在的情绪得到释放，看问题的维度被打开，那份对公司的归属感又重新拿了回来。

在“MEA”这一层中，倾听假设背后的不合理信念是非常重要的。不合理信念一般包括以下几个维度：

首先是绝对化的信念。它通常与“必须”“应该”这类字眼连在一起，比如“我必须获得成功”“别人必须很好地对待我”“生活应该是很容易的”，等等。

其次是过分概括化的信念。也就是那些以偏概全、以一概十的模式，自己做错了一件事就认为自己一无是处，以某一件或几件事来评价自己的整体价值，导致自我责备、自暴自弃，产生焦虑和抑郁等情绪。

最后是灾难化的信念。认为如果一件不好的事发生了，将是非常可怕、非常糟糕的，这将导致个体陷入极端不良的情绪体验，如耻辱、自责、焦虑、悲观、抑郁的恶性循环之中，难以自拔。

每个人都有或多或少的不合理信念，教练支持客户认知它们的存在，帮助客户听到它们的存在。

倾听对方的情绪

教练用对话深入到对方的内心，倾听对方的情绪。要感知对方的语气、口吻、音调、节奏，以及音量变化、能量转变，等等，这些统称为状态。还可以关注对方肢体的情况，紧绷、脸红、握拳、皱眉、泪花闪烁，等等，去真实地感受和理解对方的情绪，探索情绪后面对方相信什么，不相信什么，亦即带给其情绪的那个信念是什么。

不是说内容不重要，而是在面对面沟通的时候，和说话的内容比较起来，说话人的声音、肢体透出的信息往往更加真实可信。只听表层是不够的，说的方式比说的内容重要得多，我们需要关注这个人的肢体和声音状态。比如：

他的肢体语言是什么？

他的音量大不大？

音调有没有抑扬顿挫？

这些体现出他怎样的心情？

你如何看待对方？

信任度有多高？

尽管对方是语言的表达者，但是教练本人的状态会影响到听的效果。教练和对方的关系，教练倾听时关于事件的想法，教练了解对方的过去、当下、将来……这些可能都会干扰、阻碍倾听。

说话内容可以帮助我们听到对方描述的事件、情景，区分事实、演绎、真相，了解他对此的解读；肢体语言可以帮助我们觉察到对方的身心反应，捕捉到对方的真实状态。从7%的内容听到不合理信念，从而通过38%的声音及55%的肢体语言，深层次体验被教练者的情绪，走进洋葱的内核。

通往心灵的道路

我经常说："每天我们和自己对话最多，有63000句！"

所以绝大多数时间我们都在听自己的想法。对方在说话的时候，我们内心的对话也一样没有停下来。

倾听的时候，你会用自己的理念去解读吗？他相信的或许不是你所相信的，你会在内心批判吗？他说的很多内容，你会自动选择听自己认同、熟悉的，其他的你就忽略吗？

我们无法无视内心的声音，但我们可以通过训练去区分声音：哪些是自己的？哪些是对方的？刚开始学习，容易手忙脚乱，这很正常，但要有刻意练习的决心，长期坚持下来就会更懂得听自己及别人的心声。作为教练式的领导者，更需要训练自己在这个部分的区分能力，只有这样才能真正地听到。只有真正地"听到"，才能有下一步的"问到"。

伏尔泰说："耳朵是通往心灵的道路。"对教练而言，听是一种能力，倾听则是一种智慧，需要长期的修炼。一个优秀的教练，一定是一个好听众。

区分:教练能力之“区分”

LDQF®是我总结的教练能力模型(见图8)。这个模型讨论的是“四大教练能力”:倾听(Listening),区分(Distinction),提问(Questioning),反馈(Feedback)和前馈(Feedforward)。

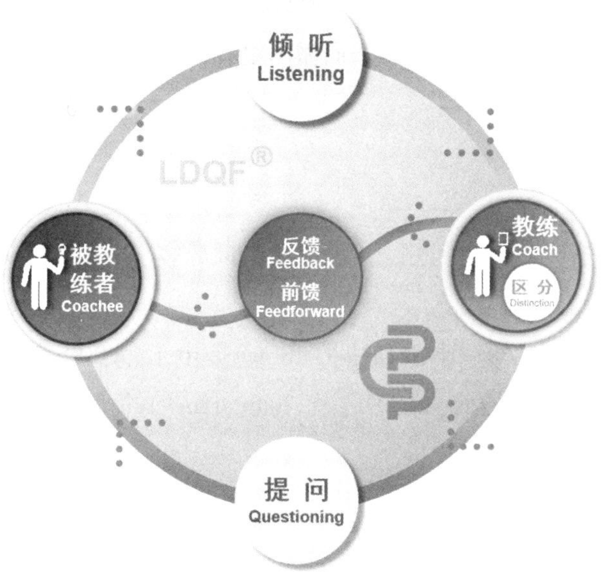

图8　教练能力-LDQF®

倾听是对话的开端,也是基础。基于良好的倾听,教练开始进行区分,帮助客户厘清。在有效区分的基础上,给出有方向、有力量的提问。在这个过程中,适时提出反馈,推动对话。

LDQF®模型中的“Distinction”,其意义在于让客户看到自己的盲点,看到自己看不到而教练能看到的因素。教练通过区分性的提问、反馈，让客户豁然开朗，甚至有“啊哈”的顿悟时刻（Aha Moment）。

为什么教练能看到而客户却看不到？

一方面是当局者迷，客户固守在自己的思维内，或者被情绪所困，看不见其他的维度；另一方面，教练受过专业的教练训练，有着丰富的人生、职场或创业经历，可以倾听到客户语言背后的动机、情绪及假设，通过扎实的区分能力看到客户的盲点。

在教练对话过程中，教练往往会面对客户错综复杂、千头万绪的事件和问题，就像一团乱麻，说不清，理还乱。而乱麻的线头却藏于深处，被需求、欲望、恐惧、信念层层覆盖。区分就是把“乱麻”一点一点地分开、理顺的过程。区分可以协助客户加深对自己的了解，认清自己的位置，拓展自己的信念范围，产生不同维度的思考，如同让客户站在露台上看到舞池里的自己、他人及环境，看清楚全局而做出更有效的选择。

干扰的区分

教练一边倾听一边区分。区分什么？区分客户的干扰来源，区分选择的天赋，区分心智模式。

企业教练先驱添·高威（Tim Gallwey）提出了一个经典的公式：表现（Performance）=潜能（Potential）-干扰（Interference），简写为P=P-I。

根据这个公式，如果一个人的“潜能”是100分，“干扰”是80分，那么“表现”就只剩下20分了。反过来，如果“潜能”是100分，把“干扰”降低到20分，那么“表现”就能达到80分，整整提高了3倍。这对于个人或者企业来说意味着什么？相信你心里有自己的答案。

用区分能力辨析干扰源头，可以帮助客户厘清80分的干扰来自何处。当客户有能力厘清这些干扰的时候，就开始有机会在其中进行排序、选择。在27年的教练实践中，我总结了干扰产生的8种来源，它们可以分为两个维度（见图9）：

基于外部的干扰：时空、人物、事件、差距
基于内部的干扰：方向、能量、标准、阶段

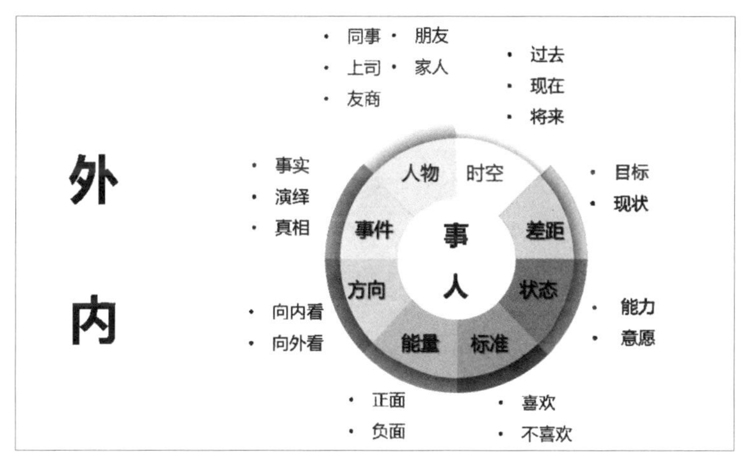

图9　干扰源头–8种来源

外在是复杂的世界和事情，内在是对外部世界的主观反应。当我们以主观的角度去解读客观事实的时候，干扰就产生了。让我们通过几个小例子来理解这些干扰源。

干扰源之“时空”

我在一个生产型企业讲授“教练式领导力”的课程期间，和一位刚刚来公司四个月的研发部高管沟通。

我问他目前最想突破的是什么，他说他想更快地融入团队及企业文化。

看到他上课时十分安静，很少和其他高管交流，是一个分析型、冷静的人，我就问他：“那么在过去四个月，你在这边工作的时间里，有思念前企业的工作作风，并与现在身处的企业比较过吗？”

他笑着脱口而出：“情不自禁！”

听到这个答案,我也笑了,没有想到他的答案会充满如此浓烈、丰富的情感。其他高管也被他的答案感染而微笑起来。

如何让他完成他的目标?我在一次练习中邀请他参与,问他:“为什么加入这个企业?”“你需要其他高管如何支持你的工作?”“你可以为其他高管的业务贡献什么?”

这些问题能够公开他的想法,让其他人感受到他的真诚及梦想,把他从过去的思维带到现在、未来。

面对新的环境,客户感到不适而怀念过去、依恋过去、恐惧未来的不确定性,这十分正常。教练需要通过有效的对话,让客户找到这些干扰源,更好地支持客户去面对干扰。

干扰源之“人物”

人们经常要面对各种各样的关系,比如亲密关系、亲子关系、与上司、同事、平级、友商的关系。教练要帮助客户区分哪些是自己的想法,哪些是身边关键人物的观点。

有一个学员分享这个议题的时候说:“我先生希望我到国有企业做钱多事少、离家近的工作。我的家人希望我考公务员或者当老师,轻轻松松地端着‘铁饭碗’。但我本能地对这两个选择都比较排斥,我就是带着这样的困惑开始了自己的教练学习。”显然,先生和其他家人的观点给她带来了困惑,因为这些观点和她的想法不一致。

我在学习教练技术的历程中,也听到过不同的建议,而且还是身边重要朋友的善意建言。面对不同的声音,我问了自己一个问题:“如果不考虑他人的建议,你想要成为一个什么样的人呢?”一下子,我放大了自己的声音,虽然很微弱,但是很清晰坚定,我知道我想成为一个能够影响他人有效面对多变场景的教练!

上面这个学员学习了教练技术后,在自我教练的对话中给自己提出了几个区分式问题:

“这个问题帮我看到了在职业转折的过程中都有哪些声音？”

“这些声音都来自哪里？”

“对我来说，推动我做出选择的最核心的声音到底是哪个？”

很多时候，我们身边各种各样的人都是支持我们的资源，但有时候，他们的声音可能会变成我们的干扰。只有做好区分，才能更好地将干扰转化成资源，感谢并接纳不同人物出于关心而发出的声音。

干扰源之“事件”

事情是中立的，但每个人对事情有自己的解读。我们很容易把自己的解读当作真相，缺乏好奇心去探索与了解，这种自以为是的解读也会成为干扰的来源。

我遇到过一位客户，他在外企工作了二十多年，已经坐到了一个非常重要的高管位置上，人生进入下半场，收入殷实，父母健康，家庭幸福，是很多人眼里的人生赢家。就是这样的一位人生赢家，陷入了究竟是要创业还是继续做职业经理人的选择困局。

在教练对话中，他提到，如果做职业经理人，商务舱、五星级酒店、私人秘书和司机都唾手可得；如果去创业，万一失败，那就什么都没有了。他阐述了很多自己关于这个选择的思考。我听到了他的选择中有很多会影响他的人，听到了很多外部的声音、内在的声音，听到了很多喜欢和不喜欢的人和事，以及关于过去的经历、现在的状况和未来的想法。

我问他：“你是害怕失败，还是害怕失去？”

为什么我会这样问？因为我听到客户正面对一个现实：不确定是否要创业。他演绎的是创业的失败率很高，会令他失去目前拥有的一切，所以通过提问去支持客户寻找真相。

这个提问所运用的，正是教练能力中的“区分”。听到这个提问，客户立刻明白了，这些日子一直萦绕在心头的问题核心来自于哪里。直面真相后，他也很快根据这个症结所在，做出了最适合自己的决定：继续做职业经理人。因为他认清了自己更在意这些“失去”。

干扰源之“差距”

人们的焦虑感常常来自于目标与现实之间的差距。教育孩子、经营企业、运营项目都会出现差距，这种差距更多时候是隐晦的，或者是模糊的，能感知到它的存在，但却说不清楚差距到底有多大，它究竟具体体现在哪里。

有时候能够看到数字化的、明确的差距，却看不到或看不透背后的人为因素，这种莫名的焦虑总是困扰着我们。教练运用区分的能力，看到差距的本质，问出有力的问题，让客户看到自己、他人及环境的差距，走出这个干扰源。

有一位客户，他是外资医药公司大区销售总监，在企业工作了十多年，稳步前进。由于近年来市场格局的变化，以及公司重组造成团队成员进行了架构性调整，很多人对于新的绩效评估和新的领导政策存在质疑。面对着业绩下滑，实际完成率和年初定下的目标存在巨大差距的情况，对于如何达成公司的年度业绩指标，他感到一筹莫展。

教练对话中，他讲了很多对于市场、对于公司、对于团队无法完成业绩的原因，他感觉自己如同坐在跷跷板上……他洋洋洒洒地说了20分钟。我问他：

“如果达成公司的年度业绩指标，需要有哪些维度的工作？”

“结合这些工作，团队需要具备哪些能力和获得哪些支持？”

“这些能力和资源，你目前的满意度是几分？如果要达成业绩，它们需要达到几分？”

当我把客户脑海中这些纷乱的内容，借助区分式的提问量化呈现的时候，他的焦虑似乎暂时得以消解。客户的思维打开了，就会变得更轻松和积极，也能够更加聚焦于落实行动，积极地向目标迈进。

干扰源之“方向”

关于“方向”这个干扰来源，我区分的是：向外看，还是向内看。

向外看是把大多数问题都归咎于环境和他人，而自己无力做出改变。这其实是一种受害者心态，在这样的心态下，事情很难有所改善，内心慢慢滋长出强烈的无力感。向内看是向内探索，看看在一件事情当中，我的内心发生了什么？有怎样的感受和想法？我是个怎样的人？改变不了别人及环境，那就改变自己的想法和态度，以负责任、主动的态度去面对。

在一次教练对话中，客户希望融入团队，但又觉得部门的琐事太多，她希望专注于自己的工作，“要事”为先。我问她：“你所谓的‘要事’是谁的要事？”

她说：“是我的要事。”

“那我与我们有什么不同呢？”我继续问道。

她若有所悟地说：“我把团队和自己对立起来了，抱怨公司变革带来了更多的日常事务性工作，却没有主动调整自己的节奏，积极应对变化。”她是一个执行力非常强的业务总监，看到了这个区分，她立马展开了行动。

教练一直在说“看人之大，以人为本”。我们最终都是被自己推动往前的，所以能真正激励和推动我们的，其实还是内心的声音，你是如此，对方也是如此。当我们指责和抱怨别人不努力的时候，你是用谁的标准在衡量这一切呢？当我们感觉前路荆棘、寸步难行的时候，你又是用谁的标准来评估这条路的呢？

区分向外看还是向内看，可以让我们找到力量的源头，发现矛盾的两端。

干扰源之“能量”

一个人能量的高低，在于情绪是正面的还是负面的。

当客户信任教练时,在对话中会公开自己的真实想法、情绪,教练会通过客户的声音及肢体语言感受到对方的能量。教练运用区分的能力找到情绪的源头,支持客户从低能量、负面情绪中更多、更全面地认识自己、他人及环境,从而自我调整,提升能量,引发正面情绪。从不自信、担心犯错、怕被他人挑战、怕得不到别人的认可,到接受自己和他人的不完美、拥抱挑战、积极面对、专注于事情本身。

一个在民营企业工作了7年的客户,她的教练主题是"如何更好地和老板相处"。她说:"我和老板的性格差异非常大,老板是100%理性,我是100%感性,虽然已经合作7年了,依然会经常有分歧,感觉内耗比较大,有什么建议吗?"

从她的声音和肢体语言里,我深深地体会到她的低能量、无力感、委屈以及无奈的情绪。我平静地提问了五个区分式问题,支持她看到盲点并提高能量。

"你们志同道合吗?"

"你们的性格不同,有哪些互补的优势?"

"你说的内耗,具体指什么?"

"你和老板能够合作7年,背后的原因是什么?"

"如果继续合作,需要具备什么?"

对这些问题,她很诚恳地一一做了回答。

对话接近结束,我问她感觉如何。

她说:"感觉看到了不曾注意到的自己。之前,我认为自己是善长自省的人,但刚才发现,我依然更多地关注了自己的优点和老板的缺点。看到了自己也存在问题,反而心理上更平衡一些,也不觉得委屈了,还有些轻松。我自己也在带团队,我在想,我和老板合作时感到的困扰,团队小伙伴和我合作的时候是不是也会有?今天的对话,对我和团队合作也有启发。"

看到客户能量满满地离开,我也十分开心。

干扰源之“标准”

每个人都有自己的价值观和信念，从而形成了每个人的喜好与标准。这些喜好与标准会带进生活、工作的场景，决定着每个人的沟通模式、处理问题的方式，也会引发人与人之间的冲突。

有一个创业者，喜欢黑白分明的原则，喜欢亲力亲为、简单直接的沟通，不喜欢讲究策略，不会主动寻找第三方支持，不喜欢用柔和的方式处理客户、员工、下属的关系。面对与投资银行的沟通，他十分苦恼，对方要求做很多数据分析、财务报表，他的财务总监沟通了很多次，都未能达成协议。财务总监要他积极参与，他十分不开心，不喜欢投资银行的做事风格。

我教练他的时候，他不断地要求我教他沟通技巧及方法。我说：“这些方法网上有很多，我们不用花时间去谈这些。”

我倾听到他正在被自己的个人喜好所困扰，从不喜欢对方到不喜欢自己，这成为了他很大的干扰。我问了他一个区分式的问题：“个人喜好重要，还是公司发展重要？”

他沉默了一会儿，说：“明白了。没有什么大不了的事，我去和银行沟通吧。这也是一次自我超越。”

个人喜好呈现的是个人特色，可以为客户加分，也可以为客户减分。教练不带判断地去问，中立地为客户照镜子，看清楚个人喜好如何干扰目标的达成，支持客户为自己做出最好的选择。

干扰源之“阶段”

企业进行年度业绩评估的时候，经常会碰到工作经验丰富、业绩却处于中等甚至偏下的老员工。这样的员工在公司的工作时间较长，过去也证明过自己的能力，但业绩就是不佳。到底是他的能力出了问题，还是他的意愿出了问题？

我的一位客户，苦恼于该如何管理一位销售部员工。这个员工曾经获得过部门“TOP SALES”（顶级销售）的称号，但最近业绩表现不佳，还被大客户投诉了，让公司面临着客户流失的风险。

我问客户：“这种状况是从什么时候开始的呢？”

他说：“从今年4月就这样了。公司人事变动，这位员工本来是想要转到市场部做主管的，结果领导没有批准，是不是因为这个呢？”

当他有了这个发现，就去找这位员工谈话，了解他内心真实的想法。经过沟通，他发现这位员工虽然获得了公司“TOP SALES”，但其实也用尽了全力，能力的瓶颈让自己感觉到再上一个台阶的难度和压力，而这份压力又遇到接踵而来的市场动荡。一切的不确定性不断地冲击着员工内在的意愿，以至于想换一个部门去回避内外的干扰。

他通过调整这位员工的工作职责和定位，帮助员工区分能力和意愿，争取内部的培训资源，帮助他提升能力，从而找回了之前的信心，有效提升了该员工的工作意愿度。

从这个案例中，我们发现每个人处于不同的阶段，其表现也有可能有比较大的差异。能力和意愿是相互影响的，找到那个源头，可以“对症下药”，更有力地激发内在的信念。

在博弈中显真相

不少人常常会采用回避的方式，去面对一团乱麻的干扰。或者因为思绪太乱了，干扰在脑海中冲撞，影响了思维的敏捷度。或者因为太关注事情本身，如战略、战术，而忘记了人，包括自己、他人、团队的思维、情绪及关系，处在无知无觉的状态中，也有太关注人而忘了事的情况。这些情景都需要通过教练式对话认识干扰的来源，洞察自己真实的一面，从而做出更好的选择。

“P=P-I”看起来是一个公式，但更多地呈现了人内心的博弈过程。作为教练，我们需要帮助被教练者在一团乱麻的局面里看到本质，通过有效地提问、真诚地反馈,支持被教练者一点一点地分开、理顺,而这种能力就是“区分”。

找到干扰源,只是区分的一个层面。推翻重来,建立思维的新城墙,或许是我们需要面对的一个更深入的话题,提高觉察和区分能力,继续进入更深层的区分之中。

我经常会问客户一个问题:“对于你所从事的工作或事业,你认为自己发挥了多少自己所拥有的天赋、才能和优势?从0到10分,你给自己打几分?”

这个看上去很简单的问题,很多人在回答时都会有一个漫长的停顿。

这漫长的停顿,不禁让我思考:是不是很多人并没有善用,甚至都可能不清楚自己所拥有的天赋、才能和优势到底是什么?但我们似乎又有着与日俱增的期望,期待自己在工作和生活中总是处于上升的状态,同时还能够获得更多的回报。

一方面对于自己拥有的优势无知无觉,一方面又无比确定地追逐着成就和价值。这其中,理想与现实的差距加剧了痛苦和压力。

这种压力带给自己最明显的表现是:令自己无法集中,总是处于矛盾和困扰之中。

在区分中运用四项天赋

犹太人维克多·弗兰克尔曾在二战期间被关进纳粹德国的死亡集中营,除了一个妹妹,他的家人无一幸存。而他自己也饱受凌辱和酷刑,简直是生不如死。

某一天,他忽然觉悟到一种被他称之为“人类终极的自由”的理念——虽然纳粹能控制他的生存环境,摧残他的肉体,但他的自我意识却是独立的,能够超脱肉体的束缚,以旁观者身份审视自己的遭遇和感受。他可以决定外界刺激对自己的影响程度,即在遭遇与对遭遇的回应之间,他有选择回应方式的自由和力量。

他设想了各式各样的状况，比如想象他从死亡营获释后，站在讲台上给学生讲述自己如何从这段痛苦遭遇中存活下来，以及学到的宝贵教训，告诉他们如何用心灵的眼睛看待自己的经历。

通过不断地修炼心灵、品德及锻炼自律能力，他强大的内心力量可以帮助他实践自己的选择，超越纳粹的禁锢。这种力量感化了其他囚犯甚至狱卒，帮助狱友们在苦难中找到生命的意义，找回了自尊。后来，他根据这些宝贵的经历、收获结合学术知识，开创了"意义疗法"，帮助人们找到绝处逢生的意义，也因此写成了《活出生命的意义》这一经典著作，被评为"美国最有影响力的十大图书"之一。

在最恶劣的环境中，弗兰克尔运用人类特有的元能力，发掘出了人类最强大的力量——在刺激与回应之间，拥有选择的自由。

在这种"选择的自由"中，蕴涵了《高效能人士的七个习惯》的作者史蒂芬·柯维所言的人类独特的四项天赋（见图10）。而这些天赋的运用，可以帮助我们在更深的"心智"层面进行区分。

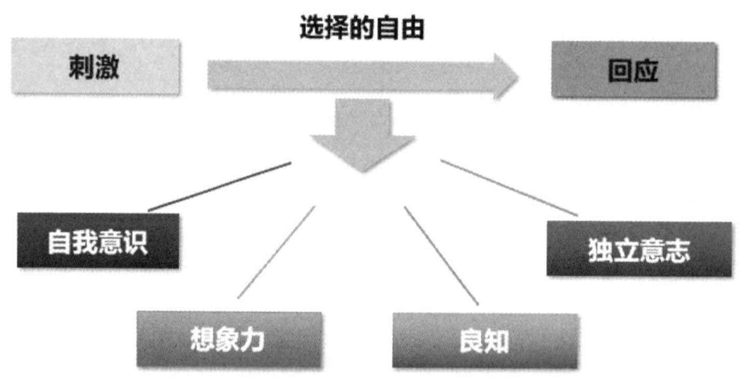

图10　人类独特的四项天赋

自我意识：对自我身心状态的察觉，能够客观地检讨自我思维和言行并做出调整的能力，例如元认知（自我认知的认识）、内省、反观、觉察等都是其表现形式。

想象力：超越当前现实而在头脑中进行创造的能力，例如创新、规划、构思、愿景等都是其表现形式。

良知：明辨是非，坚持行为道德原则，判断思想、言行正确与否的能力，例如善良、利他等都是其表现形式。

独立意志：基于自我意识、不受外力影响而做出选择和行动的能力，例如自律、自控、有毅力等都是其表现形式。

我们的生活充满着不确定性和脆弱性，时常会让我们深陷困境和随时处于遭受风险的境遇之中。但只要我们有意识地运用这些特有的天赋，来提升选择的自由和力量，我们就能够通过转变心智模式，积极主动地做出调整，并从中获益，帮助我们变得更加强大，进而提升反脆弱力。

人生是选择的总和。教练的角色就是支持客户享受这份选择的自由，为自己想要的生活、事业做出有效的选择。教练式领导力的系统化学习，就是提升自己的选择意识，有意识地去认知和运用这四大天赋。

心智模式的区分

在面对改变和难题的时候，你会怎么面对？

当我们把“改变”看作“威胁”，焦虑和不安就会侵袭我们；当我们把“改变”理解为“挑战”，就会产生更多的可能性。良性的刺激会创造新的认知。如果我们能够在心智层面进行区分，就会发现两种截然不同的心智会影响人的努力和学习方法。

斯坦福大学心理学教授卡罗尔·德韦克（Carol S. Dweck）在《终身成长》中写道：“你的观点会对你自己的生活方式产生深远的影响，它可以决定你能否成为你想成为的那个人，以及你能否做好你最看重的事情。”在她的书里，将这两种心智模式称为：固定型思维和成长型思维（见图11）。

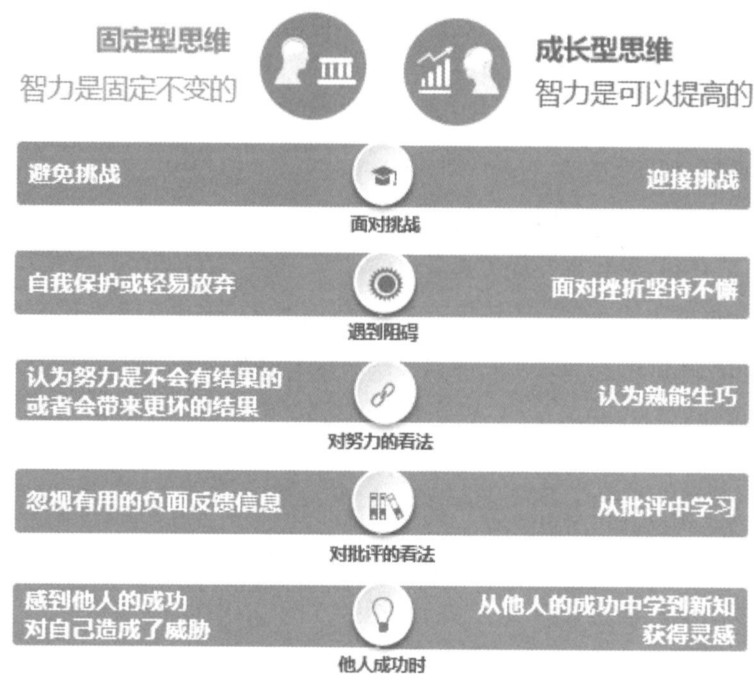

图11　固定型思维vs成长型思维

不同的心智模式将造就不同的人生。

作为教练，我们要识别客户的固有模式，帮助他们做有效的选择，将之转化为成长型思维。

根据卡罗尔·德韦克的理论，心智模式的区分主要体现在五个方面：

第一，在面对挑战的时候，固定型思维倾向于避免挑战，而成长型思维更愿意迎接挑战。比如在工作中，我们是更愿意接受熟悉的工作任务，还是愿意尝试过去没有做过，但会拓展自己的边界，从而获得成长的工作任务？

第二，在遇到阻碍的时候，固定型思维会自我保护或者轻易放弃，成长型思维会坚持不懈，不断寻求突破。比如，销售在打电话向客户推荐产品的时候遭到了拒绝，那会选择就此不再打销售电话，还是会反思可能的问题，尝试新的方法？

第三，固定型思维认为努力是不会有结果的，甚至还会带来更坏的结果,成长型思维则认为努力一定会有回报,没有白走的路。很多人都有考驾照的经历,当反复操练一个动作,但始终找不到感觉的时候,有的人会说自己很笨,手脚不协调,学不会开车。而有的人会继续练习,相信熟能生巧,总能学会的。

第四,固定型思维会选择性地忽略有用的负面反馈信息,而成长型思维更愿意选择直接面对,观察是否有学习的机会,带来新的成长。比如,当工作伙伴在部门沟通会议中委婉地提出对我们工作的看法和建议时,我们是忙着解释原因,选择性地忽略,还是认真思考同事的话是否有道理,并调整自己的工作安排,产出更好的成果?

第五,当他人获得成功时候,固定型思维会让我们感受到威胁和压力,而成长型思维会让我们愿意用欣赏的眼光,坦然地看看别人哪里做得比我好,学习他们的经验和优点,改进自己的工作,更加靠近成功。比如,当团队的其他成员比你的表现更加优秀的时候,你会感到紧张和焦虑,还是会带着开放的心态分析他做得好的地方,为自己所用呢?

重新审视团队“评论员”

一位客户向我分享自己遇到的一个状况,他的团队中有一位成员,很难从团队“评论员”转化为“运动员”。

比如公司的内训或技能培训,这位成员从来没有做笔记的习惯,每次学完就结束了,看不到他的应用。似乎每次走出会议室的那一刻,几天的培训就归零了。

公司内部举办读书会,鼓励大家一起读书,选了非常多的好书。他却私底下和其他人说公司给大家喝“鸡汤”。他一边觉得公司给的培训是“鸡汤”,一边又抱怨公司没有给他提供学习机会,对各种安排都不满意。

听了客户的分享,作为教练,我首先运用原创的区分模型进行分析:

1.当客户听到外面的批评、努力、挑战、障碍的声音时,他的反应是固定型思维还是成长型思维？

2.客户遇到了怎样的干扰？

3.当客户在描述这个情况的时候，他是向外看，还是向内看？

4.客户是用什么标准在看？

接下来，就需要通过提问去求真，和客户一起探讨新的可能性，支持客户从自我意识、想象力、良知、独立意志四个天赋中做出最好的选择。根据听到的内容，我运用教练技术的区分式提问向客户提出了五个问题：

“这位‘评论员’的工作绩效如何？”

“他认为的‘鸡汤’如何在公司、团队、个体落地？”

“他的职场成熟度如何？”

“他的存在为公司哪里加了分？”

“团队成员如何看待他的负面声音？”

客户听了我的问题之后，认真地逐一进行了回答。

关于“评论员”的绩效，他说：“绩效算是不错的，大概排前三。但是性格方面比较有个性，不太容易能吸收他人的建议或者想法。”

针对“鸡汤”如何落地，他说：“是其他同事和我反映的情况，具体我还没有和他沟通。我这两天思考下，后面找机会和他谈一谈，问他关于培训的想法，看他怎么说，问他有没有建设性的建议。”

“评论员”的职场成熟度如何？他说：“如果10分是满分，我打6分，整体工作积极性还可以。缺点在于容易情绪化，同时人也比较固执一点，不是很容易吸收新东西。”

关于“评论员”的存在为公司加分，他说：“有三点。第一，他的业绩达到了公司的要求；第二，他的社交能力比较强，对团队关系影响比较大，可以说是团队的调和剂；第三，如果我能够有办法搞定他，团队关系会走上一个更好的台阶。”

团队成员如何看待“评论员”的负面声音？他说：“有的团队成员会和他一起抱怨，也有团队成员不认可他说的，所以会主动和我说此人充满负能量，容易影响自己的工作。”

客户回答完这五个问题，低头沉思，不停地翻动着那本我送给他的《加法与减法》，安静了很长一段时间。最后他分享说：

“刚才我通过‘他的存在为公司哪里加了分？’这个问题，认真地思考了这位同事的优势，让我想了很多。

“首先，我和他之间的信任度不够高，平时沟通也不算多。因为如果有足够的信任，他也许可以直接来询问我，看看有没有更好的建议，或者说即使是面对目前的培训计划，他的认可度也会高一些。

“其次，可以利用他的性格优势，给予他鼓励和认可，看他之大，让他作为团队的氛围担当，从而慢慢让他转化为团队拉拉队成员或运动员等角色。”

区分式提问让客户积极地进行思考，也让他提升了觉察力。这五个问题让他发现之前自己也有一些抱怨的情绪，现在通过“他的加分项”这个主题，让客户觉得从团队的角度，自己要主动地去让团队更好，而不是停留在问题之中。

分合之间，创见新知

在企业里，很多决策时机是稍纵即逝的。当管理者陷于问题之中，似乎就会赌气，惯性反应就是：你为什么要这样？怎么什么样都不满意？

冷静下来，学会区分。是你的问题还是我的问题？是人的问题还是事的问题？是固定型思维主导还是成长型思维主导……当这些都能更多地被看到、被区分，我们就会更多地看到对方的优点，从而建立起可以沟通的意愿，感受上就会好很多。

我们都拥有四大天赋，这些天赋的表现又受到我们心智模式的影响：是固化的、批评的、消极的、危险的，还是灵活的、中立的、积极的、人性化的？

一样的起点，经由不同的心智模式路径，就会有完全不同的结果。区分就是帮我们在这个过程中，扩大选择的可能性，提升选择的兼容度，从而在对话中更加地向内聚焦。

在教练对话中，区分帮助被教练者厘清事实、演绎与真相，让其看到自己的干扰来源，并加以细分。区分更能让被教练者了解自己的心智模式，发现其中可以进行调整的方向和维度。

可以这样说，人都是懒惰的，推卸责任是人的天性，向内看是刻意练习的结果。但同样，人也是拥有无限潜能和巨大天赋的，关键在于我们是否能够有意识地区分它、发现它，并且能够不受内外干扰地发挥出来。

我们每天都会和自己说63000句话，在这些话里，你每天又在做着怎样的区分呢？

提问:有力的提问从何而来?

经常有学员问我:“你的提问经常很刁钻,一针见血,直指核心。如何才能提出有力的问题?”

我会反问:“在你眼中,什么是有力的问题呢?”

学员回答:“触及灵魂深处、击中要害的问题。”

我说:“古希腊哲学家苏格拉底说,问题比答案重要。有力的提问令客户顿悟,如醍醐灌顶。有力的提问直接与教练主题有关,涉及核心点,问一些别人想不到或不敢问的问题。客户感受到教练提问的力量、力度,碰撞到客户的灵魂深处,碰到要害,这样的提问经常被人形容为‘有力’‘到位’,甚至‘刁钻’!”

每一位学员都会问我同样的问题:“如何令提问有力?”“刁钻的问题如何提问?”提问是教练必备的基础能力,也是教练功力的试金石。在我的专业教练经历中,好的问题不是凭空而来的,好的问题来自于教练的专注和专业,好的问题来自于被教练者的信任和公开。因此,我整理了“40个好问题”清单,支持大家在CDCA®教练步骤中更有方向性地提问,建议大家多专注于专业,用心于客户,道术合一。

有力提问的一个中心思想

有力提问有一个重要的中心思想,那就是:以客户为中心。

好的教练在对话的过程中,时刻具备敏锐的观察力,具备提问的创造力。面对“对的客户”，在对的时机，问对的问题。

当客户有比较高的信任度、意愿度和清晰的教练目标时，教练可以问一些大胆的问题。有一次，我和一个成功的企业家面谈，这是我们第一次见面。在面谈之前的一个小时里，我们通过电话沟通的方式互相认识、互相了解，已经建立好了的教练关系。见面后，他说自己近一年欠缺工作激情。我直接问他业绩跌了多少？他毫不迟疑地说跌了一半。他的回答反映了问题的严重性和急迫性，同时回答完这个问题之后，这位企业家立即坐直了身体，十分渴望下一个问题以及下一步探索。

当我在拓思的“企业教练认证计划”分享这个提问例子时，一个学员说这个问题很到位，是非常核心的问题。但是如果是他，他不敢轻易问，或者会在下次谈话时才会问，因为他认为成功的企业家不会那么快、那么愿意公开这个痛处。我说：“他会公开这个不成功的一面，因为我从他的眼神中感受到了这份渴望改变的决心。”有力的问题离不开教练在对话过程中建立时机，这个时机就是运动员很配合、很想赢，不是教练有多厉害，而是一切以客户为中心。

教练提出的每一个问题，重心都要放在客户身上。重点不是教练期待听到什么答案，而是帮助客户听到自己的答案，同时客户能够提高自己的认知、改变的意愿和行动的急切性。所有的提问都源自于客户，而终究将回馈于客户，“以客户为中心”是有力提问最重要的核心思想。

有力提问的两个到位

第一个到位：倾听到位。

在我的教练理念中，听比说重要。要问出有力的问题，需要先锻炼倾听，然后是区分，最后才是提问技巧。倾听比提问重要！拥有好的倾听能力，在于听者听时的心态与技巧。

倾听时要有同理心。要特别留意客户表达时的状态，与客户有情感共鸣，不是为了满足自己而去倾听，这样才能听得深、听得广，为有力的提问打好基础。

在倾听的技术上，要使用“洋葱式倾听”的方法，层层递进地去听，多维度地去听。不但要听事情的表象及过程，还要听到客户如何解读事情、如何演绎，洞察客户的动机、情绪以及假设，即“6W2H+FIT+MEA”，这就是有架构性地深入地听。

当听得深入，了解客户就会更全面，问的问题才到位，不然问来问去都只是在表面上。

第二个到位：区分到位。

教练提问的核心是洞悉客户的信念。所以，有力的提问是问“你看到而客户看不到”的维度和方向，这样才能颠覆客户的认知，打破客户思维中的惯性和定式，洞察客户的干扰来源及思维模式，令客户感受到教练对话的价值，愿意付费，愿意重视这份契约关系，这样才能真正帮到客户。

当客户阐述他们的状况或者回答教练的提问时，教练在用心倾听的同时，要细细区分客户的状态、专注点、干扰来源，用提问带领客户去看到更广阔的空间。下面列举一些我常常使用的提问方法。

1.面对谈宏观的客户，多问微观性问题。

例子：你想在团队中做到自我实现，可否讲一下最近可以体现你自我实现的实例？

2.面对谈微观的客户，多问宏观性问题。

例子：我们先不谈你是否辞职的问题。在职场中，你想让别人如何描述你这个人？

3.面对只看现在的客户，多问未来的问题。

例子：20年后，你会如何总结这20年来自己所做的工作？

4.面对只看未来的客户，多问现况的问题。

例子：你现在的家庭支出由谁承担？

5.面对悲观的客户，多问肯定性问题。

例子：你过去成功的原因是什么？

6.面对自负的客户，多问危机性问题。

例子：如果大家都不同意你雄心壮志的发展大计，你会如何？

7.面对理性的客户，多问感性的问题。

例子：讲了那么久，你感受如何？

8.面对感性的客户，多问理性的问题。

例子：现实状况和你期待的目标之间，如果用1到10分来打分，差距是多少？原因是什么？

9.面对只讲自己的客户，多问他有关他人的问题。

例子：我对你已经有了很多了解，你的团队是什么样子的？

10.面对只讲他人的客户，多问他有关自己的问题。

例子：你讲了很多这件事对其他同事的影响，那么对你的影响是什么？

有力提问的一个“保持”

有力提问需要有一个“保持”，就是“保持童心”。

冒险意识与敢于试错是提出强有力问题的法宝。教练需要保持好奇心，敢于冒险，有试错的精神。

教练在倾听客户时，也要倾听自己内心。教练也是一个普通的人，也有自己的信念、价值观、行为模式。所以，教练对客户所讲的内容会有自己的判断、自己的倾向。因此，教练要告诉自己这些判断都只是个人的演绎，不等同于真相，在认知到自己的状态时要保持中立。既然教练内心的演绎不可避免，那就大胆地通过提问去验证自己的演绎是不是符合事实，是不是真相。

经常会有教练告诉我，他心中有好问题，但是不敢问，因为怕问错，担心客户拒绝回答，纠结是现在问还是下次问。

要避免这些情况，教练就要排除自己内在的干扰，包括看自己之小、看客户之小，要自信地看自己之大、看客户之大，最好如小孩般大胆地提问。问错了没关系，再问；问不对没关系，再问。客户会决定回答还是不回答，如果客户不回答某个问题，那就换一种方式、换一个方向、换一个时机再问。就像小孩一样，跌倒了，很快爬起来再继续前行。

用提问提升幸福指数

有一位女企业家，和丈夫一起创业十多年，她在企业中担任CEO，丈夫是董事长。她来上我的三天教练课程的前一天，在家和丈夫讨论集团业务的重组整合时产生了冲突。在课程中，她举手分享自己的个案，希望得到支持。这是一个好的教练时机，信任、意愿和目标都齐备。

我先让学员提问她，学员问了一个问题，在她滔滔不绝的回答中，我感受到她强烈的愤怒情绪。她认为丈夫在推卸责任，为奋力保护自己而争辩。我问她："当晚你丈夫问你要为这些业务的亏损负什么责任时，你也是用这样方式和他沟通吗？"她立刻说："他说一句，我说一堆。"当她回答完，她却笑了。她瞬间明白为什么丈夫不和她沟通，而是走进房间，让她一个人孤零零地留在露台。

通过倾听，能够感受到她陷入到很深的负面情绪中。她是一个感性的人，所以我不和她谈感受，我问她："有没有用平衡轮去分析集团的12个业务状况？管理的满意度、盈亏状况、发展空间如何？"她立即说："我经常用平衡轮去帮助朋友解决问题，却忘记了也可以用这个工具来帮助自己。"

所谓"平衡轮"，我觉得网络上的一篇名为《教练技术之平衡轮》的文章对"平衡轮"的定义比较准确。平衡轮的视觉呈现非常简单明了：将一个圆平均分成若干等份，然后将自己工作、生活或生命中一些并列的内容填写在图中，以帮助自己清晰现状，觉察到平时忽略的部分，找出希望有所改变的内容，然后制定计划，采取行动。

平衡轮的概念包含以下三个方面的含义：

1. 一个目标的实现，需要相关方面的支持，就像一个轮子要想转动，就需要里面辐条的支撑一样。

2. 平衡轮就像一架照相机，可以拍摄到当下这个时刻关于目标的真实情况。

3.平衡轮让目标的实现者清晰地了解目标的相关方面以及目前的状态。要想让轮子转动，需要辐条长短一致，强度一致；要想实现目标，也是同样的道理，需要每个方面平衡发展。

当客户放纵自己的感性时，她的理性思维忽然就会失效。教练区分客户的状态，看到她的盲点，通过提问去带领客户打开另一个空间，发挥她的潜能。她一口气画了3个平衡轮，静下来分析12个业务的状况。下课后，她立刻与丈夫理性地沟通，和丈夫一起有效地进行决策。

教练应学会用心倾听、有效区分、提问到位、运用适当的教练工具。当客户因此而得到突破时，教练的幸福指数也会提升。

提问:教练的“死亡三问”

除了做高管教练,我的主要任务是培养教练,带领学员们学习专业的教练技术,进行教练实践,取得ICF认证。学员们都在研究我的“套路”,看我是怎么做教练的,看我问什么问题,看我如何反馈。

有一个学员围观了一两次教练演示之后,开始疯狂地记笔记。她发现教练最大的能力就是提问,觉得把教练的问题都记下来,选出自己认为最有力量的提问,汇总在一起,就可以成为自己的教练提问手册了。

听了我的四五节课程之后,她觉得发现了我的一个“套路”,就是我很喜欢问:“我为什么这么问?”然后还有一招,就是问:“聊到这里,你有什么发现?”以及最常用的一招:“还有吗?”

她的总结是:每次这个问题一出,被教练者就像被打开了闸门一样,自己就把自己教练了。而且以上三句话不能连在一起问,每次问完一个问题之后,还要配合漫长的沉默。

有了这个发现,她就把它们用在自己的小组教练当中,没想到效果还挺好,同学们也有一种被戳中的感觉。当然,这些提问也有失灵的时候,比如换个小组,或者是遇到不熟的同学,这个“死亡三问”好像就不太成功,对方可能会说“我哪知道你为什么这么问”“我没什么发现呀”“没什么补充了”。

这是我平常进行教练对话时,经常会用的三个问题。听到同学们把这三个问题定义为“死亡三问”,这四个字让我感觉很有创意,也很惊讶。

“你有什么发现?”

“聊到这儿,你有什么发现?”这个问题叫“S”(Stop)提问,“S”提问的目的就是停一停。我常说像足球、篮球、排球这些团队运动比赛中,教练做的最厉害的事就是叫停,教练应该在适当的时候做出适当的选择。关于叫停的问题还有以下范例:

1.你讲了那么久,你的感受怎么样?

2.你讲了那么久,你听到了什么?

3.你讲了那么久,你看到了什么?

4.你发现了自己的什么?

5.你刚才说的……可以再多说一点吗?

6.我们讲了那么多,我们疏理一下,我们和设定的目标是否有偏离?偏离了多少?

7.你觉得我为什么会这样问呢?

8.还有呢?……还有呢?……还有呢?……(用不同的语气状态追问)

9.讲到现在,你有什么发现吗?

10.我刚才听到你说:“……”(用被教练者一模一样的语言内容、语气状态、肢体动作,重复他前面的表达)……(留出时间让被教练者回味他自己的表述)

叫停的时候,比赛场上的运动员可以回来休息一下。同时,教练可以调兵遣将,调整策略,鼓励运动员,增加赢的机会。

那么在教练对话中,叫停的目的就是要完成几个检视:

1.检视一下被教练者的状态,有没有在自我探索、自我反思、自我发现的状态中,确认一下被教练者是否觉得有一些问题、反馈令他不舒服,是否有不满的情绪,是否觉得没有什么新的发现就可以开始走神了。

2.检视一下教练的过程,听一下被教练者的声音,被教练者是否体验到对话是关于自己选定的话题。虽然教练觉得对话是通过主题展开的,但是也要确保被教练者能够体会到,形成共识,让被教练者知道自己的参与是重要的,加强双方的信任度,进而可以继续开放地往前走。

3.其实也是给教练一些缓冲时间,教练也需要按照被教练者的状态、反馈调整自己的状态及教练方向。有时候教练得意洋洋,以为走对路了,觉得自己很厉害。其实,有时候是教练想要的,不一定是被教练者想要的。教练与被教练者要及时做出调整,使对话可以更流畅并且更有成效。

叫停的力量和沉默的力量是一样的,对教练是一种定力的考验。叫停能够防止对话进入惯性节奏的状态,可以创造跳出惯性思维之后的精彩,获得被教练者那声"Aha"(啊哈)。

"还有吗?"

"还有吗?"是教练对话中的基本问题。在教练对话中,教练可以尝试在被教练者给出答案之后,多问一个"还有吗?"支持被教练者深度思考、体验或者发挥创意。教练要永远记得"看人之大",答案就在被教练者身上。

当我希望被教练者自己去想一些感受、过程、方法的时候,我就会问"还有吗?"如果想感受,就让他更深入地了解自己的感受;如果想一些事情,就让他多想一点事情发生的细节;如果想方法和行动计划,就支持被教练者发挥创意。

问这个问题的前提是相信对方会进行独立的思考,有能力和自己沟通。被教练者充满了可被挖掘的无限潜能,许多时候被教练者的智慧就在教练那句"还有吗?"的追问之后。这句话将对方逼出安全地带,调动自己所有的创意和思考,给出新的答案或可能,想那些没想过的,想那些不敢想的。这个提问如同一把钥匙,打开了被教练者自我探索的大门。

“我为什么会这样问?”

这个提问,就是让被教练者突然感受到措手不及,让他感觉:我哪里知道教练你为什么要问我这个问题?

那么,我为什么问这个问题?

因为我们面对的客户越来越厉害,他们的学历、经验、自我认知能力都很强,问这个问题也是在于“看人之大”,就是觉得他会知道这个答案,让他去思考一下“为什么教练会问这个问题呢?原因是什么?”通过这个奇妙的提问,可以进一步提高他的自我认知能力。

通常情况下,我抛出这个问题,是我正在问另一个比较具有挑战性、出格、关键的问题,那是被教练者没有思考过的维度,也是整个对话的关键转折点。

举个例子,我教练一个企业高管的经历。当时是她加入创业团队的第四年,她的教练主题是:是否应该离职?在教练对话中,我问了一个问题:“你和创办人在创业前,都在比较稳定和成熟的企业内工作吗?”她回答:“是的。”然后,我问她:“为什么我问这个问题?”她立即意识到过去和现在的情境不一样,她自己没有和过去告别,还是用过去的标准去看现在的情境。这个提问让她很快看到了要自我重塑的地方,不再纠结于离职的层面,这个问题也成为这次对话的重要转折点。

措手不及的惊喜

这三个“死亡”问题是“有力的提问”,其效用是引发被教练者的认知,也就是ICF最新的八项核心能力的第七项。这些认知可以是新的认识,是被教练者及教练都不知道的内容,是潜能的开发。

有时候问完这些问题,我十分惊喜。被教练者也有这份体验,这是双方一起引发出来的感受。这些提问开启了教练看到而被教练者看不到的维度，或者教练触发了被教练者回避的维度，这就是在支持被教练者扫除盲点。当被教练者看到盲点时，也会感到十分惊喜。

教练为什么会问出这三个问题？其根源来自于教练有开放、好奇、平等、以客户为中心的思维，这是ICF最新的八项核心能力的第二项——体现教练思维。和被教练者一起去探索、去创造，在恰当的时机运用这三个问题，会有意想不到的效果。由于来得太突然，对方措手不及，进而引发深思以及发现惊喜。

反馈：最珍贵的礼物

教练过程中有一个非常重要的部分，就是反馈。

反馈是教练基于被教练者的话语、表情、动作、情绪、信念等表达出来的内心体验和感受。我们经常说教练是一面镜子，能让被教练者真实地看到自己。反馈就是发挥这面镜子的功效，扮演着非常重要的角色。

我非常重视反馈的运用，将反馈视为教练过程中“最珍贵的礼物”。

反馈一定要明确和及时

有一次，被教练者是一位10岁男孩的父亲，他很苦恼于孩子的拖拉，每天晚上写作业都要写到11点，自己和孩子都疲惫不堪。

我问他：“如果你给自己在家庭中的拖拉程度打分，1到10分，你打多少分？”

他回答：“5分。”

我又问：“你老婆呢？”

他说：“也是5分吧。”

随即我给出了反馈：“你的5分和你老婆的5分，加起来是10分，这就是你们给孩子做的榜样。”

我的反馈非常明确，让被教练者清楚地看到了父母的行为会直接影响孩子的行为。这位父亲听到这个后，用很认真的眼神看着我，问：“我改了自己的拖拉习惯，我的孩子就会不一样吗？”我用坚定的语气说：“是的。”他感激地说:“好的,我今天回家就积极做家务,给孩子做一个好榜样!”从他的眼神中,我看到了希望,也让我感到暖意融融。

反馈不等同于评价

反馈是中立的、明确的,是我看到的,或者是我感受到的,而不是我认为的。

有时候,我的反馈会非常“辣”。有一次,我从被教练者的言语和神态之中看到了他对妻子的轻视,我当即反馈:“我的感受是你看不起你的妻子哦。”随后,我说出我所听到的他对太太的评价,如“她没什么理想”“她不会教育孩子”等等。在反馈中,我用对方说过的语言,让对方明确地知道我做这个反馈的根据,帮助他“照镜子”,看到真实的自己。这样做的话,对方就不会认为这只是我个人不客观的评判。虽然反馈令他不舒服,但会帮助他看到自己没有意识到的东西,提高自我认知,从而做出改变。

反馈一定要及时,要在与被教练者的“共舞”中果断地给予,不能拖延。当教练及时地说出当下的感受和体验时,会把对方带离他原有的轨道,当即从另外一个视角看待自己所处的情境,也会促使对方不断地思考,获得更多新的发现。

明确及时的反馈需要勇气。很多教练在看到和感受到之后,不敢直接给出反馈,有很多顾虑,错过当“镜子”的机会。

我常常提醒教练们,反馈是中立的,但也是主观的,是被教练者传递信息后教练自身的体验,因此反馈不一定就是对的。对与不对,判断权和选择权在被教练者手中。但是,有勇气去反馈,让对方清晰及时地看到自己,是教练需要做的。所以我称教练的过程为“勇气之旅”,是教练和被教练者共同创造的充满勇气和冒险的旅程。

反馈不是情绪的发泄

教练给出反馈，还有一点需要特别注意：反馈一定是中立的，它不是情绪的发泄。教练一定要留意自己在给出反馈的时候，自身的情绪、声音和语调，如果是带有情绪的反馈，那就不是真正的反馈，而是掺杂了个人评判的发泄。

我曾经做过一次所谓的“有勇气的对话”。我勇敢地给出了我的反馈，但是对方听到之后，非但没有接受，反而愤怒地夺门而去，教练对话不得不中止。后来我和师父做复盘，师父说我这不是反馈，而是自己情绪的发泄。对方在感受到了我的负面情绪之后，认为教练不够中立，因此不愿意继续被教练下去。

听了师父的话后，我认真地反思，当时所谓的“反馈”是我对被教练者的做法、看法的不认可，有指责的成分。我当时迷失了，失去了包容及理解，没有用同理心去理解他，也没有和他同行。在那之后，我在给予反馈的时候会非常谨慎地观察自己的情绪，确保反馈中不掺杂任何情绪。

为了避免对方对反馈有强烈反弹的情况，让他愿意敞开心扉，还有一个方法：用真诚的询问征得被教练者的同意。

我对于直接的反馈会比较敏感和谨慎，为了让对方更容易接受，我会用这样的话来进行缓冲：“我想给你一个反馈，这可能会让你不舒服，可能你会夺门而去。但这个反馈很重要，我认为是会帮助到你成长的，不知你是否愿意听？”

在给出反馈之前，询问对方是否想要或是否准备好接受这份反馈，这体现了真诚和尊重。而在真诚和尊重的基础之上，被教练者通常都愿意接受反馈。因为他们知道，即使会感到不舒服，这份反馈是会帮助自己获得成长的。

人不同，反馈方式不一样

很多人认为我的教练过程很刁钻，因为我经常会一针见血地给出我的反馈，令被教练者反思。其实，对于不同性格的被教练者，我也会非常注意反馈的方式。

对于性格敏感的人，我会温柔一些，让反馈更加柔和，力道不会太大，我会注意给反馈时的声音和表达方式，温柔地帮助他们向内看；对于性格外放或是无知无觉的人，我的反馈力道会大一些，以更强的冲击力帮助他们意识到自己思维的盲点。同样的，有些人喜欢团体教练方式，一群各自有自我发展目标的人聚在一起，在共同成长的愿景下，敞开怀抱接受这份反馈。而且他们不是很在乎在公开场合收到直接的反馈，反而觉得同伴们的支持可以更有效地帮助自己。而有些人则喜欢私密的一对一教练，不希望别人听到他与教练的谈话内容。

经常会有学员问我："为什么你说出的话我同样说出，效果却完全不一样?"这背后没什么奥秘，不过是他们只看到了表层，仅仅学到了"形"，没有领悟到"神"。

没有什么反馈的方法是放之四海而皆准的万能法宝，反馈的形式和内容变幻无穷，其背后是深厚的内功修炼。教练是和人打交道的工作，需要对人有非常深刻的理解，对于不同性格的客户、不同的教练时机，要随时调整反馈的方式，这才是真正的"与人共舞"。

"送礼"是一门大学问

不知道你有没有这样的经历：精心准备了一份自以为对方一定会喜欢的礼物，结果在美滋滋地送出去的时候，收到的回应是：谢谢你，我不需要。

在我的教练生涯中，我送出过很多"礼物"，但也有很多"礼物"被退回。坦诚地说，这种滋味并不好受。

你认为好的东西，对方就一定接受吗？不一定。

在反馈这份“礼物”被退回的时候，教练当下的状态非常重要。

教练给出反馈，要非常用心地留意对方的反应和状态。有的人在听到不舒服的反馈时，会强烈地反弹，当即表明“这样说不对”；有的人则会委婉地表达反抗，这会体现在他的声音、语调、微表情以及肢体动作中；有的人会辩驳、解释、自我保护。这些都是出现抵抗的表现。

在我的教练过程中，如果发现被教练者出现抵抗情绪，我会保持当知当觉的状态，首先保持自己情绪的镇定，同时以关切的态度去询问：“是不是刚才我的反馈让你觉得不舒服，可以告诉我是哪里让你不舒服了吗？”这会让对方感到自己是被关注的、被包容的，会愿意放下自己的情绪，以更加开放的心态去探索这份礼物背后的价值。

对于经验尚浅的教练，由于好胜心和得失心作祟，在被教练者抗拒反馈的时候，会容易出现以下几种反应：

1. 不理会
2. 继续反馈
3. 争执
4. 解释
5. 指责
6. 否定

如果对方不愿接受礼物，教练还不由分说地把礼物硬塞给对方，想尽办法说服他，灌输“这个礼物真的很好”的思想，那么，最终只能以双输收场。

优秀的教练需要有海纳百川的胸怀，允许被教练者出现任何的反应，同时保持稳定的情绪和清醒的头脑。礼物被收下不自得，礼物被退回不气馁，始终牢记助人成长的使命，只有这样，才能成为可以让人信赖的教练。

不拘一格的反馈

反馈一定是直来直去的话语吗？其实不然。反馈可以有不同的方式，可以直接说出，可以分享体验，也可以用隐喻、图片等间接式的反馈，让对方更容易接受。

在一次课堂上，一个资深人力资源专员，说她在工作上容易出现排斥他人的情况，在这方面需要提升。我问她为什么，她说她经常用自己的期望去看其他人。我基于“SOS”理论画了一幅图，把自己的“S”放大，而他人的“O”和情境的“S”画小，这样就不是一个平衡的“SOS”图（见图12），被教练者当即意识到自己放大了自我的感受，而忽略了他人和情境。我用图画去反馈给她，以视觉效果去表达我所看到的她的状况，让她更深地了解自己，发现自己的盲点。

图12 Self-Others-Situation（SOS）

隐喻也是我非常喜欢的反馈方式之一。隐喻是将被教练者所处的情境、模式等用比喻的方式描述出来，使其更加形象地看到自己。隐喻是一种间接式的反馈，和直接的反馈相比，会让被教练者更容易接受，也会深入到其潜意识的部分，从更深的角度让被教练者获得新的发现。

在我的一次课堂上，一个企业派了三位高管来学习，三人都不愿意改变自己去适应环境的变化。从第一天的回避到第二天的适应，再到第三天的开放，他们走来问我对他们的反馈。我用“P=P-I”的理论去分析，帮助他们看到自己受到干扰的程度对表现的影响。我用了这样一个隐喻来反馈：一个是去诊所看病，一个要住医院的普通病房，一个则需要进医院的ICU（重症加强护理病房）。在收到这个反馈之后，他们会心地微笑，对现状有了更深的了解，也更清楚地看到自我干扰的程度。半年之后，我偶然遇到其中一人，他主动和我打招呼。当时我已经忘记他是谁，而他则用我的隐喻式的反馈提醒我：“我就是那个要入住ICU的人，一直在努力改善中，已经转入普通病房了。”

另外，借用电影做隐喻也是反馈的一个很好的方式。我喜欢看电影，有时会用电影的名字去给予反馈，如面对夫妻关系紧张、互相竞争、看不起对方时，我会用一部电影的名字——《与敌同眠》去给予反馈。

在我的教练理论中，反馈是非常重要的部分，因为它可以将被教练者拉离情绪和固定思维的急流，在镜子中清晰地看到真实的自己，警醒、顿悟，从而做出选择和改变。所以在我的教练生涯中，我非常重视反馈的运用。

如前所述，反馈的形式多种多样，运用的方式也非常灵活，需要根据不同的被教练者和不同的情境选择适合的反馈方式。而在送出这份礼物的同时，你可能会收到否定和反抗的信息，这对于意志和心灵都是很好的磨练。所以，想要给出合人心意、可以帮助别人成长的礼物，教练自身的定力和修炼必不可少，让我们在这场“勇气之旅”中不畏困难、勇敢前行吧！

前馈:打开未来之窗

教练中还有另一种方法,叫作前馈。前馈关注未来,与反馈互为补充和促进,帮助被教练者更加积极地采取行动。在本节中,我将会以反馈为对照,探讨前馈在教练过程中的应用,帮助大家把两种方法融合到教练实践中,发挥出最大的效力。

在组织中,反馈可分三个维度:上级对下级、下级对上级、平级对平级。收集三方的反馈,可以让一个人全方位看清楚自己,给自己找到改进的空间。这种反馈方式叫作“360度反馈”。

我为米其林中国公司做一对一的高管教练期间,见过两个法国人、一个美国人,他们都有在海外被教练的经历,十分认同教练技术对领导力的发展具有帮助。在一对一高管教练服务过程中有三次重要会议,需要被教练者、被教练者上司、中国区人才发展总监、教练一起参加。这样的四方会谈在高管教练服务开始前、中、后进行,目的是让四方有机会坐在一起坦诚地沟通,让被教练者收集三方的反馈,觉察自己可以进步的空间以及已经进步的地方。

这样的会议十分高效,被教练者的上司非常重视每次的四方会谈,以真诚的态度给予被教练者反馈,如公开被教练者在工作上没有把人才留住、没有管理好自己的情绪而做出冲动的人事决策等。被教练者听到的是由心而发的反馈,可以从中学习及进步。被教练者也十分开放地接受反馈,每次会谈后,被教练者都会被真实、真诚的反馈赋能。我十分喜欢这样的配合,这能让被教练者更全面地看清楚自己,更有动力去改进。

但是要做到这样全面、有效的反馈，企业一定要有像米其林这样开放的文化，反馈的给予者和接收者都需要开放、坦诚、真实，否则收到的报告就只是好看的文档罢了。在另一家企业，我要求为高管做“360度反馈”问卷，结果被拒绝了。因为组织及人才发展部负责人说公司文化还未达到那么开放的程度，怕这位高管接受不了真实的声音，所以我的建议只能被搁置。

我称反馈为“有勇气的对话”，需要教练和被教练者做到坦诚和真实。因为教练要有勇气把自己的真实想法公开，包括一些对对方行为的负面看法。被教练者也需要有勇气，勇敢地面对自己的盲点、不足、缺点。反馈通过建设性的对话，让双方都有所成长，坦诚沟通需要改进的地方，积极采取行动拉近现状与目标之间的距离，提升个人、团队及组织的绩效。

反馈不是万能的

反馈虽然是帮助被教练者发现盲点的有力方式之一，但绝不是万能的。在实际的组织发展和个人教练过程中，尤其是对于经验尚浅的教练，反馈的弊端经常体现在以下几个方面：

1. 过多地关注过去的失败经验，引发被教练者的负面情绪，如抗拒、厌恶、不耐烦等。当负面情绪产生时，会成为有效教练的障碍。

2. 误把评判当作反馈，掺杂个人主观情绪，对被教练者“下定论”。一方面会引发被教练者的反抗情绪，另一方面封闭了多维度探索的可能性。

3. 由于在给予反馈时，没有得到对方允许，或者对于一些习惯接收赞美的成功人士，反馈很有可能引起心理不适，把建设性对话变成破坏性对话，破坏共创关系。

前馈：弥补反馈短板

“前馈”由全球领导力教练先驱马歇尔·戈德史密斯（Marshall Goldsmith)提出，是一种带领被教练者思考如何在未来采取积极行动的教练方式。被教练者通常会被问到这样一些问题：

“你可以怎样让自己的目标得以实现？”

“当类似的冲突再次发生时，你可以做些什么令结果不一样？”

“你认为未来怎样做可以获得更多的资源？”

“在下一次你的情绪按钮被触碰时，你可以怎样做让自己和这次不一样？”

以上的前馈式问题，集中在“行为”“未来”“更好”上，推动客户往前面看，这可以用在我原创的CDCA®教练步骤的A(行动)上。在C、D、C三个步骤完成之后，客户对自己的教练主题有了深度认识，看到了干扰、盲点及潜能。因此，前馈可以用在“行动”的部分，推动客户做出更好的选择及行动。

在Marshall的一篇文章中，讲述了一个前馈式问题给一位女士带来思考及人生改变的故事。在学习了前馈的方法之后，这位女士问了80岁的妈妈一个问题：“我怎样做才能成为一个更好的女儿？”妈妈说：“我每天都要走很长的路去邮箱收信，如果你能多给我写信，那就好了。我不想每次都看到空空的邮箱。”

于是从那以后，这位女士定期给母亲写信，写她的生活、遇到的困难、获得的成就、开心和不开心的事。除了写信，她还寄各种有趣的东西，比如植物的种子、杂志、茶包、钱、书等，任何她能想到的让母亲开心的东西。她还考虑到母亲一定想知道她的日常生活，于是她还会寄给母亲公交车车票、电影票、待办事项清单、超市买东西的小票。

后来，母亲患癌症去世，这位女士在谈到母亲去世时，说：“我很想念她，但是我又觉得很安慰，因为在她生命的最后一年里面，我每天都在用我的方式对她说‘我爱你’，我没有遗憾。”

这就是一个很好的前馈式问题所能引发的思考和随之而来的积极改变。

前馈练习的有趣体验

2017年，我在泰国APAC会议以及美国哈佛大学医学院附属医院的教练学院（Institute of Coaching，IOC）的教练会议中，先后参加过Marshall设计的前馈体验式练习，亲身体验前馈的效果。练习流程如下：

1. 参与者挑选一种他们想要改变的行为，这种行为的改变应能够对他们的生活产生重要的积极影响。

2. 向随机挑选的参与者同伴描述这种行为。该任务在一对一的对话中完成，可以简单地说出自己想改变的地方或想做得更好的目标，如“我想成为更好的倾听者”“我想我的上司更欣赏我”。

3. 参与者向同伴要求“前馈”——可能有助于他们未来积极改变的两个建议。如果参与者过去一起合作过，则他们不需要给出有关过去的任何反馈，只需要给出对未来的想法即可。

4. 认真听取对方的建议并记录下来。参与者不得以任何方式对对方所提供的建议加以评论，不允许批评或是做出肯定的判断，比如“那是一个不错的想法”。

5. 感谢给出建议的参与者，对他说：“谢谢。”

6. 询问对方想要改变的行为。

7. 提供“前馈”——旨在帮助对方改变行为的两个建议。

8. 在对方对所提供的建议表示感谢时，自己只需回复“不客气”。提供及接收反馈的整个过程，通常花费两分钟的时间即可。

9. 寻找其他的参与者，不断地重复该过程，直至练习结束。

练习结束时，Marshall要求参与者说出一个词语来描述这次体验的感觉。参与者所提供的词语几乎都是比较积极的，如“太棒了”“激励人心”“有用”“有益”。最常提到的词语之一就是“有趣”。

两个补充的练习步骤

我在美国的时候，拿了一个问题去做这个练习。我的问题是“如何把公司经营得更好？”我找了五个人去问，收到了一些如“做好倾听”“找合适的员工”“培养高潜人才”等建议，但其中有一个建议是我没有想过的——找有钱人投资。这是我的盲点，我一直在努力完善公司内部管理工作，没有花时间去寻求外部资源。我十分感谢这个对话，回到香港后，我开始着手制订股东标准，积极寻求志同道合的股东，与有信用、有担当的同伴同行。

学过教练技术的人看到这里，可能会有困惑——以上的练习过程，客户拿着问题去问教练，随后教练给予方法，这分明是顾问行为，教练不是不容许给方法的吗？是的，我也曾有这样的困惑，但是换一个角度来看，最重要的是客户的高意愿及自我反思能力，客户听了方法后，自己会判断哪个方法适合、哪个方法不适合。所以我在这个练习上加了一些步骤，令其和教练对话更融合：

1. 收集不同人给予的方法之后，你找出哪些是你之前已经知道的方法？哪些是你之前想过而忘了的方法？哪些是你之前没有想过但知道的方法？

2. 你会采纳哪些方法去行动？原因是什么？什么时候开始？想看到什么成果？

加上这两个步骤后，前馈练习更加完整，使得顾问与教练有效地结合，支持客户找到有效的解决方案，激发行动力。

前馈的特别之处

Marshall在他的文章中提到，相对于反馈，前馈有以下几个特点：

1. 前馈帮助被教练者展望未来，并积极地关注其未来所采取的行动。相比之下，反馈关注过去已经发生的事情，而不是未来可能出现的不确定的机遇。反馈具有静态性和局限性，前馈具有动态性和广泛性。

2. 前馈侧重解决问题的方法，而不是问题本身。反馈不可避免地涉及错误、问题、缺陷，因此即使是建设性的反馈也通常会被认为是负面的。而前馈通常被认为是正面的、积极的，因为它帮助人们学会做对的事情，从错的事情中总结和学习，并在未来采取正确的行动。

3. 适当的前馈可以起到和反馈同样的效果。例如，一位被教练者没有通过一个很重要的资格考试，非常沮丧。如果教练问他："你觉得你没有通过考试的原因是什么？"这样的问题有可能会加深被教练者的挫败感，让他感到沮丧和气馁。换一种问法："如果是在下一次考试中，你做一些改变会让结果变得更好，你觉得可以做哪些改变？"在这样的问题之下，被教练者会去思考没有通过考试的原因以及具体的改变行动。

4. 前馈关注"表现"，而不是"个人"，因此不会被认为是对个人的评判。反馈很容易和"评判"混淆，因为不管是什么样的反馈，都与人本身及其所做出的行为有关。由于前馈主要讨论未发生的事情，因此不会涉及个人评论，通常被认为是客观的。

5. 前馈更适用于成功人士，因为成功人士通常有较为积极的形象。事实上，几乎所有人都更容易接受与自己看法一致的前馈，而抵制与自己看法不同的反馈，成功人士尤为如此。他们更喜欢直接讨论实现目标的方法，更关注表现而不是过失。他们更加有主见，会较为坚持自己的观点和看法，拒绝他们不认同或是不愿意承认的观点或事实。他们追求高效，与花时间对过去进行分析和讨论相比，他们更愿意寻求未来积极的解决方法。因此，前馈的客观性、高效性、积极性尤其适用于高管和企业家的教练过程。

我十分认同Marshall对前馈的特点描述，前馈可以避开反馈的缺点，令客户更容易找到改善的方法，积极地采取行动，同时又可以维护与客户的良好关系，减少和客户的冲突危机。

反馈和前馈在教练过程中互为补充、相互促进，我将这两种方法进行了融合，通过过去和未来的视角拉伸维度，帮助被教练者看到过去的模式，同时以更积极的心态面向未来。

教练工具：平衡轮

“工欲善其事，必先利其器。”在教练准备的清单中，准备好合适的教练工具，支持客户的有效表达是非常重要的一个部分。善用教练工具，能更有效地帮助客户梳理现状、认清差距、发现盲点、排除干扰，提高客户改变自己的意愿。

在众多教练工具中，我很喜欢用“平衡轮”。

简单，不简单

简单的工具背后往往蕴藏着无数的变化，这也是我喜欢平衡轮的原因。它简单，但也很多元化，无论是面对理性的客户，还是感性的客户，这个工具都非常适用。

理性的客户喜欢用理性的工具去表达及思考，会觉得教练技术以人为本，是感性的事情。教练就可以通过使用平衡轮这个理性工具，拉近与客户之间的距离，建立起信任关系，从而更容易支持他们打开自己感性的一面。而面对感性的客户，也可以用这些理性的工具，帮助他们走出感性，从而看清楚自己的另外一面。

在教练行业，平衡轮通常被用来教练“平衡人生”的教练主题。教练在做生命教练的时候会使用这个工具，借助这个工具来了解客户对自己人生各方面的满意度，让被教练者看到自己的人生现状，从而帮助教练展开教练对话。

实际上,平衡轮不仅可以用于建立人生的平衡之轮,还可以用在多元化的主题上,如家庭关系、管理决策等。下面我通过两个教练案例,让大家体验一下平衡轮这种教练工具的运用及其效果。

在平衡轮中看到现状

案例一:人生平衡轮,扫除内心盲区

我的一个客户是企业高管,女性,38岁,在上海工作,有一个8岁的女儿。她刚刚升职,职场发展越来越顺。我们进行了几次职场上的教练对话之后,她提出想要被教练个人生活方面的内容。

我问她是什么原因让她想要开展这个主题的教练对话。她说自己的工作非常忙,暑假期间让父母来上海帮忙带孩子,父母发现她8岁的女儿开始出现叛逆现象。父母还特意约她在家附近的咖啡厅谈话,告诉她不要只顾着工作,而忽略了家庭。

对此,她感到困惑,是不是自己有问题?自己现在的家庭状况是怎样的?是否要停下来看一看?她需要看一下发生了什么事。

定下了教练主题后,我们开始对话。我感觉她在有知无觉的状态,她知道这个问题需要面对,却没有像她父母那样意识到问题的严重性。我决定使用平衡轮,帮她看清楚她现在的状况。

我问她:“在你的人生中,你认为哪些元素是至关重要的?”

她回答:“健康、事业、孩子、夫妻关系、原生家庭、朋友、学习、旅游。”

我用平衡轮来为她呈现这8个人生元素,并让她对每一个元素进行评分(1~5分,“1分”代表“最差”,“5分”代表“最满意”)。(见图13)

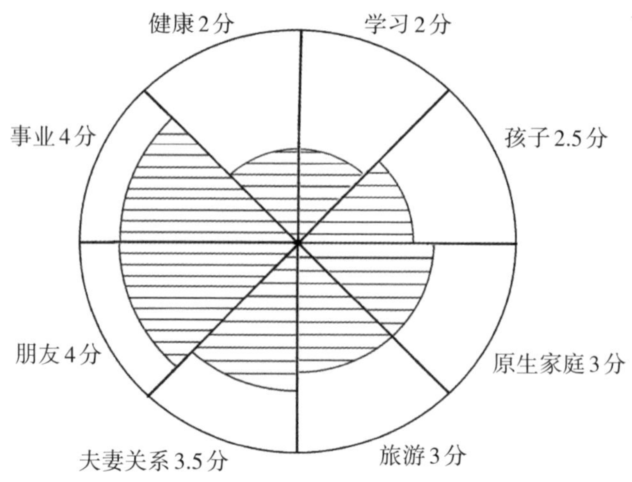

图13 平衡轮-个人生活

从此平衡轮中可以看出，她对自己的事业和朋友都很满意，这两项都是4分。但是，对于“孩子”“学习”和“健康”的评分较低，“孩子”2.5分，“学习”2分，“健康”也只有2分。

通过教练对话，我发现她在学习方面已经停滞了，在她拿到MBA的硕士学位之后，就一直很努力地工作，已经有很多年没有进行系统性学习了。在健康方面，她有一个健身教练，可是因为经常到外地出差，本来计划一周三次的健身，现在只有一次或一次都没有。

对孩子的关注也一样少，只有2.5分。她老公的工作比较稳定，平时也很喜欢带孩子、做饭。于是，她不自觉地认为家里有老公照顾，自己便可以在新的工作岗位上攀登自己的职业高峰。

我问：“你有没有和你老公沟通过孩子的教育问题？”

对于这个问题，她感到很意外，她说：“啊？！没有很正式地谈过，只是感觉在教育孩子方面自己比较严，老公比较松，互相配合就可以了。”

我问：“你的女儿8岁了，你觉得她怎么样？有没有感觉她开始踏进青春期或叛逆期了？”

她很惊讶：“啊？！8岁就到青春期、叛逆期了吗？”

我说:"是啊,你父母看到你女儿开始抗拒接受外部的反馈,大哭大闹地否定,开始固执己见。你有没有留意到,传统意义上我们认为孩子的叛逆期是在12、13岁,因为生理上的变化,可能会带来心理上的叛逆,这个时候孩子就开始进入青春期、叛逆期。但是现在,随着互联网的发展和各类移动终端的普及,孩子们可以很容易地从网络上获取信息,这使得他们生理上还没有到青春期,心态上就已经开始产生比较强的自我认知,觉得自己懂得很多,开始拒绝听取外部的反馈,从而引发自身激动抵抗的情绪。"

我的分享让她发现她的盲点,并立即意识到父母为什么那么紧张了。她想起自己的青春期也是十分叛逆,所以父母对外孙女的叛逆十分敏感。她必须要停下来去面对,同丈夫一起探讨他们自己的青春期是怎样的,从两人的经历去分析如何支持女儿的成长。

通过平衡轮,这位高管发现原来这个问题是需要面对的,不是她所想的那么简单。起初她觉得是父母过分紧张,但看完自己的平衡轮后,她就很清楚自己的状况严峻,需要她认真面对。从平衡轮中,她很直观地看到了自己的状况,意识到必须开始关注自己的健康,即使频繁地出差,也要保持每天15~20分钟的锻炼,同时也会考虑系统地学习新的知识,扩展视野。

在平衡轮中发现差距

案例二:企业平衡轮,找出企业发展症结

另一个客户是金融行业的一位企业家,男性,44岁,创业2年,公司发展得很好。但这位企业家对企业的要求很高,他认为目前企业虽然发展得不错,但是还未达到业内前十名。

我问他:"要达到业内前十名需要评估哪些元素?"

他说:"效率、专业、人才、风险管理。"

考虑到这个企业家是一个风险管理专家,非常理性,所以我选择用平衡轮这个工具和他沟通。我用平衡轮为他呈现出他所提及的这四个元素,并让他对每一个元素进行评分(1~10分,"1分"代表"最差","10分"代表

“最满意”）。（见图14）

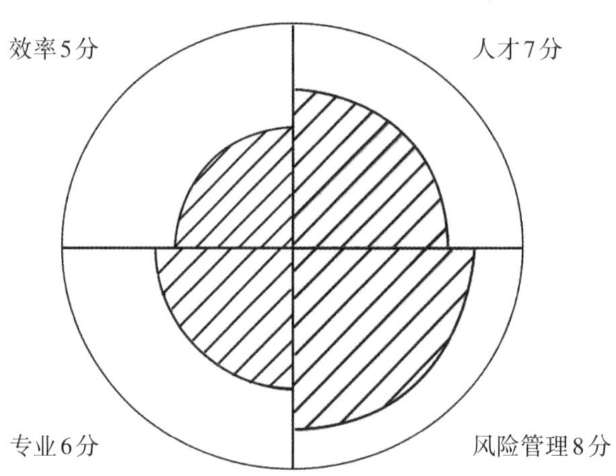

图14　平衡轮-企业发展

从此平衡轮中看出，他对这四个元素的评分：“效率”是5分，“专业”是6分，“人才”是7分，“风险管理”是8分。所以，他在自己擅长的部分（风险管理）做得很好，同时也可以看出目前影响企业发展最核心的因素是“效率”。

通过这个平衡轮，能够很快地反映出他管理上的问题，以及企业现状与目标之间的差距。在沟通中，他发现企业中有两个部门的效率较低，一个是老员工主管的部门，一个是信息科技（IT）部门。他一直知道老员工的问题是他必须要面对的，而IT部门与效率的关联性在他的认知中没有那么高。

他最近为IT部门聘请了一位高管，这位高管刚上任一个月他就意识到如果IT部门的效率提高，会让他更接近业内前十名的标准，而IT部门对于企业效率的影响也最为核心。意识到这个问题后，他便更清楚未来两个月的工作重点，他需要陪同这位新来的高管一起提高IT部门的效率。

此外，在这个平衡轮中，他还发现企业在专业度和人才培养方面也需要提高，而对于他所擅长的“风险管理”这部分则需要保持现有水平，或在现有水平的基础上不断提升。

平衡轮帮助这位企业家更直观地看到企业距离业内前十名的差距以及企业现阶段的问题,也帮助他找到了改善问题的方法。

巧用平衡轮寻找盲点

这两个案例中,被教练者面对着不同的问题和困惑,但他们都处于有知无觉的状态。

案例一,被教练者开始没有意识到问题的严重性,觉得是父母小题大做;案例二,被教练者对于企业的发展现状有所不满,但没有找到解决问题的突破点。

教练通过运用平衡轮这个工具,并结合有效的提问,将被教练者的现状用数据化的方式呈现出来,让被教练者看到实际上很多因素是可控的,这可以增加他们的危机感,强化他们负责任的心态,让他们更有动力去做一些不一样的选择。

教练工具：混搭平衡轮与饼图

做教练的时候，有很多教练工具供我们选择。在一场教练对话中，有时候我们只选择一种工具来支持客户，有时候我们会混搭使用多种工具，力求达到最好的教练效果。

有一次，在PCP的课堂内，我为学员们讲授了有关“平衡轮”的内容。为了让学员们有更深入的理解，我现场邀请学员自愿参与一次教练对话，随后一位学员主动站了出来。

她是一位企业高管，35岁，有一个2岁的儿子。在生活上有一个问题一直困扰着她，她觉得儿子喜欢保姆多过喜欢自己，所以她仿佛一直在和保姆争宠。这个想法就像埋藏在她心里的种子一样生根发芽，过去一年她一直耿耿于怀。

在学习教练技术之前，她面对这个教练主题处于无知无觉的状态。学习教练技术之后，她发现这个问题需要拿出来被教练。在被教练的时候，她一直在哭诉，觉得自己很委屈。她感觉自己在外面很努力地工作，在家里却没有得到老公的支持，也没有得到儿子的爱，还觉得自己的“母亲”角色被保姆取代了。她一直沉浸在受害者的情绪中，于是妒忌和委屈便成了她的主要情绪。

在整个教练对话中，她常常提到四个人：自己、老公、儿子和保姆，并谈到自己非常喜欢阅读，希望拥有自己的私人时间，比如在咖啡厅阅读一些自己喜欢的书籍，帮助自己的成长。可是因为要工作，还要照顾孩子，这些时间就被剥夺了。

饼图引发的转变

我看到了她很感性的一面。她一直在哭诉，情绪波动大。

在工作中，她却是一个雷厉风行的人，这完全是另外一面的她。我感觉在这个事情上，她没办法从情绪里面走出来。

我一边用心去听，与她同在，一边在想可以用什么方式令她看清楚真相，可以从受害者的情绪中抽离出来，可以开始向内看。于是我就决定用一个饼图来问她。

我问："这个饼图代表你100%的时间。如果把这个饼图分成四份，那么你觉得你的时间是怎么分配的呢？"（见图15）

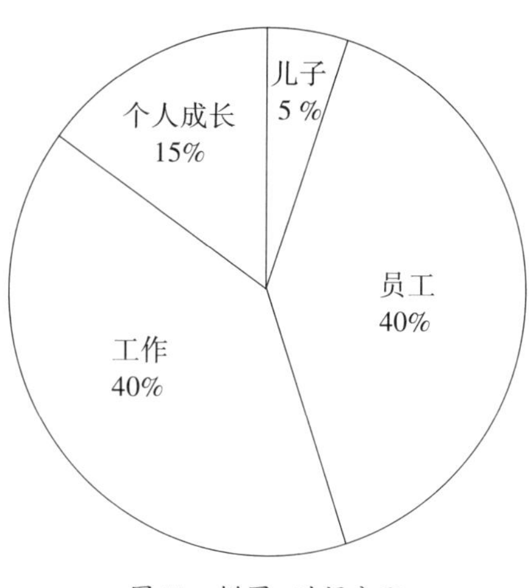

图15　饼图-时间分配

这个饼图一画出来，她便很直观地看到她给自己、工作、员工和儿子的时间分别是多少，从而让她看一看是否平衡。看完这个不平衡的饼图，她开始崩溃大哭，因为她知道，她不得不去面对自己生活中最真实的一面。只有5%的时间花在儿子身上，她又如何怪儿子亲近保姆多过亲近自己呢？这个饼图引发她了的转变，也就是从向外看周边环境到向内看，看回自己。

我继续问："你对保姆、儿子、老公和自己的信任度是怎样的？"（1~5分，"1分"代表"最差"，"5分"代表"最佳"）

这次我用了平衡轮（见图16），把她认为的四个关键人物放在了平衡轮上。她给保姆和自己的信任度都是4分，保姆的专业能力值得她的信赖及认可，然而给儿子和老公的分数比较低。通过这个平衡轮，她发现她相信自己多过相信这两个在她生命中扮演着重要角色的男性。

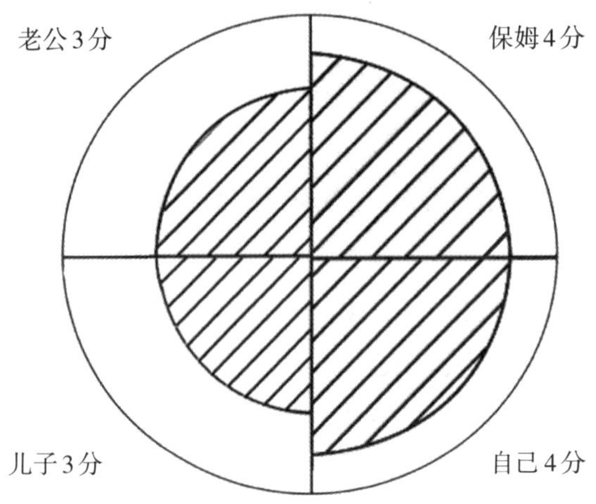

图16　平衡轮-信任程度

通过一个饼图和一个平衡轮，她发现自己要负责任，开始从感性到理性地去看待这个问题。回到家后，她继续用这两个工具计划未来，为自己制订目标，包括在半年内自己该如何改进，下一个半年又该如何改进，用一年时间循序渐进地令自己的生活、家庭和事业得以平衡。

教练后的知行合一

后来，我与这位学员沟通一些事情。在结束后，我顺便询问她在上次教练对话后有何改变。距离上次课堂教练已过去三个多月的时间，我想看看她的行动计划进展如何。

我问她："上次教练对话结束后，你的行动计划进展如何？"

她说："我也想和您汇报一下我的行动效果。第一阶段，应该是教练对话后的一个月内吧，我给保姆放了四天假，专门抽出时间陪儿子玩、睡觉。我觉得他其实可以接受我，但是保姆回来那晚，他又不接受我了。半夜醒来把我赶出房间,我大哭了一晚上。

“第二阶段,我放弃了硬来的念头,不强求他跟我睡了,而是放下执念,在空余时间认真地陪他玩,告诉他我很爱他。最关键也是最有效的方法,是我和他一起扮演电视剧里面的角色,他演队长,我演队员。他非常投入,甚至晚上一度要我留下陪他玩。有了这些互动,他开始跟我亲密。

“第三阶段,我和老公带儿子外出旅游,这次外出游玩彻底提升了我和儿子之间的亲密度。我和他坐飞机、坐船、一起跳舞、一起给长辈过生日……他发现了妈妈的‘能量’。现在他每晚吵着要跟我睡,每晚都回房间把被子和枕头拖到我房间里。我觉得我终于突破了!”

我说:“循序渐进地去付出,多花些时间来陪伴孩子,这是一个痛并快乐且知行合一的过程。”

她说:“我觉得母子关系真的很微妙,他好像感觉到我知道错了。他也好像发现了原来妈妈有很多‘能量’,有很多可能性,有很多好玩的花样,于是他开始有点崇拜我了。

“平衡轮对我的帮助确实很大,让我不再较真。以前我没有意识到只留给儿子和家人5%的时间。回来一算,除了上班、回家看书、看手机的时间,跟儿子确实缺乏深度互动。他不愿意让我到他的房间睡,跟我极少陪他回房间睡觉是有关系的。幸好,我选择了进拓思学习,选择站出来被教练。谢谢您!

“现在我儿子发现,跟妈妈一起可以发现很多新奇有趣的事情。以前我没有时间陪他,现在定期计划带他出去玩。我觉得时间付出在哪里,哪里就有回报。”

我说:“目前在你100%的时间内,你留给儿子的时间占多少?原定目标是半年内达到15%,现在已经过去三个多月了,现在达到多少?”

她说:“现在10%左右,事务还是繁忙,但这10%的质量提高了。我发现我在扮演他喜欢的角色时,他对我的认同感和亲密度最高。达到15%估计需要半年时间,达到20%估计需要一年到一年半的时间。对于公司事务,我现在在每一个业务版块都努力培育二把手。用一年时间,我有信心达到20%。”

我说：“这是很好的认知和改变。你的放下以及满足你儿子的学习需求，使你成功地走进他的世界，由孩子主导，而不是逼迫他走进你的世界！同时，为了陪伴他，也促使你去培养工作上的接班人。”

工具和能力的共舞

任何教练工具都是中立的。工具的使用效果如何，还需要教练在用的时候将工具与自身其他能力进行整合，还有就是要有深度的对话，而不是表面的沟通，对话要深入到客户的认知层面，让客户发现自己的盲点在哪里。

不停地带客户去向内看，通过深层次的沟通、深层次的对话以及有效的提问，让客户看到自己的盲点。当教练让客户看到一个真相的时候，他改变的意愿度就会提高，他的行动力也会不一样。

在这个个案中，被教练者开始没有意识到自己的问题，总觉得自己很受委屈，受害于别人，当时她处于“知”与“觉”的混沌状态——有觉无知。我通过运用饼图和平衡轮这类理性的工具，再结合有力的提问，带领被教练者走出情绪，让她看到自己感性的另一面，使她清楚地意识到自己的问题，从向外看转为向内看，看回自己。

从后续的跟进中，我们也可以看到这位学员在教练对话后的知行合一。她先是在课后用饼图去制订阶段性的行动计划，然后便着手一步步地通过自己的行动去践行。并且她愿意放下自己的执着，平等地走进孩子的世界，孩子也感受到了她的改变，与她变得亲近起来。她的知行合一令她实现了自我突破，并得到了孩子的接纳。

教练工具:时间线

在一次课堂上,我们讨论组织文化时做了一个关于组织文化的现状和期待的练习。学员Q对现在团队的组织文化满意度达到80分,这是非常高的满意度。我做了两个前馈式的提问:

“你的团队现状的文化和期待的文化是非常相近的,那么你可以在哪些方面做得更好?”

“你的团队在哪一个部分可以再进步?”

Q说:“我希望我的团队可以更冒险、更创新。我们公司是一个全球化的公司,有很多工作发展机会给员工,既可以在我国的不同地区工作,也可以去到全球不同的国家工作,更冒险、更创新的团队文化会更好。”

他说完,我顺势问了一个很简单的问题:“这样的话,你有申请过国外的工作机会吗?”

Q很惊讶,他当时大脑飞速运转:“为什么这位教练会这样问呢?”不仅是他,所有的同学听到我问这个问题时,都觉得很惊讶。

为什么他们会那么惊讶?因为Q正在讨论现在与期待的组织文化之间的差距。他们的内心都上演着“团队有问题”的戏码,内心独白就是:我是领导,不是我的问题,是团队其他人的问题。

而我的基本假设恰恰相反。作为企业教练,特别是面对高层或核心领导者,在一对一的教练对话过程中,我的基本假设是:所有团队的人的问题都是领导者的问题,因为他们的影响力巨大。

俗话说:“上梁不正下梁歪。”著名心理学家荣格说:“往外看,是做梦;往内看，是醒着。”教练说：“想改变他人是做梦，改变自己的领导者是醒着。”

企业教练就是要支持领导者时刻保持醒着的状态，做更好的决策。如果上司有冒险、创新的精神，那他的团队也会被影响。这来自我的信念：生命影响生命。我问的这个问题，就是当他讲他们（团队）的时候，让他回看自己，回看自己是怎么样的。

时间线大显身手

对话继续进行。他被我问了这个问题，觉得很惊讶。我对此很理解，保持平常心继续问他：“你在这个公司工作了多少年呢？”

Q说，已经6年了，他在同一个地区工作了6年，这是他的家乡。

我问他：“你为什么没有想到要去申请别的区域、别的国家的工作机会？”

Q说，他曾经在海外读研究生，海外读书的经历让他觉得很辛苦，他需要让自己适应不同的文化、语言。海外的职场竞争十分激烈，令他喘不过气来，所以回国之后，他选择回到自己的家乡，选择了一个相对安逸的生活环境。加入这个非常知名的全球化企业，让他觉得很舒服。Q喜欢它以人为本的组织文化，而不是以目标和市场为导向，他在公司的发展一步一步地前行，成为了所在区域的负责人。

我看到他在课堂上很积极地发言和参与，性格开朗，加上海外留学背景、出色的英语表达以及主动学习的能力强，能走上现在的位置是意料之中的。但正因为过去的经历，他也形容自己现在的职场状态是在舒适地带、安全地带，自己十分享受，也并不想打破这个状态。

因为是第一次和他接触，不了解他的职业状态，我就开始问关于“时间线”这个教练工具的问题。

我问：“既然你们公司有那么多的机会可以流动，那么你的老板有没有跟你谈过？”

Q说：“你怎么知道老板找过我？”

我说:“如果我是你老板,作为一个外资企业的负责人、中国区的负责人,面对一个工作了6年的区域负责人,而且又没结婚,作为你的上司,这样问顺理成章。其实不管结婚与否,我都会问员工这个问题,因为这是一个人才发展规划的问题。

“你们公司是一个以人为本、持续发展的全球化平台,通过职位横向、纵向调整,培养有多元化视野的高潜人才,这是必要的一步。根据我过去30年的管理、人才发展、团队建设的经验,我相信你的上司会对你这样的人才的下一步发展有所期盼,这是你们公司管理层应有的常识及认知。”

Q听完我的解释说:“哎呀,是啊,老板去年9月就问过我啦。他主动问我的职业发展是怎样考虑的,有没有想过有一些调整或移动。”

我问:“你的回答是什么?”

Q说他回答“没有这个打算”。

我问:“去年9月问过你,之后还有没有问过你?”

Q说:“你怎么知道?老板今年3月又问过。”

我笑着说:“当然啦,去年9月问过,今年3月问过,每半年就问一问,这个在职业发展里是很正常的。一个关注人才发展且积极扩展业务的全球化组织,每半年盘点人力资本是理所当然的。”

走出舒适地带

他觉得我很神奇,我说:“我问的问题很简单。我只是问你有没有申请过?你老板有没有找你问过?最近有没有问过?只是这三个很简单的问题而已。”

突然,Q有所感悟。

他说:“吴导,没错啊,自从老板去年9月问过我,我在11月就报名了学校的课程,希望在自己的职位调整前有所提高,为自己的下一步做好准备。今年3月上司又来问我,我没有思考太多。”

我问:“现在是9月,刚刚好一年了,你觉得现在怎么样?”

Q说:“我说我的团队成员在舒适地带,原来我自己也在一个舒适地带。我知道接下来该怎么做了,我要去和老板沟通沟通。”

我问:“你什么时候跟你老板沟通?”

Q说:“国庆假期之后,等他来我们区域开会的时候,面对面说吧。”

我说:“你老板已经等了你整整一年了,你说要再等到国庆假期之后,那最快的方式是怎么做呢?”

Q说:“老板不看微信,他是外国人。”

我问:“他不看微信,他看什么?”

Q说:“老板看短信。”

我问:“那么你可以做什么?”

Q立即说:“明白了。我不能成为我下属的障碍,下属不去冒险、创新,是因为我没有离开自己的舒适地带,或者我没有横向、纵向发展,如横向去别的部门或者别的区域、别的国家,纵向去更高的职位。我现在在这个区域已经到达了目前职业的顶峰。但是因为我不走,他们就没有机会,不是他们没有冒险、创新的能力,是因为我阻碍了他们的发展机会。所以,我会去努力走出自己的舒适地带。”

在课堂休息的时间,Q立刻就用短信约了老板,第二天用电话视频沟通。

两周后,我用微信主动问他:“你跟老板谈得怎么样?”

Q回复我:“我跟老板谈得很好,计划10月挪到现在区域内的另一个部门,去带领一个新的团队。这样的话我下面的团队就会有人可以升上来,他们会有不一样的局面。同时,我也会去带领另外一个新的团队,可以让新团队有新局面。”

我继续问他:“你什么时候离开这个区域?”

Q回复说:“一步一步来,我也会开始为下一步的职业规划做好准备。”

用时间线照见关键点

在上面的对话中,我用了时间线这个工具,作为Q的一面镜子,照出他的四个关键时间点：去年9月和11月，以及今年3月和9月。当帮他拉出这四个时间点后，Q就立刻感受到自己的状态以及上司的关注，紧接着，自我改变的动力就来了。

我十分喜欢将时间线用在高管的一对一教练对话中，一方面可以了解被教练者的背景，另一方面让被教练者在这个工具中看到自己的模式、盲点、干扰及潜能。

时间线让Q看清楚他跟老板之间的沟通问题，也让他看到自己的现状。看到他职业生涯的改变在自我重塑的路上起步，我非常高兴。

我不仅用了时间线这个工具，还配合有效的倾听、区分、提问、前馈、系统化的CDCA®教练步骤，加上我对他企业的组织文化和战略规划的了解，以及自己的管理经验，让客户有了顿悟的感觉。

时间线和我原创的洋葱倾听法有关，这是第一层洋葱皮"6W2H"中的一个W（When），即"什么时间发生？"我们说，事情的发生就一定会有一个时间，那么这个时间就会呈现一个时间轴，即过去、现在、未来。

运用时间线，让被教练者看到过去、现在、未来，支持被教练者认知自己过去的模式、现在的干扰和未来的希望，他们会更有动力去自我改变、自我重塑，为自己做更好的选择，做出积极的行动，从而走向有希望的未来。

时间线是一个非常有效的教练工具，可以跟其他教练能力、工具相结合，达到以下效果：

1. 支持被教练者看到和教练主题相关的盲点、干扰、模式、潜能；

2. 帮助教练了解被教练者的过去、现在、未来，同时通过被教练者公开的这些时间轴的人与事，有效地和被教练者建立信任关系；

3. 通过被教练者的时间轴，教练可以觉察到被教练者的优点、缺点、潜能、信念以及价值观等信息，进而有效开展下一步的教练对话。

复盘：教练学习的“思维反刍”

我经常被问：“如何成为一个好教练？”“如何提高自己的教练能力？”

每当有人问我这类问题，我都会反问：“你是如何做教练复盘的？”

教练的自我复盘，是教练学习中非常重要且不可缺少的环节，是宝贵的“思维反刍”过程。在自我复盘中，教练对话中的细节将被再次客观呈现：

1. 当时是如何思考的？
2. 为什么会提出这样的问题？
3. 问题是如何设计的？
4. 预想接下来如果换一种方式会如何？

这就犹如穿过时间隧道，回到当时的场景，与那个时候的自己对话，在复盘中发生思维碰撞，激发新的创意、新的思路，新的可能性在此萌发。

ICF要求准备考取不同级别的教练要有不同数量的有偿、无偿教练时数，希望大家通过实践去体验教练理论及知识，发现“知道”与“做到”的差距。在积累实践时数的过程中，ICF也要求准认证教练聘请已经认证的教练当指导教练（mentor coach），至少被教练10个小时，包括团队及一对一的指导，支持他们的实践。

作为指导教练，或者培养指导教练，我都会要求教练们去写教练对话后的反思报告，交了反思报告后，再进行反思总结的对话，这样的指导更有效且更有针对性。这是支持教练们进步的最好方法，见效也快。

在这个世界上不存在完美的教练对话。在每一次教练结束之后，你在欣喜于被热情赞美的同时，也一定会发现很多机会的流失，还有很多改进的空间。一个让自己欣喜的教练对话尚有如此多的调整可能性，一个不满意的教练对话则有更多的可改进之处。而反思教练过程，就成为了教练自我成长的重要途径。

很多初学者被要求写反思报告后，第一反应是抗拒、拖延、不情愿，觉得麻烦，不明白为什么这样做。我也经历过对复盘从不理解到乐此不疲的过程。“教练”不只是一个职位和头衔，它需要我们高度自律以具备专业素养。

反思报告的形式

2003年，我学习辅导学研究生课程，毕业论文要求我们找10个人自愿被辅导，每人10个小时，每次要做自我反省报告。另外我们还要自费请一个辅导员，被辅导20个小时。每次被辅导或辅导他人后，我们都要写总结报告。这10个辅导个案的总结报告以及自己被辅导的反思报告就是硕士毕业论文，辅导员对学员的评价也占毕业论文分数中的一部分。

当时听到这样的要求时，我的第一反应就是“烦”。但我和自己说，虽然我是教练技术的老手，但在辅导学上，我是“菜鸟”，于是我认认真真地完成报告。

研究生毕业后，我发现我的自我教练及教练他人洞察的能力大大提高，一定与撰写上百个反思报告有关。这是先苦后甜、先慢后快的修炼。由于受益于反思报告，我在设计专业教练计划与为企业设计培养内部教练的计划时，反思报告是其中必须的元素之一。

反思报告内容包括：对自己的满意度、目标与现实的差距、自身的盲点、技术运用的熟悉程度，以及下一步的修正行动。以下是教练出席团体教练实践活动后的反思报告的形式：

团体教练反思报告

对自己：

1. 在整个过程中，对于你来说，学到了什么？

2. 在这个过程中，你发现对你的阻碍是什么？

3你获得的启发是什么？

4. 下一步如何行动？

对他人：

5.1~10分，你给今天的小组会打几分？为什么打这个分数？还有哪些可以提升的地方？

这个反思报告的目的，是支持教练们从自身到他人的角度去反思、反省，找到个人及团队需要突破与相对成功的地方。

我的一个学员曾经写了一份反思报告，我非常欣赏，部分内容如下：

1. 整个过程，对于你来说，学到了什么？

——从后往前看人生蓝图；具象化与话题的进一步区分；发现期待背后的标准与体系。

2. 在这个过程中，你发现对你的阻碍是什么？

——不愿意面对的情绪与内心标准的冲突。

3. 你获得的启发是什么？

——接纳自己内在的声音，尝试在压力下突破自己的原有模式，用更多自我肯定的声音代替自我批判的声音。

4. 下一步如何行动？

——根据内心的声音选择要做的事，并在自我批判时给予自己更多的肯定。

5.1~10分，你给今天的小组会打几分？为什么打这个分数？还有哪些可以提升的地方？

——9分。感受到被关注和被帮助，被教练之后看到了盲点，有很多收获。如果可以换个方式,根据感受解读情绪背后的期待并挖掘出内在冲突就更好了。

欲戴王冠,必承其重

看到工作繁忙的学员,一边工作一边学习,要撰写那么多反思报告,有时收到报告已经是深夜一两点或早上六七点。我会问自己是否对他人太苛刻、太严格,有时会对他们的复盘要求有所动摇。

这种因体贴学员而产生的不坚定,一直延续到我看到一篇报道为止。香港一位出色的乒乓球运动员也遇到了一位要求写反思报告的教练,和我的要求一样。

中国香港女子乒乓球一姐杜凯琹,香港主力核心成员,带领团队在团体赛中与各国高手对决,2月世界杯取得铜牌,5月瑞典世锦赛再取得一面铜牌。

凯琹6岁时,妈妈帮她和哥哥在体育馆分别报了乒乓球兴趣班和舞蹈班,可是她一进跳舞室就哭,宁愿跑到隔壁乒乓球班帮哥哥捡球,妈妈只好让她一起学乒乓球。

从小学打到中学,经过无数次比赛,渐渐在学界扬名。"妈妈说我小时候最怕输,玩任何游戏输就会哭,她想让我习惯面对失败,所以经常帮我报名参加比赛,希望我学会面对输的感觉。"长期的实战经验,令她的乒乓球越打越好,不到15岁就加入中国香港乒乓球队。

瑞姐的出现改变了她的人生。教练张瑞是前国家队成员,退役后致力于栽培后辈球手。当时凯琹在世界乒联18岁以下的组别排名第一,中国香港队派瑞姐做她的总教练,为2014年南京青奥会备战。"当时知道可以参加青奥会非常兴奋,这是我小时候的梦想,四年一届的青奥会,年龄组别是14岁到18岁,这是一生只有一次机会。"

有目标不代表会改变,刚开始凯琹对这位教练非常抗拒。"体能上、技术上的训练我可以接受,但瑞姐要我一星期写三篇训练日记,当时我很抗拒,运动员打好球就可以,为什么要写日记?当时觉得瑞姐很烦、很讨厌。"

瑞姐要她记录每次训练的感受、过程中遇到的问题和解决办法，训练后已经疲惫不堪，她用尽各种方法和瑞姐对抗。她说："参加青奥会前有很多外团赛，要赢才有机会取得'入场券'，虽然一直和瑞姐对抗，不过比赛如果照她的方法去做，打赢对手的机会会大很多，渐渐开始对她信服。看到瑞姐比我还紧张，把每一个对手的打法全部记录下来，再针对他们的优劣为我设计训练方案。我成功她比任何人都开心，她像妈妈更像大姐姐，以身作则教我为人处世的道理。"

结果凯琹不单实现了参加青奥会的儿时梦想，还在女子单打、混合团体取得两面银牌，并当选"杰出青少年运动员"。在香港举行的里约奥运外围赛东亚区十六强中，凯琴以局数4∶2爆冷淘汰世界排名第一的名将刘诗雯，一战成名跻身世界级球手。而现在，"训练日记"已经成为赛前功课，帮助她了解自己的能力，改善个人问题，同时分析对手找出拆解方法。瑞姐是她的精神支柱，有时独自一人外出比赛，遇到问题第一时间打电话找瑞姐，赛前紧张失眠、压力大到难以承受时，也由瑞姐为她辅导，令她在乒乓路上摘下一面面金牌。

这个真实的故事让我更加相信复盘的重要性，也更加重视反思报告的作用，对学员及新手教练的复盘要求也更加坚定。培养ICF认证教练和培养世界级运动员是一样的，必须让他们经过大量的反省、总结、改进，才能持续快速地获得自我成长。

捷径是脚踏实地

我常说"高徒出名师"，在挑选学员或被教练者时，必须找出有意愿改变的人才；而在要求交反思报告时，是严师出高徒。因为我深切地知道，文字是最能帮助我们做深度自我反思、提高自我认知能力的工具。

教练的角色是支持客户看得广、看得深、看得远的人，必须具有先知先觉的能力。如何拥有这个能力？复盘、复盘、再复盘；反思、反思、再反思；还要持续写反思报告，脚踏实地。

沉默:美丽而深邃的空间

曾经有学员问我:“教练是不是一定要很能说?”

我回答:“做一个优秀的教练,和‘能说’比起来,‘不说’更重要。”

沉默,是我经常使用的方法。我用沉默去启发、打开、触碰客户的思维,去让客户更立体地了解自己,与他们共创更加宽广的对话空间,令其自由而深入地探索答案。对于我而言,沉默是一个美丽而深邃的空间。在这里,情感可以自由地流动,心灵之门慢慢敞开,压抑已久的泪水倾泻而出。虽然没有话语的交流,但我视之为充满力量的时刻。

“什么是‘沉默’?”

“沉默只是不说话而已吗?”

“要在什么时候沉默?”

“怎样恰到好处地沉默?”

这是学员们经常会问我的问题。

对于经验尚浅的教练,沉默可能会让他们感到不舒服,他们总是感觉需要说点什么,因为他们担心被教练者觉得自己不知道该说些什么。我初学教练的时候,也有同样的感受,经过了二十几年的磨练,现在的我非常享受教练过程中的沉默时刻,我把它看作我和客户共同向内探索的机会。

在教练的过程中,沉默是非常珍贵和有价值的,因为它是一个让客户内省和学习的过程。通常情况下,恰到好处的沉默会让客户获得独特而深刻的体验。

三分钟的沉默冲击力

几年前，我曾在台北教练一位企业高管。这位高管在一家公司投入了18年的年华，由小职员一步步走到核心管理团队。但是，她目前正在考虑离职。她不断地诉说自己的老板如何无能，不会做决策。这个曾是她偶像的企业家，现在已变成不能信赖的领导。

在对话中，我感受到她对这位企业家的不屑和她的自负。可是，她只是看到自己的委屈与郁郁不得志，她不满老板的无能，担心自己的青春投资落空，所以纠结是否要独自出来创业。她认为，凭借自己18年的经验以及累积的人脉，一定可以闯出一片天地。

听完她的叙述，我问了她一个问题。她听到后，脸上露出惊诧的表情，我没有继续提问，而是看着她，保持沉默。当时整个房间很安静，我们都没有说话，我看到她的神情由惊诧转为沉思，似乎有很多情感在内心深处涌动。我依然保持安静，允许她的思绪和情感在开放的空间里尽情释放。

大约三分钟后，我看到她的泪水一滴滴地流下，她坚定地说："我明白了！我看到了我的自负，"她说，"也许我可以找董事长坦诚地谈一下。"

我当时问的问题是："你有想过和你老公离婚吗？"在一直讨论职业话题的中间，我突然这样提问，让这个出人意料的问题冲击到客户的思维，所以她会一时语塞。但是这个问题也会把她的思维打开，让她从另一个角度看待自己的问题，让她知道自负不只是出现在工作上，在生活和家庭中也是如此。我先用提问的技巧去引入，接着用沉默的力量为客户提供一个安全的空间进行思维的延伸，让她更多、更深地看到自己，为自己解开心结。

对于这位客户，我心中有自己的演绎，但是我选择闭口不语，而让客户自己去探索、去回答。因为亲自说出口后，她会更深刻地记得，会更深入地反思。通过沉默的体验去发现问题的真相，她会更有意愿去面对问题，并会采取行动去解决问题。另一方面，也可以验证我的演绎是否正确。

这位客户的悟性很高，她很快就找到了答案。在我们的教练对话结束之后，她以谦卑的态度主动找董事长进行开放、坦诚的沟通，充分了解董事长的战略战术后，放下了批判的眼光，快速调整了自己的状态，并积极配合公司发展。

这种积极的转变完全得益于那三分钟的沉默。在有力的提问之后，沉默以一种更加深厚且绵长的力量让她回到自己的内心，看到被自负和批判掩盖之下的真实的自己。就是这样的力量，让她做出了改变。

要怎样才能做到适宜的沉默，与客户共同创造向内探索的美妙空间呢？在沉默的背后，有三个关键词：勇气、信任、忘我。

沉默是勇气

我们在日常的对话中，经常怕“冷场”，觉得没有人说话的时候气氛会很尴尬，所以总是想找各种话题填补这种空白。对于教练来说，也会有类似的情况。

有些教练属于善于表达、乐于分享的类型，喜欢表达观点，似乎说得比客户还要多。这背后的信念是“我比你强”，此为自负。

也有一些教练总是担心客户觉得自己不够好，所以会一直想要问出好的问题，去争取客户的信任。在沉默的时候他会感到害怕，怕客户以为自己不知道该说什么，此为自卑。

不管是自负还是自卑，由此导致的对沉默空间的破坏，都会让教练失去和客户平等、互相信任的关系，一步一步走入竞争或迁就的关系。

在自负和自卑的背后，都隐藏着恐惧。怕自己不够好，怕遭到否定和质疑，在恐惧的驱使下，总想要去控制局面，把教练对话放在安全的框架里，不允许任何意外的发生。而在我们与客户“共舞”的过程中，一些意料之外恰恰就是最美丽的时刻，只有当我们有勇气放手，去勇敢地允许沉默的发生，这些美丽的“意外”才会不经意地从沉默中破土而出，开出灿烂的意识之花。

有时，沉默意味着对更深层的痛苦的探索，这需要教练有勇气和被教练者共同承受生命之重。在我的一次课堂上，一位学员坦诚地公开她和爱人正在经历极度黑暗的时刻，双方都饱受折磨，但不知如何突破。我听着她的诉说，用眼神传递我的关切和理解，用沉默营造出安全的空间让她倾诉。那时整个教室有几十个人，所有人都在静静地听她讲话，感受着她话语背后的痛苦和无奈。而当这位不善于表达情绪的学员最后说出“我很愤怒”后泪水喷涌而出的时候，我看到了她与内心挣扎一番之后的释放，这就是沉默所带来的力量。

沉默是信任

人们常常说“名师出高徒”，但我一直认为是“高徒出名师”。我接触过十多万个客户，我在他们每一个人身上都看到了闪耀的光芒。我一直坚信，客户永远都比教练厉害，他们自身具有无限的潜力和资源，教练的使命是帮助他们去发现这些内在的宝藏。而关于这一点，也不断地在我的实践中得以印证。

在我的一次课堂上，我教练了一位继承父亲产业的女士。那时她正在经历事业上的低谷，觉得父亲不信任她，不对她委以重任。于是她自暴自弃，辞去公司职位，和父亲的关系也降到了冰点。在整个教练过程中，我一直秉承着“看人之大”的信念，我相信她有很强的自省能力，坚信她可以自己找到答案。所以我没有说很多话，而是给她足够的空间去倾诉。

教练进行到最后的时候，她说出了最近和父亲发生的一次争执，父亲骂了她，后来又给她打电话道歉。我问她：“感觉怎么样呢？”她沉默。我微笑着看她，此时我并不知道答案，但我知道她自己有答案，所以耐心地等待她寻找答案。随后，我看到外表看起来很要强的她有所动容，好像内心某一处温柔的地方被触动了。她说：“我也许可以找爸爸谈一谈。”在那一刻，她放下了偏执，对父亲的爱又多了一份理解，也愿意放下骄傲去和父亲进行深度交谈。在我用信任所创造的沉默空间里，人性的美和善展露无遗。

沉默是忘我

我一直告诉我的学员，客户是主角，教练是配角，我们要做好配角的角色，让主角在主场充分发挥。但在实际的教练中，很多教练都把角色颠倒了，自己成了主角，让客户成了配角。夸夸其谈、咄咄逼人、僵化死板、急于给建议、教别人怎样做，这都是把“我”放得太大的表现。

当教练的“我”变得很大，客户就自然变得很小，别说沉默的空间，就连倾诉的空间都被挤压得所剩无几。我的一个非常重要的价值观是“谦卑”，就是要把自己放小、放低一点，这样才能给别人足够的成长空间。

我自创办自己的教练培训机构以来，进行过上百场公开的现场教练，包括线上及线下。很多学员问我：“你在那么多人面前做教练，不怕失败丢脸吗？”听到这样的问题，我通常都是哈哈一笑，说：“我是打不死的‘小强’啊！”我在年轻的时候，也经历过自负的阶段，那时把自己看得很“大”、很了不起，不愿接受负面的评价。

在几十年的人生历练中，我慢慢看到了自己，全然地接纳自己真实的样子，那个自大的“我”也慢慢变小了。当我能够忘记自己的时候，我更能享受沉默，因为在这样的时刻我没有恐惧，没有怀疑，没有自负和自卑，只有全然的关注和耐心的等待。

当教练的“自我”消融的时候，客户的世界会更加宽广，他们能够畅快地呼吸，任思绪和情感无所限制地流动，这是一个生命能给予另一个生命的非常宝贵的体验。

沉默之“术”

在教练的过程中，沉默可以创造两个短暂的虚拟独立空间：

1.让被教练者有独处的时间与自己对话、思考和向内看，从而让他思考之前没有思考过的问题，回忆过去的事情，发现自己的盲区，促使他往更深、更广、更远去看。

2. 让教练有时间思考，调整自己的教练策略或情绪，观察被教练者的反应和情绪，从而区分自己的想法和假设。

那么，什么时候可以使用沉默这项技术呢？

第一，教练需要与被教练者建立一定的信任，培养一定的安全感，然后才可以适当地使用"沉默"。如果过早使用，客户会把"沉默"误认为"无语"，以为教练没有能力去支持他们，这反而会降低客户对教练的信任和信心。与沉默不同的是，无语是指教练迷失了方向，不知道如何继续与客户对话。因此，如果要使用沉默，教练不能心急，必须要在客户对教练足够信任的基础上适当使用，否则会适得其反。

第二，沉默往往会发生在"美"的问题之后。我在前面的章节阐述过，"美"的问题有三个特点：Challenging（挑战的）、Powerful（有力的）、Difficult（难的）。这样的问题会冲击或刺激被教练者的思维，教练需要提供足够的时间和空间，允许他们在有力的提问之后进一步思考。如果是不痛不痒的问题，被教练者没有深入思考的契机，刻意沉默反而会弄巧成拙。

第三，沉默可以用在有力量的反馈之后。当教练给予很刁钻、一针见血的反馈之后，被教练者会震惊，可能会受到冲击，因此需要时间缓冲。在我的一次教练中，我给予了被教练者一个直接的反馈："听到你这次的离职意向比之前强烈很多！"在反馈之后，我保持沉默，等待被教练者做出回应。这个反馈触及了他的思维盲点，是他没有意识到的东西，从触动、震惊，再到思考，这需要足够的时间。

第四，在了解被教练者的性格特征之后，"沉默"应适当地用于不同的性格。

我在面对被教练者时，通常会从整体去观察他可能属于九型人格中的哪个人格，包括语言表达的方式、回答问题的特点、声音、肢体语言、眼神等，然后根据该人格的特征去选择沉默的时机和方式。

在一次课堂上，我教练了一位学员，在互动的时候她说自己是"外冷内热"的人，随着进一步的交谈，我根据她的整体特征判断她可能是4号人格，同时问一些关于4号人格的假设性问题去验证我的判断。九型人格中，4号人格的特点之一是需要自我反思的空间。因此，我在适当的节点，停止发问，用沉默的力量让被教练者进入自我的世界。

我用沉默给这位被教练者“内心戏”充分发挥的时间和空间，让她停下来感受自己当下的情绪，去尝试正视自我的盲区。和其他人格相比，我会给4号人格的被教练者更长的沉默时间，这样他们就能在沉默中看到更深的层面，与自我进行充分对话。

同样的，对于其他人格，沉默的目的和方式也都会有所不同。例如，九型人格中的3号人格在意自己的形象，需要沉默的时间去思考公开哪些部分给别人听；九型人格中的5号人格的思考和逻辑分析能力较强，需要时间在头脑中充分思考之后再回应。

沉默过久如何处理

在实际教练的过程中，我们也经常会面临教练和被教练者一起保持沉默很久的情况。在这样的情况发生时，我会把选择权交给对方，比如说出去喝杯水或去洗手间，然后回来后再告诉我答案。若客户依然沉默，我会主动叫停，让他们回去继续思考，并约定下一次教练对话时做回复。同时，教练也可以用提问的方式了解对方在沉默中的思维状态，可以进行如下提问：

“你是对我不信任，所以不说？”

“你觉得我不理解你，所以不说？”

“这个问题太复杂，不知从何说起？”

“你认为现在不是合适的时机去公开自己的想法？”

“我是否需要把问题再讲一次或是修正一下，让你更明白如何回答？”

询问以上问题，并不是指责对方不回答，而是理解、包容对方的沉默，强化彼此间的信任，让对方在一个被同理心包围的氛围下公开自己的想法，这些想法很可能让客户自己和教练找到问题的解决方案。

以上就是教练过程中使用沉默的力量的“道”与“术”。看起来很简单的“沉默”，实则是由勇气、信任、忘我调配而成的三色土壤孕育而成。沉默是留白，在沉寂的力量中回归当下，看到内心。作为教练，能够和另一个生命共同走进这样的世界，何其妙哉。

第四章

企业教练问与答

——可以慢，不可以停。

只能教练自己擅长领域的客户吗?

问:“企业教练只能教练自己擅长领域的客户吗?”

答:“教练是一面镜子,中立地让客户看到自己的潜能、盲点和需要改进的地方。专注于客户的内在,焦点在于价值观、干扰、盲点,以及支持客户做出有效的选择。教练不是作为某个行业、专业知识及经验的顾问,焦点不是在技能层面的提高上。”

在运动场上,教练不一定是取得过金牌的运动员。不是每个优秀教练都如我国女排教练郎平那样,由金牌运动员成功转型为金牌教练。教练和运动员是需要不同能力的,教练需要有洞察力和激发他人潜能的能力,运动员则需要挑战自己的极限,同时具备这两种能力的人才不多。

我作为企业教练,清楚自己可以服务不同行业的客户。但是客户不一定这样认为,有些客户把同行经验放在第一位,也将此作为重要的评估标准。而对一些客户而言,行业经验不是必须要有的,整体的教练素质及能力评估才更重要。有些客户希望教练对自己的行业有深度了解,减少沟通隔阂,也有客户希望教练不是自己的同行,这样教练可以更客观地看到一些盲点。有些客户要求企业教练不单是ICF认证教练,还要求企业教练本身有丰富的高管经历,两者具备才会邀请教练面试以及推荐去见被教练者。所以,教练必须先了解客户的需求,然后决定自己能否服务到这些客户。同时,客户也会评估教练是否适合自己。教练与被教练者是双向的选择,是志同道合者的匹配。

有些企业教练专注于某一个行业,如做管理咨询一样深耕某一个领域。我自己没有这样的定位，因为我认为每一个行业都是一群人一起打造出来的，正如我当年创业一样，没有做商业计划书，没有做市场调研，但是深信只要有积极进取的人，就有教练的市场。“高徒出名师”，高徒在，教练就会在，所以我喜欢服务不同行业的企业及高管。而且我喜欢学习新事物，和不同行业的领导者接触，这可以令我不断奔波在学习的路上。我从1996年就开始做企业教练，策划过不同的企业服务个案，从民企到外企，从生产型企业到房地产企业，再到金融业及互联网，顺势而为，时刻在学习的过程中保持初心，保持活力。

当不同行业的客户邀请我做企业的一对一教练或者团队教练时，我会先了解自己现在对这个行业的认知有多少。我知道自己的差距后，会努力地在网上学习，向熟悉行业的人请教，并且坦诚地告知客户自己懂多少，告知客户自己愿意花时间去学习、去了解。

什么时候是最好的教练时刻?

问:"什么时候是最好的教练时刻?"

答:"如果说有效的管理者是在正确的时间做正确的事情,那么有效的教练就是在对的时间跟对的人对话。教练的使命是走进被教练者的内心世界,使他愿意公开内心的干扰,启发他找到想去突破的地方。所以,在恰当的教练时刻,也就是在'对的时刻'进行教练对话是非常重要的。"

对我来说,主要是通过信任、意愿和目标这三个维度来找"对的时刻"。这三个维度的出发点都是关注被教练者的状态,只有被教练者准备好了,教练才能够真正帮助到他。

有效性基于信任

信任可以从两个方面去分解:信任自己及信任他人。被教练者相不相信自己和相不相信教练,都会直接影响到教练对话的有效性。只有基于信任这个基础,被教练者才愿意开放自己的内心世界。

最好的教练时刻是被教练者全然相信自己会变得有所不同的时刻,同时也是信任教练可以带领自己看到盲点、减少干扰、发现潜能的时刻。

在教练对话中,虽然被教练者和教练都处在"自信"的状态时是最好的时刻,但有时也会遇到不同状态的被教练者:

一种是"自负"的状态,相信自己多过相信他人,特别是那些位高权重的高管、企业家或者是被安排来见教练的人。教练要善于通过《教练前自我探索表》及化学会议等工具，做好教练前的准备，更自信地去面对自负的被教练者。

另一种是“自卑”的状态，觉得自己出了问题，认为自己很不好，自己不行，不相信自己就是那个出色的、可以拿到金牌的运动员。他们相信教练，觉得教练很好，在这种情况下，教练要多鼓励对方，找到教练的方向。

还有一种是“自残”的状态，不相信自己也不相信教练。教练对话将会很艰难，或者对方不适合被教练。

完成教练对话后，被教练者要制订相信自己及他人的行动计划，相信自己可以完成，也相信他人会支持自己，然后进入实施，取得自己想要的成果，创造一个更好的团队、工作或者家庭氛围。因此，被教练者的准备程度比教练的准备程度更重要。

意愿决定深入程度

被教练者的意愿很重要。那么“意愿”是指什么呢？就是当被教练者与教练建立信任之后，是否愿意去面对自己当下最需要突破的地方。

很多人需要突破，是因为他生活在舒适圈里，看不到外面的世界。或者是他知道前面有困难，但是不愿意去面对；又或者是觉得现阶段不需要这么着急去面对。

我们强调教练就是“教”完要“练”，如果他没有意愿去面对、去行动、去实践，那么教练对话可能只是很普通的聊天而已。只有他有意愿的时候，教练的意义和对他的触动才会足够深入。这个时候，我们就需要关注他是否愿意公开、是否有问必答、是否答得深入，因为教练的主要目标是为了发掘他的盲点和潜能。用约哈里窗理论就可以知道，只有当他愿意公开，我们才可以发现他的盲点和潜能。如果他不愿意公开，大家都只是表面性地聊天，这样就失去了教练对话的意义。

当对方既有信任又有意愿，这就是非常好的教练时机。教练对话可能会涉及工作、人际关系、亲密关系、家庭关系、生命等话题，他是否愿意公开、愿意面对、愿意走入这个需要突破的范畴，就成为了教练能否推进的关键。被教练者愿意穿越这种痛苦或者困难，体会认知自己内在的痛与快乐，而且在教练对话完成后，有意愿去行动。所以，把握最好的时机要看清楚他的意愿度。

目标要有落地性

通常教练对话是1~2个小时，如果只是东聊聊、西聊聊，就会范围太散，没有重点。所以，一定要了解被教练者的教练主题，并且清楚教练主题的方向，还要能够支持被教练者制订可执行的目标。

举个例子，有很多人探讨人生的意义，探讨完后感觉听起来很有道理，却没有付出任何实际的行动。教练并不是空谈哲学理念，教练对话也不是感觉良好的聊天，而是要能落地执行的。教练技术是支持知行合一的过程。教练需要用“SMART”原则来衡量目标，到底是否足够清晰（Specific），是否可量化（Measurable）、可执行（Attainable）、有关联（Relevant）、可检视（Time-bound），这样可以让被教练者的行动有很强的可落地性。

其实，教练技术最适合运用在高能力、有潜能、意愿有波动的人身上。教练这类人才的最好时刻就是在他们有高度自信、强烈意愿、清晰目标的时刻。当对方三者都准备好了，教练与被教练者可以立即进入坦诚而深度的对话。如果欠缺其中的一两个元素，可以先在互相真诚的沟通下补齐欠缺的元素；如果教练体会到三个元素都欠缺，那就不要开展教练对话，需再等待合适的时机。

我原创的CDCA®的四个步骤的第一步“联系”，就是关注这三个维度。在教练对话开展前及开始时，用心建设教练的最好时刻，为后面的三个步骤作前锋，先慢后快，把基础扎稳，后面就可以更容易深入地发现被教练者的干扰、盲点和潜能，被教练者也能更有效地做出选择，积极行动。

企业教练可以教练自己吗？

问："学习教练技术后，可以运用在自我教练中吗？"

这是很多学员都会问的问题。一般情况下，我不直接回答，而是反问对方一个问题："如果你要进行自我教练，你会问自己什么问题？"

学员回答说，会问自己这样一些问题：

"我真正想要什么？"

"我现在所得到的和我想要的有什么差距？"

如果答案是有差距，学生继续问自己：*"我可以做什么缩小这个差距？"*如果答案是没有差距，继续问自己：*"我真正想要什么？"*

我说："很好的自我提问！你这不就是正在把学到的知识用于自我教练之中吗？"

接着，我对学员提出的问题进行了补充，让其更加完整，令每一个人的自我教练主题更有效：

"我真正想要什么？"

"我现在所得到的和我想要的有什么差距？现状是多少分？差距在哪？"

如果答案是有差距，学生继续问自己：*"我可以做什么缩小这个差距？希望达到什么效果？需要什么资源来达到？需要谁来协助自己得到自己想要的？"*如果答案是没有差距，继续问自己：*"为什么此刻想知道自己想要什么？是受到外界的刺激，还是自己的内在需求在改变？"*

让自己成为成功个案

学习教练技术后，面对的第一个客户不是外面的人，应该是自己。把教练技术运用在自己身上，让自己成为优秀的客户，让自己成为第一个成功的个案，这样更有说服力去吸引外部的客户，同时也为自己建立自信。不是要你比客户更成功，你只需要让自己比之前的自己更好即可。

如果发现无法教练自己，无法自我突破，没有有效的问题鼓动自己思考，或停在某个点上，想不通，过不去这个关口，可以找他人教练自己，让另一个教练作为自己的镜子，协助自己更全面地认知自我。

有学员分享了这样一段故事，她是一个十分上进的企业高管。听到同事、同学、朋友在职场上升职、加薪等消息，她心绪不宁，内心烦躁。她把刚学到的教练技巧用在自己身上，问了自己两个问题：

“你现在拥有什么？”

“你现在缺少什么？”

她在纸上写下答案。看到满满的都是她拥有的东西，缺少的东西反而不多。看清楚自己的现状后，她的心情平静了下来，烦躁的情绪消失了，更清楚自己的专注力要放在哪里。

与其不停地羡慕甚至妒忌别人，还不如静下心来看清楚自己，在自我发现中做好自己。

自救、他救与救人

有一段时间，我经历了无法成功自我教练的过程。我的公司发展有一个重要目标无法达到，内心十分焦虑、恐惧，甚至有一些愤怒。焦虑的是时间紧迫，无法兑现对客户所承诺的时间；恐惧的是目标不能完成的后果——失去面子与诚信，影响团队的气氛，失去前进的动力；愤怒的是曾经给过承诺的人袖手旁观，置身事外，多次向他们求救后却没有消息。

另外，还有一个强大的声音让自己休息、不要贪、不要冲，内心的杂音非常多。面对多种夹杂的情绪，我不断教练自己，提醒自己专注在目标上，不忘初心，努力行动去完成目标。但是，我感觉到效果不佳，需要用不一样的方法去自救。

我终于等来了一个机会。我需要被两个准备考ICF认证的学员教练，以此来评估他们的教练水平。我问自己应该出什么教练主题给这两个学员，我觉得为了支持两个学员有真实的教练体会，不能出一个应付、表面化的主题给他们。同时，我也真的想被“照一下镜子”，在这个关键的节点上找到突破口。

基于每一个人都需要一个教练的信念，我给出了我的被教练目标。我的意愿度达到10分，信任度也达到10分。两位学员教练我后，十分兴奋，十分有满足感，体会到我所说的“高徒出名师”。因为我很配合，有很高的自我觉悟，还有高行动力。他们认真准备我的教练主题，把学到的教练工具、知识用来教练我，让我认知到：我一方面在积极行动，一方面却在负面地推动自己及团队。他们也让我看到完成目标的可能性。

结合教练对话的启发、外部顾问给予的方法，我积极整合资源，经过差不多一个月的努力，终于在限期内实现了突破，完成了承诺及目标。

自我教练和被人教练不是对立的，而是相辅相成的。不要以为学习了教练技术，只靠自我教练就能解决所有问题。自我教练是有效认知自己内在的对话，意识觉醒，更明白自己的局限，更懂得和自己及他人共处，更知道在哪方面需要别人的支持，更懂得向适当的人求助。

对我而言，有了自我教练能力，当被别人教练时，如虎添翼，和教练配合得更好，可以达到出神入化的境界，更能和教练创造出美妙的教练对话。当与教练完成对话后，能够更有方向、更清淅地自我教练，效果也会更好。

“无容人之心，何来看人之大”，这是每一个教练都应记住的一句话。一路向内，走好自我教练的探索之路，走进自己，才能影响别人。

教练的心法是什么?

问:“要成为一名优秀的企业教练,最重要的心法是什么?”

答:“作为教练,最重要的教练目标之一就是帮助客户看到自己行为背后的信念。因为每个人的行为和选择都是基于内在的信念。对于教练自身,想要持续地提供专业、正向、高效、深度的教练服务,内在也必须要有坚定的教练信念。”

我总结了五条教练信念,这是教练的重要心法,也是我在培训ICF认证教练课程第一天送给学员的礼物。

人人皆有资源

第一个信念:我相信——每个人都有足够的资源。

我遇到过很多客户以身边没有资源作为挡箭牌,但是我常常会提醒自己,不要和客户一起掉进这个陷阱。要和客户进行区分,是真的没有可用资源,还是对方没有真的想要找资源?是意愿出了问题,还是能力出了问题?对方只是嘴上说想要资源,还是做了很多努力去寻找资源?

在这个世界互联的时代,有搜索引擎、公开课、App、微课堂、线下课程等各种渠道,让我们寻找资源的成本变得很低,甚至可以免费获得。关键在于你是不是真的想要资源,是不是在努力地去寻找资源。

每一个人所拥有的资源,不仅有外在的资源,还有内在的资源。每个人都带着一身的宝藏而来。正如呼吸系统、循环系统、免疫系统能让我们生存、成长和自愈，勇气、自信、定力、智慧、想象、良知、爱和情感也一直都在每个人身上，看你是否决定把它们拿出来。当我们要改变，要从悲伤、痛苦、困顿中走出，最重要的是内在的力量，首先是自己救自己，他人才有可能施以援手。

教练可以帮助客户去发现，到底是什么阻碍了他去寻找资源？是僵化的信条、深层的恐惧，是碍于面子不愿意求救，还是把问题合理化，掩饰其他的问题？但对于资源本身，我相信对于每个人来说都是足够的。

人人都能改变

第二个信念：我相信——每个人都有改变的能力。

很多人问我，人是可以改变的吗？我会很肯定地回答："是的。"每个人都有改变的能力，决定权在他手里。

每个人都经历过婴儿时期，从不会吃饭到会吃饭，从不会说话到会说话，从不会走路到会走路，改变与成长的能力一直都伴随着我们每一个人。就看你是否能看到它，是否愿意鼓起勇气来用它，是否愿意再一次让自己重新成长与改变，是否能够像婴儿学习走路那样不怕摔倒、不怕被笑。

有些人不改变，可能是基于以下原因：

1. 不明白。不知道自己需要改变，无知无觉，看不到需要改变的地方。

2. 不愿意。有些人知道改变可以使人变得更好，但是不愿意改变，因为现在很舒服，认为没必要改变，同时没有危机感。

3. 不相信自己。有些人不愿意改变，是不相信自己可以改变，认为更加美好的未来是为有能力的人准备的，自己能力不行。

4. 不相信他人。有些人会因为他人而不愿意改变，或参与改变的人不是他喜欢与信任的人，使得他人成为让自己改变的障碍。

教练的重要信念，就是每个人都有改变的能力。当客户来到教练面前，这本身就说明他带着对改变的渴望和期待而来，教练要支持他激发改变自己的力量。

人人都会做选择

第三个信念：我相信——每个人都会为自己做出最好的选择。

每一次和客户开始教练对话之前，有一个很重要的区分会决定对话的走向，那就是：你相信谁能为这个客户做最好的选择？是他自己，还是教练？

答案是客户自己。教练的作用是一个中立的镜子，努力让客户看到更多关于他自己的信息，包括他的环境、他的模式、他的信念、他的情绪。看到更多的维度，可以帮助他为自己做出更好的选择。教练千万不要误以为自己比客户知道更多，客户才是最了解关于他自己所有信息的那个人，也只有他才可以每分每秒为自己做选择，并且每分每秒承担着自己选择的结果。

教练如果不够清醒，就有可能会迷失自己。比如，当客户有意无意地拿着教练比较熟悉的问题来探讨时，教练就容易出现“我比你懂”的错觉；当教练自以为旁观者清时，就会认为客户太冲动、太任性，而自己更理性；当客户不愿意改变，或者做出了某种不利的选择时，就认为自己的教练能力不行。

如果客户在教练之后做出的决定是不改变，或者不符合教练的预期，这并不一定代表教练失败，因为：

1. 可能经过对话后，客户释然了，他不再纠结，他明白当下的接纳就是他最好的选择。

2. 可能经过对话后，双方得到了A方案是最佳选择的共识，但是客户潜意识里有另一个B方案，它在教练的过程中并没有被发现。

3. 可能客户意识到一个更好的B方案，但其中有客户不想面对、不想讨论或者不想公开的部分。

4. 可能是客户的信任度或意愿度还没有准备好。

没关系,慢慢来。教练之后,无论客户是否选择改变,怎么改变,我们都要接纳。如果把客户是否改变作为自己教练功力的检查表,那教练的压力就很大了。当客户不愿意改变,可能是时间没到,暂时可以放下,但不是放弃,我们要耐心等待。同时也反思自己有什么地方可以做得更好,自我接纳而不自责,也不去责怪客户。

人人都可以穿越痛苦

第四个信念:我相信——教练的过程是痛并快乐着的。

在人的所有感觉中,只有痛觉是不会因为持续刺激而降低敏感度的,所以人人都怕痛。人的成长往往都是要穿越疼痛的。英语里面有一句著名的谚语,叫"No pains, no gains."(没有痛苦就没有收获),没有痛苦就凸显不出快乐。很多人最大的成长,就是在穿越人生低谷的时候。

在我教练他人的经验中,成长最大、最快的,就是带着问题来的客户。因为够痛,人才会特别有动力和勇气去改变。他们常常告诉我,穿越之后的快乐让他们觉得之前的"痛"是值得的,甚至是幸运的,因为如果早点知道,敢于面对,就可以少走弯路,减少损失。

有一些人想要改变,但仅仅停留在想的层面上,因为没有足够痛,改变的意愿也就有限,结果也就可想而知。客户也许对目前的状态尚且满意,也许感到痛苦但不知怎么处理,欠缺勇气,所以采取了自我保护模式。

教练就像军师和导航软件,既要让客户发现他的问题在哪里,又要带领他看看不去处理的结果会如何,处理后结果又会怎样。通过这样的区分及引导,帮助客户点燃改变的意愿和勇气。

这一切都要基于扎实的技术、敏锐的洞察、深度的提问,找准痛点!同时,教练要选择适当的环境,持续地跟进,让客户对自己和对教练都要足够信任，陪伴客户从面对痛苦到跨越痛苦，最终获得快乐。

人人都需要持续的支持

第五个信念：我相信——教练是一个持续的过程。

前面我说过，一个人的表现等于他的潜能减去他的干扰，教练对话就是陪同客户提高潜能和减少干扰的过程。

我们在环境中会持续遇到干扰。客户经过一次教练，原有的干扰被削减或者消除以后，回到生活中去实践，面对多变、不确定的环境，原有的干扰可能又会出现，新的干扰也可能出现。因为生活是有惯性的，人是有惰性的，客户经过教练减少了干扰，有可能只是"知道"，有可能只是感受变好了，而不是真正"做到"。从"知道"到"做到"，还有很长的路要走。

即使经过教练，客户的干扰也会来自不同的方面。一是客户的惯性，一次教练对话不足以抵挡惯性的力量；二是客户遇到意料之外的困难，影响了内心的坚定；三是其他人的意见甚至阻挠，使干扰再次出现甚至加大；四是客户解决了旧的难题，面对新的挑战和更高的目标，干扰再次光临。

如果没有下一次的教练，考验的是客户一个人的坚持、决心、勇气和韧性，这是一个很大的挑战，也是一段孤独的旅程，很可能又会被生活拉回原有的轨迹。当有教练持续地陪同，客户就可以不断地去觉察自己到底要什么、发生了什么、自己要如何调适，从而使改变真正地发生，使新的思维及习惯巩固下来。

教练的服务是一个持续性的过程，一般客户都会签约10次，为期半年或者一年。或者在一个阶段的服务结束后，经过几年客户又会再找教练，支持自己的另一次跨越。

这五个信念就是我常常说的"看人之大"，它们是重要的心法，必须扎根于教练的信念之中，伴随着教练的每一次专业服务。

东方教练有特别的信念吗?

问:“教练技术起源于西方,ICF也是西方建构的教练体系。作为一个中国人,根植于中国文化,中国的企业教练和西方的企业教练有什么不同?或者说,有没有特别的信念是专属于东方教练的?”

答:“有。适合中国人、海外华人的教练信念就是‘修身、齐家、治国、平天下’。”

经常有学员和读者问我上面这个问题。从多年的教练实践中,我觉得适合我国企业教练的信念就是“修身、齐家、治国、平天下”,基于前文所述的五个基本信念,我把它列为第六个教练信念。

修齐治平的脉络

“修身、齐家、治国、平天下”来自于《礼记·大学》中的“物格而后知至,知至而后意诚,意诚而后心正,心正而后身修,身修而后家齐,家齐而后国治,国治而后天下平”,讲的是做人做事和追求人生境界的顺序,首先要修养自身的品性,接着要管理好自己的家庭和家族,然后才能治理好自己的国家,最后才能达到“天下太平”的理想。

古代的书不是给普通百姓看的,是给士大夫、贵族甚至是君主看的,整个国家是由众多的诸侯国组成,所以它说的是“治国”的概念。放在今天的社会,“治国”可以引申为做好自己的工作、经营好自己的事业。

中国人讲究德才兼备,更重要的是把“德”放在“才”的前面,正是“修身、齐家、治国、平天下”思想的一脉相承。这个顺序是非常重要的，一个没有把“修身”做好的人，一个“德”出了问题的人，一个不能把自己的家建设好、维护好的人，即使在事业上有所成就，最后也一定会面临种种问题，导致事业上的混乱和失败。

身修而后家齐

基于第六个教练信念，当遇到的教练主题是被教练者的个人生活时，我会从“自我认知”到“家庭关系”，再到“事业发展”，最后到“与环境共处”依序开展教练。事业出问题，很多人是因为没有处理好家庭关系而影响了事业，反之亦是如此。事业和家庭息息相关，唯有家庭和谐顺利，才能无后顾之忧地去冲刺事业。

如果被教练者的教练主题是从“工作”开始，同样我也会从被教练者的“修身”开始，关注被教练者的自我管理、正知正觉。从被教练者个人的价值观出发，去讨论当其面对管理上的决策时会如何思考。因为管理者的决策会影响到团队、组织，以至于行业，所以鼓励被教练者从商业伦理角度去思考。不少企业家推崇“企业就是员工的另一个家”的理念，从“修身、齐家、治国、平天下”的角度去推进公司的发展及团队的整合。

跟从你的内心≠跟从你的心情

第六个教练理念与西方心理学的人本主义倡导者马斯洛的五个需求层次理论有所不同：马斯洛指出人们先是满足了两个基本需求——生理需求和安全需求，然后是三个成长需求——社会需求、尊重需求及自我实现的需求，人们以个人需求为基本出发点；与西方文化注重个人主义有所不同，东方文化更多地关注家庭和团队，中国人愿意放下个人需求而满足家庭的寄望。

现在很多年轻人听到西方教练说：“Follow your heart.”（跟从你的心），

就对自己说:“做自己想做的事情，跟从自己内心的呼唤。”然后随心随性地去做自己认为对的事情，完全不顾父母与周边人的感受，那其实是一种“任性”。每看到这种情况发生时，我很担心，通常我要叮嘱一句:在“follow your heart”之前，要把你爱的人、爱你的人都照顾好，不能只由着自己的性子来。

这句话源自人本主义的思想，相信每个人都有自我实现的内在驱动力，每个人都是独一无二的。它所说的“follow your heart”的那颗“心”是你真正的、根本的那颗心，那颗想要自己变得更好、想要世界变得更好的心，而绝非当下心情的“心”。

许多人和自己的内在并没有太多的连接，或者受到外界太多的干扰而忽略自己的声音，真正的心是被蒙蔽的，并不知道自己真正想要什么，而只知道当下想要占有什么。所以作为教练，说话是要很谨慎的，随便说一句“跟从你的心”，可能会误导他人，被解读为“跟从你的心情”，以为自己怎么痛快就怎么来就行。

中立≠没有立场

在教练对话中，教练既要有同理心，又不能与客户“同流合污”，所以要保持中立。但每个教练作为人，都有自己的独立意识和自由选择的权利，不可能做到完全中立而毫无自己的立场。因此，教练所谓的中立并非没有立场。

在上海，我曾经看到一位学习西方教练技术的朋友，在某次教练会议做现场教练，教练一位30岁刚晋升为销售经理的男士，教练主题是“如何管理团队？如何面对工作的压力？”。这位教练让男士闭上眼睛。

教练问:“你最想要的是什么？”

男士答:“自由自在的旅行！”

教练问:“达成了这个梦想，你的感觉会如何？”

男士答:“爽！”

教练问:“你会采取什么行动来完成这个梦想?”

男士答:“明天回公司裸辞!”

这时,教练让男士张开眼睛,告知他教练对话结束了,因为他已经知道如何做,如何自我实现。我看到这个情境,内心感到非常惊讶,感觉这样的教练方法不切合实际,只是跟从当下心情而决定的行动,是冲动,是任性!

我说:“可以让我补充一下吗?”

得到允许后,我问男士:“我想先了解一下你的家庭背景,你是独生子吗?是否结婚了?”

他回答:“对,我和太太都是独生子女,刚刚结婚不久,准备生孩子。”

我问:“父母的状况如何?”

他回答:“父母刚刚退休。”

我问:“你近日工作上有压力,是因为发生了什么事情?”

他说他刚刚开始带团队,手下都是以前同时进入公司的同事,因为自己业绩最好而被率先提拔,现在不知道如何带领团队。每个月90%的团队业绩都来自自己,心里感到很纠结。其实,他的困惑十分正常,他必须面对及改变自己的固有习惯,由个人思维向团队思维转换。

我通过倾听、区分、提问及反馈等教练技巧,让他认知干扰的来源以及自身领导力的突破口,支持他找到在新岗位做好工作的方法。他决定不裸辞,给自己半年时间去调整自己及团队的状态,半年后再带全家去旅行。

半年后,我在一场活动中遇到他,他告诉我自己已经跨越了新晋管理者的适应期,团队运作顺畅,正在安排与家人的度假。我听后内心颇感欣慰,幸好当时他没有选择裸辞,否则就错过了自我成长的经历。

我的教练方向和这位完全接受西方教练培训的教练不同。我不是从个人主义出发,而是从了解他的家庭状况开始,了解他要面对的家庭责任,了解他的现实条件是否容许他裸辞,并运用教练信念中的“看人之大”,认为他有能力两者兼得——既可以照顾家庭,又可以追寻梦想。

可见,教练本身的信念会影响教练的方向及切入点。

生命影响生命

在学习源于西方的教练技术时，要融入东方的思想，与我国的实际情况相结合，才能规范而有序地发展，才能更好地为个人、组织和社会服务。

教练是一个用自己的生命影响他人的生命并强调知行合一的过程。所以教练自身的价值观一定会影响被教练者的“知”和“行”。生命影响生命，教练应不断地提高正知正觉的水平，不断地自省以完善“修身”，以至于“齐家、治国、平天下”。

如何活用教练工具?

问:“你创造了很有用的教练工具,包括一些专业的教练工具卡。要是在教练对话中忘记带工具卡了,怎么办?”

答:“教练成功的关键是与客户同在。教练技术是一个创意式的艺术,和客户共舞,不拘泥于方式、方法及工具,信手拈来的物品也可以有效地支持客户,还会让教练对话的方式更多元化、更有趣味性。最重要的是,一定要与客户同在。”

我在朋友圈分享了几张咖啡糖包与牙签的图片,有学员问:“吴导,你的牙签和糖包是干什么用的?”

这些图片记录了一次非常有趣的尝试,它们是我临时起意创造的教练工具。在做教练时,如果没有带专业的教练工具卡怎么办?其实,随手找来的牙签与糖包也可以成为教练工具。

机会面前,真的可以随便?

那天,约了一个一年多未见的朋友。他是优秀的室内设计师,做办公室设计,有能力、有主见、有创意,我非常欣赏他。他在35岁时,放下拥有的一切,在太太、孩子及父母的支持下,给自己一年时间做出国前的准备,最终顺利考上了英国的一年期硕士。他能够为学习中断两年的工作,可见下了很大的决心,让我很佩服。

我们一直保持着联系,经常通过微信交流。他在英国的时候,曾经分享过回国后的事业发展规划，我也一针见血地反馈给他，他感觉很有效。

回国后，他同时面临四个选择，他又问我该怎么办。一个拥有10年设计工作经验，并取得海外硕士学历的人才，不愁找不到工作。所以，我并未直接回答他如何选择，而是反问他几个问题：

"还有3年，你40岁，你会是怎么样的？"

"45岁时，你会是怎么样的？50岁时的你会是怎么样的？"

"13年×365天，4745天的人生，你想如何活？"

听到这三个问题，他有一点惊讶。因为我没有停留在他的短期目标，没有直接去回应他的选择，而是带他去看长期目标，从长期来看回短期。

为什么我会这样问？有一个主要的原因，我问他在这四个选择中，哪个选择更好，他说随便，哪个都可以。从他的回答中，我发现他没有方向性，所以就不和他谈当下的选择。

创造有趣的教练工具

优秀的人才不缺工作，不缺机会，但是要做一个有效的选择，就需要考虑长期目标与短期目标的结合。当客户被短期目标纠缠时，会忘记长期目标。所以教练要看到客户看不到的盲点，通过提问，让客户看到一些他忽略的维度。

听到我这样问，他公开了在英国时的自省内容。他说在英国念书，多了不少独处的时间，回想过去，发觉自己没有什么成功事迹。他认真地考虑过自己的未来，梦想就是成为一个有影响力的设计师，打造自己的品牌，并与国际上优秀的设计师合作，开办一个国际知名的设计师事务所，希望在未来的人生中，交出令自己满意的成绩单。

回国后，他也在思考这些问题。现在面临的选择是要不要创业？要不要接受一个企业家的邀请成为合伙人？另外还有两个业内知名企业等待他的回复，面对两个成熟企业的招手，应该选择哪一个？之前的雇主在他回国后，也立即找到他，邀请他做合伙人，承诺给他高度的自由，是否应该接受这个邀请?

我们谈话的地点是一个港式茶餐厅,所以我就信手拈来,用牙签与糖包来作为教练工具。

首先我拿出4个糖包,代表他现在面对的4种可能性,再拿出3根牙签,代表他40岁、45岁、50岁会怎么样。通过计算,他看清楚了自己到50岁只有四千多天的时间,既然只有四千多天,当然就不能草率地面对。

他说不想再继续10年的打工生涯,希望通过和企业合作,更有话语权,也能展示自己的创造力。同时,他也知道自己已经离开行业2年,资源有限。所以,他非常清晰地决定将四个选择聚焦成为两个选择——从两个成熟企业中选择一个进行合作,这是当下的最佳选择。

我把桌面上的4个糖包和3个牙签,变成了2个糖包和3个牙签,让他更专注于未来与现在的差距,更聚焦在他想达到的梦想和短期两三年目标的关联性上。

当他盯着眼前的2个糖包,我问他:“你有没有向业内人士打听过这两个企业在行业中的企业品牌、企业发展及文化、管理风格,还有董事长的领导风格?”他说没有做这样的背景调查。这个提问让他知道需要对企业背景做一个更全面的评估。他说,未来一周内会收集资料,以便做出有效的选择。

糖包与牙签的组合成为了新的教练工具,把他的现状、选择和未来都呈现了出来,让他更立体地看见了未来的方向。

教练工具可以信手拈来,但选择不可以随便。教练的境界,就是坚守那些重要的原则,灵活使用不同的工具,还可以创造出有趣的教练工具。

教练从业者要具备什么素质?

问:“现在市场上很多人去考‘教练证书’。一些机构只是为了赚钱,在培养教练上缺乏严谨性和专业性。我接触过一些企业,认同教练辅导的价值,但是他们也很困惑,因为见过很多不称职的教练,慢慢开始对教练辅导失去信心。对于这种状况,您怎么看?”

答:“几乎所有的行业都会面临类似的问题,每个行业都有令人尊敬的人或机构,当然也有令人不认同的。”

我国的教练市场出现这些状况,我觉得有两个方面的原因:一是学习教练的人浮躁,二是培养教练的这些公司也浮躁,所以就导致了教练市场的混乱。

问:“那么,作为教练从业者,需要具备哪些素质呢?”

答:“无论是做兼职教练还是全职教练,或者是做企业内部的教练,或者是做一个经营教练培训机构的负责人,我觉得教练行业的从业者一定要具有六个最重要的素质,分别是以人为本、使命推动、持续学习、专心专业、目标导向、知行合一。”

不少人还问我,他们是否适合上教练认证课程,是否适合当不同领域的专业教练。我说,只要承诺用这六个素质来修炼自己,每个人都可以做教练。如果是经营教练培训机构,更需要具备这六个素质,不然不可能培养出优秀的教练。

第一，以人为本

我认为，当教练必须要对人感兴趣，认同人的重要性，理解由内至外、由外到内的双环学习理念。很多人来学习教练技术，第一句就是，他喜欢研究人，他想知道为什么人会有这样的思维、会有这样的行为，很想了解为什么人会这样子思考，或者想了解自己这个人为什么会这样子，和他人不同的原因是什么。

教练技术最重要的课题就是研究人。如果对人没有兴趣，就很难在这个行业做得好，也很难坚持到底。所以，对人有兴趣，以人为本，是很重要的一个素质。

第二，使命推动

做教练能帮到人、正面影响到人，这是很开心的，很有成就感。但是，被教练者反反复复的状态，也会令教练动摇、有挫败感，甚至有抓狂的时刻，有时会怀疑教练技术对人的自我重塑的有效性，有时怀疑被教练者是否真的能够改变自己。

我常常会遇到一些教练说自己很累，为不同的企业、家庭、人群的成长奔波、操心，身心疲惫，有时已经忘记了这份职业的使命感。我就问他们："你为什么要做教练?"希望他们在内在使命感的推动下找到力量。

如果有人想要成为全职教练或考ICF认证教练ACC、PCC、MCC，我会问他：

"你当教练的愿景是什么?"

"你当教练的使命是什么?"

"想成为一个怎样的教练?"

"教练对你的意义在哪里?"

这份内在的使命感非常重要，是教练内心的心锚。如果没有使命感，就很难坚持,因为人是很容易反复的,也很容易被外界影响,所以需要有坚定的立场,需要有发自内心的使命感。

第三,持续学习

做教练就是支持被教练者不断地成长,不断地面对自己,不断地突破自己的极限,找到人生或者职场上新的可能性。所以,教练一定是一个开放地接受新可能性的人,是一个喜欢学习、不停地反思、不停地总结、不停地接受新东西的人。

如果教练固步自封、自以为是地只是教练别人突破自己,自己又不突破,说一套做一套,这样很难令被教练者信服,无法成就他人。

教练持续学习的另一个目的是给教练本人自我叫停和自我充电的时机。教练对话让被教练者停下来看到自己的盲点、干扰、潜能,教练也需要适当的空间进行自我成长。

第四,专心专业

敢于要求自己,才会敢于要求他人。为什么做教练一定要拿到ICF的国际认证,就是一份对自己的要求,一份对客户的负责。拿到认证以后,就要对自己的专业性有约束,对自己的专业操守负责任,否则就有被除牌、取消资格的可能性。

ICF的国际认证,每三年要续约一次,而不是拿了ICF的认证就可以使用终身。ICF也要求教练不停地修炼,不停地进步,认证教练每三年都要持续学习至少40个小时,完成10个小时的指导教练,才能续证。

ICF对教练的学习及实践十分关注,三个级别的认证,分别有不同的教练时数要求,包括有偿的和无偿的教练时数。ICF在其网站上明确指出,同学之间的互相教练不可以当作有偿教练时间,要求申请者和被教练者之间是正规化的、有付费合约的、持续的教练关系,真正实践教练的使命。

ICF很严谨，但是否执行ICF的要求，就要靠每个人的自我管理，靠教练培训公司经营者的专业度和专注度，这就是西方说的“诚信系统”（Honest System）。每一个教练都要跟上专业要求，遵守游戏规则，在诚信中建立专业影响力。

第五，目标导向

企业教练面对的被教练者往往都是一些高能力、高潜能人才。他们可能有意愿的波动，可能被自己的内心所干扰，出现短暂的迷茫或迷失；或者对自己有高要求，想更上一层楼，完成梦想、不断进步才是他们的长期目标。

教练一定是有目标感的人，不一定很厉害、很成功，但是至少在自己的领域里是说到做到、能够排除干扰的人。教练对自己的高要求、高目标，也是一份对自己及他人的承诺。当然，教练的目标不是关注自己想要的，而是关注被教练者真正想要的，被教练者赢了，教练才会赢。

第六，知行合一

有效的教练对话要有一个信任的基础，怎么样令别人信任你？其中的关键就是知行合一、以身作则。教练根据良知、自己学习到的知识而行动，达到知行合一的状态，建立自己个人的良好品牌，让别人可以信任你。

被教练者是有高能力的人，对教练也会有高要求，不会只听教练说什么，而会更关注执行力。所以我们会说知行合一、以身作则是对一个教练最基本的要求。

以上六个方面是教练的内在素质，是教练本人的“道”。教练不只关注“术”，更关注“道”。“术”只是技巧，也比较容易学习，“道”却是一个长期的、终身的自我修炼。

教练越老越贵

我常常区分ICF的三个级别的教练认证：

ACC是关于“术”的实践。

PCC是关于“道”和“术”的融合。

MCC是百分之百的“道”的实践。

作为ICF的认证教练，不只是出席课堂，跟别人随便练练，达到500~2500小时的教练时长就可以了。只有具备上述六个素质，才有可能成为一个好教练，而要成为全球认可的优秀教练，就需要通过以上六个素质时刻检视、持续精进。

我常常说：“可以慢，不可以停。”教练行业越老越贵，这不是一句玩笑话。当教练拥有一种匠人精神，专注、自律、不断地修炼，就会达到越老越贵的境界。

教练为何要学心理学?

从1995年到2003年,经过8年的教练技术实践与应用,我已成为了他人眼中的“资深专业教练”,但我深知自己还有很多未知的知识领域,觉得自己还可以做得更好,可以更优秀。所以当我知道澳大利亚新英格兰大学的兼读辅导学硕士课程(Master of Counselling)在香港开课后,便毫不犹豫地选择了攻读,而且很险地在截止当天赶上了报名。这个专业毕业后可以当“辅导员”,等同于“心理咨询师”。

有人问我为何要上辅导学？答案只有一个,我想学心理学。在香港或海外的大学体系中,心理学的研究生课程只录取本科就读心理学的毕业生,由于我本科和第一个研究生攻读的是工商管理,所以辅导学对于我来说是进入心理学专业学习的另一个途径。

一直以来,我专注于教练技术层面的实践、思考和总结,分析运用哪些技巧能够去打开他人的信念。当打不开他人的信念时,我会归因于自己知识欠缺、实践不够、技巧不足。但是,教练本来就是教练与被教练者之间的互动,所以有时也会归因在外,如被教练者还没准备好被教练、被教练者不想敞开心扉等情况。

很多时候,我会静下心来思考,人的信念是如何形成的呢？价值观和信念的区别在哪呢？每个人每天都和自己沟通至少63000次,沟通的内容是什么？为何会形成这种沟通模式？如何令未准备好的被教练者在心理上提前做好准备？这些都与人们的内心世界有关。所以,作为一个专业教练,学习心理学是必要的。我在茫然却执着的探索中,借着学习心理学这股推动力，开始了人生中第二次的硕士学习，希望能够为自己在教练的专业度上加分。

正视自己，突破界限

兼读的两年时光，是眼泪和痛楚并存的日子，并不是因为功课困难，而是因为所有的功课都是与自己的内心打交道。导师在每一次的功课中都要求学员用心理学理论去解剖自己的过去，把自己成长路上的重要抉择、与他人的关系剖析得淋漓尽致，并且不断反思自己、反省过去的得失。有时我会一边做功课一边哭，心痛难耐，那份深刻的印象至今还记忆犹新。

我之前自以为能通过心理学的学习来加强剖析他人内心世界的能力，但是在学习过程中，我发现老师、辅导员时刻关注的是学员个人的内心世界，而不是去剖析别人，也正如我国的至理名言：知己知彼，百战不殆。当时我就感慨，心理学的学习历程原来和学习教练技术一样，是一场痛并快乐的洗礼。

我在大学学习经济学、管理学时，发现每个学派都有其特定的假设，然后在其假设的主题下去看待世界。心理学亦然，同时学习十多个不同流派，首先要了解创派者的成长背景、理论成立的出发点，再了解其流派的基本假设是什么，才能发现其中的奥妙和关联。我在学习过程中，会同时让不同的流派与自己的经历、价值观、信念、性格相互碰撞，相互辩证，进而选择认同或是否定、怀疑或是相信的流派去深入探究，作为毕业论文的理论基础。

教练之基石，构建心灵之桥

2005年，我从新英格兰大学辅导学硕士毕业。此后17年以来，我在教练技术的实践中，越来越体会到两年心理学的理论学习及实践对我的教练工作、我的教练生涯有不可估量的推动力和效果。我总结出教练型领导或者专业教练学习心理学的四点重要性：

第一点，有助于教练清楚自己所用的教练技巧是以哪个或哪些心理学流派为重心。我原创的CDCA®教练步骤、LDQF®教练能力是以“认知行为学”为基石，不是“行为学”，不是在行为层面去教练被教练者改变，而是支持被教练者认知无效的、产生阻碍的信念或思维，帮助他们以认知思维、了解思维、打破思维、打开思维的方向去开展教练工作。

有企业客户问我：“你原创的教练体系是属于哪个心理学流派？”我说我的辅导学启蒙老师是美国知名心理咨询师杰弗里·科特勒（Jeffrey A.Kottler）。我十分欣赏他以整合心理学的角度去看待不同的心理学流派，以客户为中心选择合适的心理学知识及技能去帮助来访者。受他的影响，我常向他人介绍我原创的CDCA®教练模型的内核是整合心理学（见图17），我的解说如下：

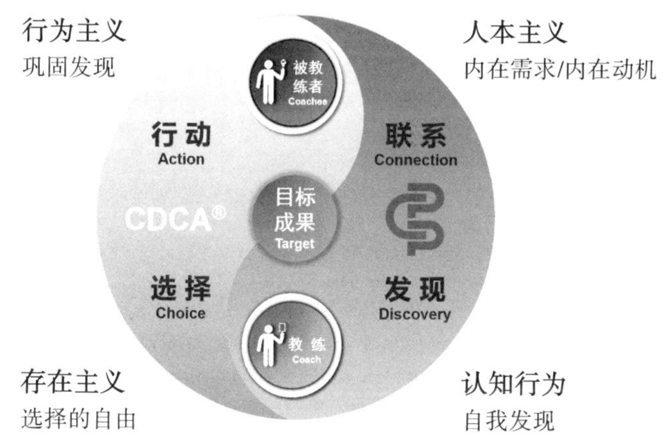

图17　原创教练模型CDCA®（联系–发现–选择–行动）

Connection—人本主义

人本主义认为，促进来访者成长的三个原则是：真诚、无条件的积极关注、共情（同理心）。教练应以“真正的我”的形象出现，没有伪装，不把自己藏在专业角色后面，表里一致地置身于与被教练者的关系之中，无论被教练者的品质、行为怎么样，对其都不做任何评价和要求，并对他展现无条件的温暖和接纳，使他觉得自己是一个有价值的人，不带批判地深入被教练者的内心去体验他的情感和思维，更好地理解问题的实质。通过这些做法，建立和被教练者之间的信任，并使他产生安全感，使他愿意敞开内心去表达真实的想法。

这个部分的教练式提问，类似于下面两条：

1. 为什么是这个目标？你的意愿度是多少？

2. 在面对目标时，你感受如何？

Discovery—认知行为

这部分是教练过程中的重点环节，通过发现被教练者的不合理认知（限制性信念）及心智模式，去帮助他发现思维误区，从而改变并获得新的认知和信念。

在教练过程中，教练需要敏锐地发现被教练者的限制性信念，并进行审视、界定和区分，让被教练者看到自己的思维盲点，从而建立新的信念。

这部分的教练式提问举例：

1. 你说所有人都不喜欢，“所有人”是谁？

2. 你说你的老公从来都不关心你，让我们来审视一下这个信念，如果可以的话，能说说他关心你的一件事情吗？

Choice—存在主义

存在主义认为，个人是绝对自由的，人可以自由地“设计”自己的“存在”。也就是说，不管环境如何，人永远有自由选择的权利。面对同样的挫折，你可以选择一蹶不振，也可以选择坚强面对。

这部分的教练式提问举例：

1. 在你的心目中，理想效果是怎样的？

2. 你觉得你愿意采取包容的态度去面对工作上和你对立的同事吗？这对你来说有什么意义？

Action—行为主义

在被教练者做出选择之后,接下来就要采取行动。教练是行动导向,所有的对话最终一定指向具体的行动。积极行为产生积极情绪,进而产生积极的信念,

反过来又会促进更加积极的行为。有句话叫作"顺其自然,为所当为",说的就是这个意思。不管内心多么痛苦焦虑,放心大胆去做,因为行动起来之后,负面情绪会得到大大的缓解。

这部分的教练式提问举例:

1.在你达成目标之后,你会做什么事情奖励自己?

2.你会采取怎样的行动强化这个新的信念?

作为企业教练,我面对的都是高智商人群。他们要么是经验丰富的高管,要么是身经百战的企业家。他们的持续学习能力十分强大,我和他们进行的教练对话都是以目标为导向,以认知层面作为交流的基础,同时用人本主义及存在主义的理念保持有温度的沟通,最后以行动巩固新的认知并见证新的认知的有效性。

有人问我,教练技术是否和积极心理学有关?因为教练技术让人们更积极地面对生活与工作。我说积极心理学是整合心理学。在20世纪,有两位巨人对积极心理学的研究产生了影响,他们分别是人本主义的亚伯拉罕·马斯洛(Abraham Maslow)和存在主义的维克多·弗兰克尔(Viktor Frankl)。马斯洛本人也是美国医学协会的前任主席,他被积极心理学教授泰勒·本-沙哈尔(Tal Ben-Shahar)称为"积极心理学始祖"。马斯洛提出了自我实现理论(通常被称为"基于需求的心理学理论"),该理论指出,所有人都有生理和心理上的需求,当这些需求被满足时,我们就会获得成长和发展,通过满足需求可以达到的最终状态即是自我实现。弗兰克尔认为,一个人只有超越自我才能自我实现,这就要求我们通过帮助他人来寻找生命的意义。公认的积极心理学之父是马丁·塞利格曼(Martin E.P.

Seligman)，他后来认为找寻生命意义是获得持久幸福感的途径之一。海外有不少教练以“积极心理学”作为他们教练的基石。

一阴一阳之谓道

第二点，有助于教练提升包容力，能够从不同的心理学流派去了解被教练者的状态。我喜欢以我国儒家的思想——“修身、齐家、治国、平天下”的理论去支持被教练者，其实这和心理学的“存在主义”“家庭治疗”这些理论有异曲同工之妙。教练吸收更多的心理学知识，能够拓展洞悉被教练者现状的深度、广度及远度，洞察人的能力也就随之提升，可以用360度的视野去了解对方的思维、情绪、选择及行为，对对方的干扰来源更理解，更有耐心去陪伴对方。

有人把教练和心理咨询看作泾渭分明的两个职业：认为教练是面向健康人群，关注于未来目标的实现；心理咨询或治疗面向不健康人群，关注于过去问题根源的挖掘。有心理学家以“阴”和“阳”来比喻心理治疗和教练相互依存、互相转化的关系。对此，我十分认同。我原创的CDCA®及LDQF®模型也是以阴阳图作解说。一切事物都有阴阳两面，心理治疗和教练都是关于人的成长和改变的学问。心理治疗是“阴”，教练是“阳”，只有当阴阳互补、阴阳相济之时，才有“道”可言。

过去不少教练都相信教练就是要帮助健康而有能力的人发挥潜力，包括激发动力、破除盲点和消除干扰，以达到更佳的效果，获得更高的成就，所以服务对象一般是“正常人”和“强人”，而非“病人”“疯人”“弱者”。他们认为，心理治疗的任务是去治疗病人、疯人和弱者，教练的目标是成长、发展、成绩、成就，而非康复、疗伤或扶持。

事实上，心理学和心理治疗的确有一段时间仅以治疗患者作为自己的使命。但从20世纪60年代开始，他们也逐渐开始关注普通人，除了治疗心理层面的大病重伤外，也开始关注正常人的困扰、失衡、扭曲和软弱，拓展其在心理层面的理疗、调理、照护、支持等服务，甚至发展出更中性的“个人成长”“自我探索”“保健”的服务定位。

但即使如此，很多心理治疗师似乎仍然刻意跟教练保持距离，因为他们往往认为教练太看重目的性、成就感与能力挖掘，觉得教练太功利、太急迫、太刚烈，有时候忽视了人的有限性，欠缺谦卑，太过英雄主义，不懂知足常乐，也不会拥抱完整但不完美的自己，是一种为了追求卓越而失衡的做法，忽略了自己的心理健康和生活平衡。当教练在同时教练他人与自己追求卓越的动力和能力时，就更容易忽略自己的心理健康和生活平衡，而这个盲点很可能让教练面对被教练者时忽略后者的心理健康和生活平衡。

这些看法对教练是一个提醒，提醒教练注重平衡，包括自己内在的平衡以及被教练者各方面的平衡。当教练遇上心理学，其实没有雷光火电，没有水乳不融，只有内外兼修的平衡，以及对未来更负责任、更包容的修炼。

我创建的5A自我重塑模型也融合了心理学的元素。我在ICF认证的教练课程中，开设了”教练心理学”课程，阐述心理学的理论应用于教练思维、状态、技术、能力及工具的方法。有越来越多的心理咨询师加入教练技术的学习，把教练技术的理念、技巧、工具融入他们的咨询内容及流程中，有些心理咨询师定位自己为“教练式心理咨询师”。

用辅导助力教练

第三点，教练在倾听、区分、提问、反馈、前馈这几个方面的方向更明确、更全面，更清楚自己如何倾听、为何及如何提问，从而令客户更有效地完成个人及团队目标。

教练如果懂得将辅导学结合教练技术去支持被教练者，就能够更有效地了解干扰的来源。有些干扰来自对方过去的经历，教练可以和对方一起回溯过去，了解他的过去如何影响到他的现在，探索他如何解读过去的经历，找出其固定思维如何影响其目标的完成，可以更好地支持客户打开或转换新的认知，向着自己想要的目标迈进。

恰当的辅导可以舒缓被教练者的情绪，清空对方内在的负面对话，加深对对方的了解,加强双方的信任。“恰当”的意思是教练会对被教练者过去的经历展现同理心,但又不会被扯入过去的深渊,能从容地帮助被教练者从过去走出来,敢于面对现在,展望将来。

教练的综合成长

第四点,教练能够更准确地区分被教练者的状态,以此来选择是否接受被教练者为客户,或转介给心理咨询师。还有一种情况,就是在长期的教练合约中,洞察客户的需求及状态,根据需要转介给心理咨询师。拥有心理咨询师资格的专业认证教练,可以转换自己的教练角色,以心理咨询师的角色帮助客户。

曾经有一个刚离婚的女士走进我的教练课堂,上了三天课就没有继续学习下去。一年后,她再次出现在教练技术的课堂上,而且持续学习了一年多。我好奇地问她为什么一年后再来,她说当时发现教练技术的重点在现在与未来,而那个时候她需要的是和过去告别,所以她决定先找心理咨询师辅导一年,走出离婚的伤痛。当她清洗完过去,才轻装上阵来学习教练技术,面向光明的未来。

自2016年开始,我积极参加了哈佛大学医学院与专业教练协会合办的“教练型领导力与健康”论坛。我认识到,以往做企业教练只需要足够的管理经验及知识,但是近年来教练行业在全球的影响力不断提高,专业度也在不断地提升,所以对企业教练的各方面要求也越来越高,更多人的关注点是领导的内在魅力、思维模式,而不单单是看领导的行为模式、沟通能力、仪容仪表这些外在元素。因此,企业家或人力资源总监在选择企业教练时,除了关注企业教练的教练理论以及实际运用,还会了解他们在心理学知识方面的认知水平和掌握程度,要求企业教练拥有更强的综合能力。只有这样,才能支持在多变、复杂、模糊的商业环境中打拼的企业家客户变强大。

所以作为一名专业教练,一定要不断地学习,更多地了解自己,与时俱进。只有这样,才能更有效地提升教练他人的能力,才能从容不迫地面对不同的教练情境。

附录一

ICF八项核心能力

基础

1.展现专业操守

定义:理解并持续运用专业教练操守和教练标准。

•在与客户、赞助方和相关利益方的互动中展现个人的正直和诚实

•对客户的身份、环境、经历、价值观和信念敏感

•运用恰当且尊重的言语,和客户、赞助方以及相关利益方沟通

•遵守 ICF 教练专业操守守则,秉承核心价值观

•依据相关利益方的协议和相关法律,维护客户信息的保密性

•保持对教练、咨询、心理咨询和其他提供支持职业之间的区别

•在有需要的情况下,将客户推荐给其他专业人士支持

2.体现教练思维

定义:培养并保持开放、好奇、灵活和以客户为中心的教练思维。

•确认客户要对自己的选择负责

•作为教练要持续学习和发展

•发展持续反思的习惯来提高教练能力

•保有背景和文化对自己和他人影响的意识,并保持开放

•利用自我觉察和直觉让客户受益

•发展并保持调节情绪的能力

•思想上和情感上为教练会谈做好准备

•必要情况下，向外部资源寻求帮助

共同建立关系

3.建立及维护教练协议

定义：与客户和相关利益方合作，就教练关系、流程、计划和目标达成明确协议。建立关于整个教练合约和每次教练会谈的协议。

•解释什么是教练和什么不是教练，为客户和相关利益方阐明教练流程

•针对教练关系中什么是合适的，什么是不合适的，会提供什么，不会提供什么，客户和相关利益方的责任是什么达成协议

•针对教练关系中的准则和具体细节达成协议，诸如后勤、费用、排期、时长、终止、保密性以及是否有他人参与

•与客户和相关利益方共同建立完整的教练计划和目标

•与客户共同确定客户与教练的匹配

•与客户共同确定或者再次确认他们在教练过程中想达成的目标

•与客户共同确定客户认为他们需要在教练过程中处理或解决的问题，以实现他们想在本次会谈中达成的目标

•与客户合作，针对长期教练合约或单次教练过程中客户希望实现的目标，确定或者再次确认衡量成功的标准

•与客户合作，管理教练过程的时间和重点

•持续根据客户期望的结果进行教练，除非客户表达有其他想法

•与客户合作，以一种尊重这次经历的方式结束双方教练关系

4.培养信任及安全感

定义：与客户合作，创造安全的、可提供支持的环境，允许客户自由分享。保持相互尊重和信任的关系。

•寻求了解客户的背景，包括客户的身份、环境、经历、价值观和信念

•展现对客户身份、观点、风格和语言的尊重，并在教练过程适应客户

•在教练过程中，认可并尊重客户独特的才能、洞见和努力

•对客户表达支持、同理心和关心

•认可并支持客户表达自己的感受、观点、担心、信念和建议

•通过示弱的方式展现开诚布公的态度,并与客户建立信任

5.保持教练状态

定义:运用开放、灵活、脚踏实地和自信的教练风格。全然地、有意识地与客户同在。

•对客户要集中注意力、持续关注、有同理心,并且及时回应

•在教练过程中体现好奇心

•管理自己的情绪,以此保持与客户同在

•在教练过程中,展现对处理客户强烈情绪的信心

•对于未知领域依然保持舒适的状态

•创造或允许沉默、叫停或反思的空间

有效沟通

6.积极倾听

定义:关注客户表达的和未表达的内容,通过客户系统的上下文中充分理解客户传达的是什么,并支持客户的自我表达。

•考虑客户的背景、身份、环境、经历、价值观和信念因素,从而加强对客户正在沟通的内容的理解

•反思或总结客户所交流的内容,确保思路清晰并理解

•觉察客户交流的内容背后还有更多信息并提出询问

•注意、了解并探索客户的情绪、能量变化、非语言信号或者其他行为

•结合客户的语言、语调和肢体语言来理解交流内容的完整含义

•注意客户在教练过程中的行为和情绪倾向,以识别客户的主题和模式

7.引发认知

定义:通过使用有力提问、沉默、隐喻或类比等工具和技巧,促进客户的洞察和学习。

•在决定什么是最有效的方法时，考虑客户的体验
•通过挑战客户来引发客户的认知或洞察
•针对客户的思维方式、价值观、需求、期望和信念情况进行提问
•询问有助于客户超越当下思维的问题
•邀请客户分享更多当下的体验
•留意推动客户进步的有效方式
•根据客户需求调整教练方案
•帮助客户认知那些影响现在和未来行为、思考和情绪模式的因素
•邀请客户思考他们能如何前进，以及他们愿意或能做什么
•支持客户重塑他们的观点及愿景
•纯粹地分享自己的发现、洞见和感受，它可能为客户提供新知

促成学习和成长

8.促进客户成长

定义：与客户合作将学习和见解转化为行动。在教练过程中，提高客户的自主性。

•与客户一起工作，将新产生的认知、见解或学到的东西整合进他们的世界观和行为
•与客户合作设计目标、行动和问责方式，来整合和延伸新的学习内容
•认可和支持客户自主地设计目标、行动和问责方法
•支持客户从已确认的行动计划中明确潜在的成果或学习内容
•邀请客户思考如何向前推进，包括资源、支持和潜在障碍
•在教练过程中或教练过程间，与客户共同总结学习成果和见解
•庆祝客户的进步和成功
•与客户一起结束教练

中文翻译由拓思研究院团队贡献

英文原版：

8 ICF CORE COMPETENCIES

A – Foundation

1.Demonstrates ethical practice

Definition: Understands and consistently applies coaching ethics and standards of coaching.

• Demonstrates personal integrity and honesty in interactions with clients, sponsors and relevant stakeholders

• Is sensitive to clients' identity, environment, experiences, values and beliefs

• Uses language appropriate and respectful to clients, sponsors and relevant stakeholders

• Abides by the ICF Code of Ethics and upholds the Core Values

• Maintains confidentiality with client information per stakeholder agreements and pertinent laws

• Maintains the distinctions between coaching, consulting, psychotherapy and other support professions

• Refers clients to other support professionals, as appropriate

2.Embodies a Coaching Mindset

Definition: Develops and maintains a mindset that is open, curious, flexible and client-centered.

•Acknowledges that clients are responsible for their own choices

•Engages in ongoing learning and development as a coach

•Develops an ongoing reflective practice to enhance one's coaching

•Remains aware of and open to the influence of context and culture on self and others

•Uses awareness of self and one's intuition to benefit client

•Develops and maintains the ability to regulate one's emotions

•Mentally and emotionally prepares for sessions

•Seeks help from outside sources when necessary

B – Co - Creating the Relationship

3.Establishes and Maintains Agreements

Definition: Partners with the client and relevant stakeholders to create clear agreements about the coaching relationship, process, plans and goals. Establishes agreements for the overall coaching engagement as well as those for each coaching session.

•Explains what coaching is and is not and describes the process to the client and relevant stakeholders

•Reaches agreement about what is and is not appropriate in the relationship, what is and is not being offered, and the responsibilities of the client and relevant stakeholders

•Reaches agreement about the guidelines and specific parameters of the coaching relationship such as logistics, fees, scheduling, duration, termination, confidentiality and inclusion of others

•Partners with the client and relevant stakeholders to establish an overall coaching plan and goals

•Partners with the client to determine client-coach compatibility

•Partners with the client to identify or reconfirm what they want to accomplishing the session

•Partners with the client to define what the client believes they need to address or resolve to achieve what they want to accomplish in the session

• Partners with the client to define or reconfirm measures of success for what the client wants to accomplish in the coaching engagement or individual session

•Partners with the client to manage the time and focus of the session

• Continues coaching in the direction of the client's desired outcome unless the client indicates otherwise

• Partners with the client to end the coaching relationship in a way that honors the experience

4.Cultivates Trust and Safety

Definition: Partners with the client to create a safe, supportive environment that allows the client to share freely. Maintains a relationship of mutual respect and trust.

• Seeks to understand the client within their context which may include their identity, environment, experiences, values and beliefs

•Demonstrates respect for the client's identity, perceptions, style and language and adapts one's coaching to the client

•Acknowledges and respects the client's unique talents, insights and work in the coaching process

•Shows support, empathy and concern for the client

• Acknowledges and supports the client's expression of feelings, perceptions, concerns, beliefs and suggestions

•Demonstrates openness and transparency as a way to display vulnerability and build trust with the clients

5.Maintains Presence

Definition: Is fully conscious and present with the client, employing a style that is open, flexible, grounded and confident.

•Remains focused, observant, empathetic and responsive to the client

•Demonstrates curiosity during the coaching process

•Manages one's emotions to stay present with the client

•Demonstrates confidence in working with strong client emotions during the coaching process

•Is comfortable working in a space of not knowing

•Creates or allows space for silence, pause or reflection

C – Communicating Effectively

6.Listens Actively

Definition: Focuses on what the client is and is not saying to fully understand what is being communicated in the context of the client systems and to support client self-expression.

•Considers the client's context, identity, environment, experiences, values and beliefs to enhance understanding of what the client is communicating

•Reflects or summarizes what the client communicated to ensure clarity and understanding

•Recognizes and inquires when there is more to what the client is communicating

•Notices, acknowledges and explores the client's emotions, energy shifts, non–verbal cues or other behaviors

•Integrates the client's words, tone of voice and body language to determine the full meaning of what is being communicated

•Notices trends in the client's behaviors and emotions across sessions to discern themes and pattern

7.Evokes Awareness

Definition: Facilitates client insight and learning by using tools and techniques such as powerful questioning, silence, metaphor or analogy.

•Considers client experience when deciding what might be most useful

•Challenges the client as a way to evoke awareness or insight

•Asks questions about the client, such as their way of thinking, values, needs, wants and beliefs

•Asks questions that help the client explore beyond current thinking

•Invites the client to share more about their experience in the moment

•Notices what is working to enhance client progress

•Adjusts the coaching approach in response to the client's needs

•Helps the client identify factors that influence current and future patterns of behavior, thinking or emotion

•Invites the client to generate ideas about how they can move forward and what they are willing or able to do

•Supports the client in reframing perspectives

•Shares observations, insights and feelings, without attachment, that have the potential to create new learning for the client

D – Cultivating Learning & Growth

8.Facilitates Client Growth

Definition: Partners with the client to transform learning and insight into action. Promotes client autonomy in the coaching process.

•Works with the client to integrate new awareness, insight or learning into their worldview and behavior

•Partners with the client to design goals, actions and accountability measures that integrate and expand new learning

•Acknowledges and supports client autonomy in the design of goals, actions and methods of accountability

•Supports the client in identifying potential results or learning from identified action step

• Invites the client to consider how to move forward, including resources, support and potential barriers

• Partners with the client to summarize learning and insight within or between sessions

• Celebrates the client's progress and successes

• Partners with the client to close the session

来源:International Coaching Federation (ICF)

附录二

ICF教练专业操守守则

介绍

ICF教练专业操守守则描述了国际教练联合会的核心价值，专业操守守则和ICF国际认证教练的专业操守标准。ICF核心教练能力的第一条就是关于满足这些专业操守标准的行为："展示专业操守的实践，理解并持续地运用专业教练操守和标准。"

ICF教练专业操守守则通过以下内容维护ICF和国际教练行业的声誉：

1.设立符合ICF核心价值观和专业操守原则的行为标准。

2.指导专业守则的反思、教育和决策。

3.通过ICF专业操守标准审查流程，审定和维护ICF教练准则。

4.在ICF认证课程中，提供ICF专业操守培训的基础支持。

当某人表示自己是ICF专业人士，ICF教练专业操守守则便适用于这人与他人进行任何一种形式的教练相关事宜的沟通。不论教练关系是否已经建立。此专业守则清晰地表述了ICF专业人士所需遵循的专业操守责任，适用于他们所扮演的不同角色，包括教练、教练监督者、指导教练、教练培训者、教练学员，或者ICF领导和支持人员。

虽然专业操守标准审查（ECR）流程和专业操守承诺仅仅适用ICF专业人士，ICF员工同样承诺遵守ICF教练专业操守守则要求下的专业操守行为、核心价值观和专业操守准则。

合乎专业操守的工作挑战是,会员不能避免需要对一些无法预见的情况作出反应、摆脱困境及解决问题。ICF教练专业操守守则的制定旨在支持需要遵守这守则的人士,指出他们需要考虑的各种专业操守因素,帮助他们识别采取专业操守行为的可替代方法。

那些接受专业操守守则约束的ICF专业人士恪尽职守,尽管这样会做出一些艰难的决定,或需采取果敢的行动。

主要定义

【客户】:指个人或者团队、小组中的被教练者,被监督或被指导的教练,或者是被训练的教练或者教练学员。

【教练】:在与客户的合作中,通过一段发人深省及富有创造性的过程,激励他们最大限度地提高他们个人和专业领域的潜力。

【教练关系】:ICF专业人士与客户或赞助人之间,基于一份确立各方责任和期望的协议或合同的关系。

【守则】:ICF教练专业操守守则

【保密性】:除非得到对信息公开的允许,所有在教练过程中得到的信息都受保护。

【利益冲突】:当牵扯多方利益的ICF专业人士在满足一方利益时会破坏或违背另一方利益的情况。这些冲突可能是经济上的、个人的或其他方面的。

【平等】:当所有人无论其种族、民族、原国籍、肤色、性别、性取向、性别身份、年龄、信仰、移民身份、心理或身体缺陷,以及其他人与人之间的差异,都能得到包容,并能够获得资源和机会。

【ICF专业人士】:自称为ICF会员或ICF认证持有者,包括但不限于教练、教练监督者、指导教练、教练培训者、教练学员。

【ICF员工】:被ICF管理公司雇佣和为ICF提供专业管理和行政服务的ICF支持人员。

【内部教练】:在组织中被雇佣的,全职或兼职地在组织中教练员工的人士。

【赞助者】:支付教练费用以及/或安排、或指定所需提供的教练服务的机构(包括其代理)的人士。

【支持人员】:为ICF专业人士工作,为他们的客户提供支持的人员。

【系统性平等】:在道德、核心价值观、政策、架构和社区、组织、国家、社会的文化下制度化的性别平等、种族平等以及其他形式的平等。

ICF核心价值观与专业操守标准

ICF教练专业操守守则是基于ICF核心价值观和其所产生的行动。所有的价值观都同等重要和相互支持。这些价值观是前瞻性的,是了解和解释这些标准的途径。所有 ICF 专业人士都应该在他们的所有互动中展示和传播这些价值观。

专业操守标准

以下的专业操守标准均适用于ICF专业人士的专业活动:

第一部分:对客户的责任

作为一名ICF专业人士,我会:

1.在首次会面时或之前,解释并确保我的客户和赞助者都了解教练工作的性质、潜在价值、保密的性质及其范围、财务安排,以及教练协议中的任何其他条款。

2.在开始服务前,与客户及赞助者制订下一份关于各方角色、责任和权利的教练服务协议。

3.按协议对各方进行最严格的保密。我清楚及同意遵守所有有关个人资料和通信的相关法律。

4.很清楚地了解所有教练互动中各方的信息是怎样传递的。

5.和客户、赞助者或其他有关人员,就不能维持保密的情况(例如,违法行为,法律要求,法院下达的命令或传票,对自己或他人即将产生的或者可能的危险,等等)有明确的了解。当我有理由相信上述某种情况适用时,我可能需要通知有关当局。

6.担任一名内部教练时，和教练客户及赞助者通过教练协议与持续对话管理好利益冲突或潜在利益冲突，这应包括处理机构内的角色分配、责任、关系、档案、保密要求及其他被提及的要求。

7.维护、保存及处置专业互动中产生的记录，包括电子文件及通信，以提升保密性、安全性和隐私性，并符合一切适用的法律和协议。我也会尽量在教练服务中恰当地使用新兴及发展中的技术（科技协助的教练服务），并清楚各专业操守标准需要怎样实施。

8.警惕观察各种迹象，判断客户从教练关系中的获益是否有转变。一旦情况有转变，我会改变这关系，鼓励客户或赞助者找另一位教练，或另一类的专业人士，或利用其他资源。

9.根据教练协议，尊重各方在教练过程中的任何一个时间点因任何原因终止教练关系的权利。

10.对因和同一客户及赞助者在同一时间有多份合同、多重关系所可能产生的问题保持敏感，避免任何有利益冲突的情况。

11.对因文化、关系、心理或背景所产生和客户之间的权力或地位的差异有觉察和主动管理。

12.把因推荐客户给第三方而有可能获得的收益和其他的好处，坦诚地让客户知道。

13.确保在任何教练关系中，无论商定的报酬多少或形式如何，客户所得到的教练质量都会是一致的。

第二部分：对专业实践和表现的责任

作为一名ICF专业人士，我会：

14.在我所有的互动中，遵循ICF专业操守守则的要求。如果我发现我有可能会违反守则，或发觉另一位ICF专业人士违背守则，我会礼貌地向当事人提出。如果不能把事情解决，我会把此事交给相关机构（例如，ICF全球董事会）进行处理。

15.要求所有支持人员都遵守ICF教练专业操守守则。

16.通过发展个人、专业和专业操守，致力于追求卓越。

17.认清有可能会抵触或干扰我的教练表现或教练关系的个人缺陷或情况。我会寻求支持以决定所要采取的行动，如有必要，我会马上寻求相关专业指导，可能包括暂停或者终止我的教练关系。

18.通过和相关人士一同处理，或寻求专业协助，或暂停或结束教练专业关系，去解决任何利益冲突或潜在利益冲突。

19.保护ICF会员的隐私并仅在得到ICF或ICF会员授权的情况下，才会使用ICF会员的联系方式（包括电子邮件地址、电话号码等）。

第三部分：对专业精神的责任

作为一名专业人士，我会：

20.准确无误地描述我的教练资质，我的教练能力水平、专长、经验、培训、认证，以及ICF认证资格。

21.关于我作为一名ICF专业人士所提供的服务、ICF所提供的服务、教练职业以及教练的潜在价值，都会作出真实准确的口头和书面陈述。

22.和需要被知会的人士沟通，让他们认识到该专业操守守则所要求的专业操守责任。

23.在进行身体上或其他方面的互动时，承担起保持觉察的责任，设定清晰、恰当、符合文化习惯的界限。

24.不会跟客户或赞助者发生任何亲密或浪漫关系。我会一直注意保持适当的亲密度。我会采取适当的行动去处理和停止任何不当的关系。

第四部分：对社会的责任

作为一名ICF专业人士，我会：

25.在所有活动和操作中，维护公平和平等，避免歧视，并尊重当地规则和文化习俗，这包括但不限于年龄、种族、性别表现、民族、性取向、信仰、原国籍、身体缺陷或军事地位等方面的歧视。

26.认可和尊重他人的贡献和知识产权，只对自己原创的东西宣称所有权。我理解如果违反这条守则，我可能会承担来自第三方的法律赔偿要求。

27.以诚实、受认可的科学标准、适用科目的指引,并且在我的能力范围以内,进行汇报研究。

28.知道我与我的客户对社会带来的影响。我遵循“做好事”而非“避免做坏事”的哲学理念。

ICF专业人士的专业操守承诺

作为一名ICF专业人士,根据ICF教练专业操守守则的标准,我认可并同意,对我的教练客户、赞助者、同事和公众履行我的专业操守及法律责任。如果我违反ICF教练专业操守守则的任何一部分,我同意ICF有权单方面要求我本人对此行为负全责。我还同意ICF可能因此制裁我,比如强制接受额外的教练培训或其他教育,剥夺我的ICF会员资格和/或ICF认证资格。如果需要获得更多专业操守标准审查流程的信息,包括提出投诉,请联系ICF。

2019年9月由ICF全球董事会采用

中文翻译由拓思研究院团队贡献

英文原版：

ICF CODE Of ETHICS

Introduction

The ICF Code of Ethics describes the core values of the International Coach Federation, and ethical principles and ethical standards of behavior for all ICF Professionals. Meeting these ICF ethical standards of behavior is the first of the ICF core coaching competencies. That is "Demonstrates ethical practice: understands and consistently applies coaching ethics and standards."

The ICF Code of Ethics serves to uphold the integrity of ICF and the global coaching profession by:

1. Setting standards of conduct consistent with ICF core values and ethical principles.

2. Guiding ethical reflection, education, and decision-making.

3. Adjudicating and preserving ICF coach standards through the ICF Ethical Conduct Review (ECR) process.

4. Providing the basis for ICF ethics training in ICF-accredited programs.

The ICF Code of Ethics applies when ICF Professionals represent themselves as such, in any kind of coaching-related interaction. This is regardless of whether a coaching Relationship has been established. This Code articulates the ethical obligations of ICF Professionals who are acting in their different roles as coach, coach supervisor, mentor coach, trainer or student coach-in-training, or serving in an ICF Leadership role, as well as Support Personnel.

Although the Ethical Conduct Review (ECR) process is only applicable to ICF Professionals, as is the Pledge, the ICF Staff are also committed to ethical conduct and the Core Values and Ethical Principles that underpin this ICF code of ethics.

The challenge of working ethically means that members will inevitably encounter situations that require responses to unexpected issues, resolution of dilemmas and solutions to problems. This Code of Ethics is intended to assist those persons subject to the Code by directing them to the variety of ethical factors that may need to be taken into consideration and helping to identify alternative ways of approaching ethical behavior.

ICF Professionals who accept the Code of Ethics strive to be ethical, even when doing so involves making difficult decisions or acting courageously.

Key definitions

1. "Client": the individual or team/group being coached, the coach being mentored or supervised, or the coach or the student coach being trained.

2. "Coaching": partnering with Clients in a thought-provoking and creative process that inspires them to maximize their personal and professional potential.

3. "Coaching Relationship": a relationship that is established by the ICF Professional and the Client(s)/Sponsor(s) under an agreement or a contract that defines the responsibilities and expectations of each party.

4. "Code": ICF Code of Ethics

5. "Confidentiality": protection of any information obtained around the coaching engagement unless consent to release is given.

6. "Conflict of Interest": a situation in which an ICF Professional is involved in multiple interests where serving one interest could work against or be in conflict with another. This could be financial, personal or otherwise.

7."Equality": a situation in which all people experience inclusion, access to resources and opportunity, regardless of their race, ethnicity, national origin, color, gender, sexual orientation, gender identity, age, religion, immigration status, mental or physical disability, and other areas of human difference.

8. "ICF Professional": individuals who represent themselves as an ICF Member or ICF Credential-holder, in roles including but not limited to Coach, Coach Supervisor, Mentor Coach, Coach Trainer, and Student of Coaching

9. "ICF Staff": the ICF support personnel who are contracted by the managing company that provides professional management and administrative services on behalf of ICF.

10. "Internal Coach": an individual who is employed within an organization and coaches either part-time or full-time the employees of that organization.

11."Sponsor": the entity (including its representatives) paying for and/or arranging or defining the coaching services to be provided.

12."Support Personnel": the people who work for ICF Professionals in support of their Clients.

13."Systemic equality": gender equality, race equality and other forms of equality that are institutionalized in the ethics, core values, policies, structures, and cultures of communities, organizations, nations and society.

ICF Core Values And Ethical Principles

The ICF Code of Ethics is based on the ICF Core Values and the actions that flow from them. All values are equally important and support one another. These values are aspirational and should be used as a way to understand and interpret the standards. All ICF Professionals are expected to showcase and propagate these Values in all their interactions.

Ethical Standards

The following ethical standards are applied to the professional activities of ICF Professionals:

Section Ⅰ: Responsibility to clients

As an ICF Professional, I:

1. Explain and ensure that, prior to or at the initial meeting, my coaching Client(s) and Sponsor(s) understand the nature and potential value of coaching, the nature and limits of confidentiality, financial arrangements, and any other terms of the coaching agreement.

2. Create an agreement/contract regarding the roles, responsibilities and rights of all parties involved with my Client(s) and Sponsor(s) prior to the commencement of services.

3. Maintain the strictest levels of confidentiality with all parties as agreed upon. I am aware of and agree to comply with all applicable laws that pertain to personal data and communications.

4. Have a clear understanding about how information is exchanged among all parties involved during all coaching interactions.

5. Have a clear understanding with both Clients and Sponsors or interested parties about the conditions under which information will not be kept confidential (e.g., illegal activity, if required by law, pursuant to valid court order or subpoena; imminent or likely risk of danger to self or to others; etc.). Where I reasonably believe one of the above circumstances is applicable, I may need to inform appropriate authorities.

6. When working as an Internal Coach, manage conflicts of interest or potential conflicts of interest with my coaching Clients and Sponsor(s) through coaching agreement(s) and ongoing dialogue. This should include addressing organizational roles, responsibilities, relationships, records, confidentiality and

other reporting requirements.

7.Maintain, store and dispose of any records, including electronic files an communications, created during my professional interactions in a manner that promotes confidentiality, security and privacy and complies with any applicable laws and agreements. Furthermore, I seek to make proper use of emerging and growing technological developments that are being used in coaching services (technology-assisted coaching services) and be aware how various ethical standards apply to them.

8.Remain alert to indications that there might be a shift in the value received from the coaching relationship. If so, make a change in the relationship or encourage the Client(s)/Sponsor(s) to seek another coach, seek another professional or use a different resource.

9. Respect all parties' right to terminate the coaching relationship at any point for any reason during the coaching process subject to the provisions of the agreement.

10.Am sensitive to the implications of having multiple contracts and relationships with the same Client(s) and Sponsor(s) at the same time in order to avoid conflict of interest situations.

11.Am aware of and actively manage any power or status difference between the Client and me that may be caused by cultural, relational, psychological or contextual issues.

12.Disclose to my Clients the potential receipt of compensation, and other benefits I may receive for referring my Clients to third parties.

13.Assure consistent quality of coaching regardless of the amount or form of agreed compensation in any relationship.

Section Ⅱ: Responsibility to practice and performance

As an ICF Professional, I:

14.Adhere to the ICF Code of Ethics in all my interactions. When I become aware of a possible breach of the Code by myself or I recognize unethical behavior in another ICF Professional, I respectfully raise the matter with those involved. If this does not resolve the matter, I refer it to a formal authority (e.g., ICF Global) for resolution.

15.Require adherence to the ICF Code of Ethics by all Support Personnel.

16.Commit to excellence through continued personal, professional and ethical development.

17.Recognize my personal limitations or circumstances that may impair, conflict with or interfere with my coaching performance or my professional coaching relationships. I will reach out for support to determine the action to be taken and, if necessary, promptly seek relevant professional guidance. This may include suspending or terminating my coaching relationship(s).

18.Resolve any conflict of interest or potential conflict of interest by working through the issue with relevant parties, seeking professional assistance, or suspending temporarily or ending the professional relationship.

19.Maintain the privacy of ICF Members and use the ICF Member contact information (email addresses, telephone numbers, and so on) only as authorized by ICF or the ICF Member.

Section Ⅲ: Responsibility to professionalism

As an ICF Professional, I:

20.Identify accurately my coaching qualifications, my level of coaching competency, expertise, experience, training, certifications and ICF Credentials.

21.Make verbal and written statements that are true and accurate about what I offer as an ICF Professional, what is offered by ICF, the coaching profession and the potential value of coaching.

22.Communicate and create awareness with those who need to be informed of the ethical responsibilities established by this Code.

23.Hold responsibility for being aware of and setting clear, appropriate and culturally sensitive boundaries that govern interactions, physical or otherwise.

24.Do not participate in any sexual or romantic engagement with Client(s) or Sponsor(s). I will be ever mindful of the level of intimacy appropriate for the relationship. I take the appropriate action to address the issue or cancel the engagement.

Section Ⅳ: Responsibility to society

As an ICF Professional, I:

25.Avoid discrimination by maintaining fairness and equality in all activities and operations, while respecting local rules and cultural practices. This includes, but is not limited to, discrimination on the basis of age, race, gender expression, ethnicity, sexual orientation, religion, national origin, disability or military status.

26. Recognize and honor the contributions and intellectual property of others, only claiming ownership of my own material. I understand that a breach of this standard may subject me to legal remedy by a third party.

27. Am honest and work within recognized scientific standards, applicable subject guidelines and boundaries of my competence when conducting and reporting research.

28.Am aware of my and my clients' impact on society. I adhere to the philosophy of "doing good" versus "avoiding bad."

The Pledge Of Ethics Of The ICF Professional

As an ICF Professional, in accordance with the Standards of the ICF Code of Ethics, I acknowledge and agree to fulfill my ethical and legal obligations to my coachingClient(s), Sponsor(s), colleagues and to the public at large. If I breach any part of the ICF Code of Ethics, I agree that the ICF in its sole discretion may hold me accountable for so doing. I further agree that my accountability to the ICF for any breach may include sanctions, such as mandatory additional coach training or other education or loss of my ICF Membership and/or my ICF Credentials. For more information on the Ethical Conduct Review Process including the links to file a complaint, please click the button below.

Adopted by the ICF Global Board of Directors September 2019

来源:International Coaching Federation (ICF)

附录三

CDCA®教练型领导力检视表(一)

CDCA®(正面 - 教练前准备 & 教练过程中参考)			
Connection 联系	此环节需达成目标： 谈话双方建立良好联系,真诚开放,厘清本次对话意图和目标		
	提问范例	有使用 "√"选	对话反馈
	此次对话的主题是什么?		
	你为何选这个主题作为我们今天的对话内容?		
	为什么想实现这个目标?		
	你希望我在这对话中如何支持你?		
	从1到10分,你实现这个目标的意愿度是几分? (差的几分是什么? 为什么?)		
	从1到10分,你现在面对这个事情,你的状态是多少分?		
	我们沟通之后,你希望可以把状态调整到多少分?		
	你希望我如何帮你?		
	目标实现时,你会有什么感受?		
	你会如何评估我们这次对话的有效性?		
Discovery 发现	此环节需达成目标： 令对方知道关注事件本身的盲点和事件真相,产生新的认知、新的思考、新的维度		
	提问范例	有使用 "√"选	对话反馈
	你的主要干扰在哪里?		
	你面对这些干扰的反应是什么?		
	现状如何? 现状和目标的差距在哪里? (可以结合度量化问题和平衡轮使用)		
	哪些是目标完成中的关键人物? 他们对现状的看法如何?		
	这些分别是你的演绎,还是真相? 你和相关人士求证过吗? 如何求证?		
	你对这些事的看法是什么? 哪些信念在阻碍你达成目标?		

	干扰持续下去，结果会是什么样的？		
	看到这些影响，你的感受是什么？你现阶段要提高什么？		
	这些目标，是你想要的，还是别人想你要的？		
	刚才你说到差距的时候，你的身体的反应有何反应？这代表了什么？		
Choice 选择	此环节需达成目标： 推动对方提出更多的选择项，选择权在对方，他需要自己提出行动方向，并做出决定，承担责任		
	提问范例	有使用 "√"选	对话反馈
	你看到什么盲点？		
	你看到什么新的可能性去完成目标？		
	你对这些目标完成的干扰有什么新的发现？		
	你看到这些新的维度，有什么感受？		
	你是否愿意对这件事承担责任？你愿意在哪方面承担负责？		
	还有吗？还有吗？……		
	关于这个机会/调整，你主要考虑哪些方面？要付出什么代价？		
	这个机会为什么会让你兴奋（沮丧/犹豫……）？		
	如果你现在接受了这个挑战，一个月之后你会如何看？		
	这样的选择，对今后的发展有什么作用？与当下的目标之间是什么关系？		
Action 行动	此环节需达成目标： 令对方提出可支持其有效达到目标的具体行动方案		
	提问范例	有使用 "√"选	对话反馈
	这些方案里，你最想立刻实践的是哪一个？		
	你打算怎么做？什么时候去做？		
	怎么证明你达到这个目标了？		
	你需要什么样的资源去达成目标？你希望我怎么支持你做到？		
	你的下一步计划是什么？有什么困难需要提前解决？（1～10分）		
	如果打分，你对自己按期完成行动的信心是几分？（1～10分）		
	如果你打了6分或7分，为什么是这个分数？		
	如果要达到10分，这个差距代表什么？		
	我们沟通完，你面对这个主题的状态调整到了几分？（1～10分）		
	你对我们今天谈话的满意度打几分？（1～10分）		

<table>
<tr><td rowspan="12">叫停的问题</td><td colspan="3">叫停的问题请穿插在CDCA中进行,每10～15分钟或在两个部分衔接之间,可以使用1～2个“叫停的问题”。
叫停的目的:在对方不断阐述的过程中,要及时叫停,帮助对方理清此时此刻的状态,有助于整理思路,发现更多信息。</td></tr>
<tr><td>提问范例</td><td>有使用“√”选</td><td>对话反馈</td></tr>
<tr><td>你讲了那么久,你的感受怎么样?</td><td></td><td rowspan="10"></td></tr>
<tr><td>你讲了那么久,你听到了什么?</td><td></td></tr>
<tr><td>你讲了那么久,你看到了什么?</td><td></td></tr>
<tr><td>你发现了自己什么?</td><td></td></tr>
<tr><td>你刚才说的……可以再多说一点吗?</td><td></td></tr>
<tr><td>我们讲了那么多,我们疏理一下,我们和设定的目标是否有偏离?偏离了多少?</td><td></td></tr>
<tr><td>你觉得我为什么会这样问呢?</td><td></td></tr>
<tr><td>还有呢?……还有呢?……还有呢?……(用不同的语气状态追问)</td><td></td></tr>
<tr><td>讲到现在,你有什么发现吗?</td><td></td></tr>
<tr><td>我刚才听到你说:“……”(用被教练者一模一样的语言内容、语气状态、肢体动作,重复他前面的表达)……(留出时间让被教练者回味他自己的表述)</td><td></td></tr>
</table>

附录四

CDCA®教练型领导力检视表(二)

<table>
<tr><td colspan="4">CDCA®(反面 - 教练对话完成后填写)</td></tr>
<tr><td colspan="4">使用说明:
请给每个“关键检视点”的“达成度”打分,1~10分,10分最高,并说明打分的理由。更具体的反馈可以帮助下一次做得更好。</td></tr>
<tr><td rowspan="6">Connection
联系</td><td colspan="3">要点:
教练的对话不是一个漫无目的的沟通过程,不是日常聊天,而是一个“目标导向”的沟通对话。
在这个过程中建立教练与被教练者之间的良好联系,使双方清晰此次教练对话的意图和目标。
更重要的是,理清被教练者对教练的信任度与开放度、被教练者对目标的意愿度及承诺度。
“教练与被教练者的关系”和“被教练者与目标的关系”这两个维度帮助建立成功教练对话的基石。</td></tr>
<tr><td colspan="3">此环节以下关键检视点,请给这个检视点的达成度打分(1~10分,10分最高)</td></tr>
<tr><td>关键检视点</td><td>评分</td><td>说明</td></tr>
<tr><td>了解被教练的个人状态</td><td></td><td></td></tr>
<tr><td>明确对话目标与对方的短期、中期、长期目标的关联性</td><td></td><td></td></tr>
<tr><td>评估对话的信任度、意愿度、开放度、目标清晰度,厘清现在是否是谈话的最好时刻</td><td></td><td></td></tr>
<tr><td rowspan="5">Discovery
发现</td><td colspan="3">要点:
在教练对话过程中,教练是辅,被教练者是主,教练支持被教练者打开思维,进入自我发现之旅,去发现自己内在的干扰、潜能、事情的真相、目标与现况的差距、事情的广度及深度、多维度的认知,从而更有方向性地去面对目标。
探索深度要求不仅关注事情的细节,还需关注行为背后的选择及其影响力,支持选择的信念和价值观,更能看清楚被教练者本身背负的干扰来源。</td></tr>
<tr><td colspan="3">此环节以下关键检视点,请给这个检视点的达成度打分(1~10分,10分最高)</td></tr>
<tr><td>关键检视点</td><td>评分</td><td>说明</td></tr>
<tr><td>找出问题的真相及干扰来源,让被教练找到并厘清目标及现状的差距</td><td></td><td></td></tr>
<tr><td>引发被教练往内看,向内寻找原因,发现自身的盲点</td><td></td><td></td></tr>
</table>

续表

<table>
<tr><td></td><td>发挥被教练的内在四大天赋:自我意识、想象力、良知、独立意志,为下一步“有效选择”做好准备</td><td></td><td></td></tr>
<tr><td rowspan="6">Choice
选择</td><td colspan="3">要点:
教练对话的目的在于赋予选择权给被教练者,强化被教练者需要自己做出决定并承担责任,在互动的对话中,教练顺利把“话语权”交回给被教练者。在这个阶段可以根据被教练者的实际状况,“挑战”被教练者对“可能性”的宽度和深度的解读,挖掘更多的可能性也是为最后的行动做好坚实的铺垫。
成功的“R”,可以让被教练者更加主动地拟定行动方案,对教练的引导也会给予更加积极的回应。因此这个步骤是转折点,将对方从反思的状态提升至给予负责任、承诺自我改变、提升行动的状态,在教练过程中所有的选项设定和选择权利在被教练者手中。</td></tr>
<tr><td colspan="3">此环节以下关键检视点,请给这个检视点的达成度打分(1~10分,10分最高)</td></tr>
<tr><td>关键检视点</td><td>评分</td><td>说明</td></tr>
<tr><td>让被教练厘清心态、情绪对现在行为造成的影响,对其目标达成是加分还是减分</td><td></td><td></td></tr>
<tr><td>在这个基础上,让他做出选择:继续用过往的心态,还是做出改变,以另一种可能性去面对问题和挑战</td><td></td><td></td></tr>
<tr><td>通过“主动选择”去面对所有可能性,让被教练对自己做出的选择百分百负责,并承诺践行</td><td></td><td></td></tr>
<tr><td rowspan="6">Action
行动</td><td colspan="3">要点:
每一次对话结束后,是被教练者行动的开始,有些被教练者由于各种原因一直拖延或者无法推行实践计划,此时需要教练适当地推动和鼓励,教练可主动关注对方的实践进程,表达自己的关注、与对方建立信任关系,同时在双方互动中更增强彼此亲密度,会使得未来多次的教练对话更系统化、效果更佳。</td></tr>
<tr><td colspan="3">此环节以下关键检视点,请给这个检视点的达成度打分(1~10分,10分最高)</td></tr>
<tr><td>关键检视点</td><td>评分</td><td>说明</td></tr>
<tr><td>清晰需要达成的目标是什么,约定下一步行动计划和检视方法</td><td></td><td></td></tr>
<tr><td>为下一次的谈话设立检视点,并与被教练者达成共识</td><td></td><td></td></tr>
<tr><td>在谈话结束前,了解对方的状态及对这次对话的满意度,双方都需要了解自己应该成长的方面</td><td></td><td></td></tr>
<tr><td rowspan="6">对话过程中
叫停的问题</td><td colspan="3">叫停的问题请穿插在对话中进行,在对方不断阐述的过程中,要及时叫停,帮助对方理清此时此刻的状态,有助于整理思路,发现更多信息。</td></tr>
<tr><td colspan="3">此环节以下关键检视点,请给这个检视点的达成度打分(1~10分,10分最高)</td></tr>
<tr><td>关键检视点</td><td>评分</td><td>说明</td></tr>
<tr><td>约10-15分钟对话,就有一次“叫停的问题”</td><td></td><td></td></tr>
<tr><td>用“叫停”的问题去检查是否偏离对话目标</td><td></td><td></td></tr>
<tr><td>用“叫停”的问题进行谈话中阶段性总结和回顾</td><td></td><td></td></tr>
<tr><td>总结</td><td colspan="3"></td></tr>
</table>